PROFESSION
ENSEIGNANT

Enseigner
les
mathématiques
à l'école
NOUVELLE ÉDITION
élémentaire

Françoise Cerquetti-Aberkane

HACHETTE
Éducation

L'auteur

Françoise Cerquetti-Aberkane, docteur en didactique des mathématiques, a enseigné pendant dix ans en lycée d'enseignement professionnel puis en collège. Professeur de mathématiques à l'IUFM de Créteil depuis plus de vingt-cinq ans, elle a travaillé pendant plusieurs années en ZEP, aidant les instituteurs débutants. Elle anime de nombreux stages de formation continue, sur le plan départemental et national. Elle est l'auteur de plusieurs livres et de nombreux articles. Chercheur associé à l'université Paris V, elle participe, dans ce cadre, à la mise en place du site Internet TFM Téléformation mathématiques.

Elle est également membre de la CIEAEM, Commission internationale pour l'étude et l'amélioration de l'enseignement des mathématiques.

Couverture : Pascal Plottier
Réalisation : *Studio WO!*

© HACHETTE LIVRE 2007, 43 quai de Grenelle 75905 Paris Cedex 15
www.hachette-education.com

ISBN 978-2-01-170948-6

Remerciements

Je tiens particulièrement à remercier Nicole Baglan, Nicole Carmona-Magnaldi, Michelle Delbarre, Gérard Fournier, Françoise Garcia et Annie Rodriguez qui m'ont aidée dans l'analyse d'expériences de classe.

Je remercie également Françoise Bas, Irène Cerquetti, Odile Drici, Denis Merigot qui ont bien voulu nous faire part de leur expérience.

Merci aussi à Younès Aberkane qui a bien voulu relire ce travail, m'aidant de ses remarques constructives.

Enfin, cet ouvrage n'aurait pu voir le jour sans le concours des élèves-maîtres et des maîtres formateurs qui m'ont permis d'approfondir et de compléter mon travail quand cela s'est avéré nécessaire.

Merci à tous les élèves qui m'ont permis de réaliser cet ouvrage et sans lesquels ce livre n'aurait pu être rédigé.

Du même auteur

Plusieurs livres de mathématiques pour les enfants de 5 à 14 ans :
– *Histoires de comptes* (Épigones) épuisé
– *Apprivoise les nombres* (Épigones) épuisé
– *Exomath : Fichiers d'exercices et corrigés* CM1 et CM2, 2004 (Nathan)

Écrits avec André Thévenin
– *Le Temps à travers les temps* (Épigones) (épuisé)
– *Transforme des formes* (Épigones) (épuisé)
– *Rêver d'infinis* (Épigones) (épuisé)

Écrits avec Catherine Berdonneau
– *Enseigner les mathématiques à la maternelle*, 2003 (Hachette)
– *Fichiers d'exercices et corrigés du CP au CM2, À vos maths* (Nathan) (épuisés)

Écrit avec Annie Rodriguez et Patrice Johan
– *Les Maths ont une histoire : activités au cycle 3*, 1997 (Hachette)

Écrit avec Annie Rodriguez
– *Faire des mathématiques avec des images et des manuscrits historiques du cours moyen au collège*, 2002. CRDP de l'Académie de Créteil

Avec Marie-Christine Marilier, « Participation à la mise en place d'un site Internet d'aide en mathématiques TFM : Téléformation mathématiques » université Paris V et IUFM de Créteil

Sommaire

Avant propos

Erreurs et évaluation

Avant toute chose, il nous semble fondamental, dans un ouvrage sur l'enseignement des mathématiques de dédramatiser en positivant l'erreur et en donnant un statut clair à l'évaluation.

Positiver l'erreur

Gaston Bachelard dit dans *La Formation de l'esprit scientifique*[1] : « *Se tromper est nécessaire pour réussir [...]* » et, plus loin, il ajoute : « *L'expérience n'est ni plus ni moins que le souvenir des erreurs rectifiées.* »

Dans le même ordre d'idées, Maria Montessori disait : « *Quoi que fassent à l'école les enseignants, les enfants ou tout autre personne, il y a toujours des erreurs* » et, ailleurs, elle ajoute aussi : « *Une des plus grandes conquêtes de la liberté psychique est de se rendre compte que nous pouvons commettre une erreur et que nous pouvons reconnaître et contrôler l'erreur sans aucune aide.* » L'erreur est nécessaire et permet de progresser. Elle devient positive si elle est utilisée positivement par le maître et par l'élève.

L'erreur n'est pas une faute

Comme le disait Anna Zofia Krygowska[2] : « *L'erreur ne devrait donc pas être considérée comme un malheur, une catastrophe, ni pour celui qui apprend la mathématique, ni pour celui qui l'enseigne. Pourquoi donc dans la réalité scolaire si souvent, c'est une catastrophe aussi bien pour l'un que pour l'autre ?* »[3]

Trop souvent, on assimile erreur à *bêtise* ou à *faute*. Ce dernier mot a une connotation morale. Les appréciations sur les cahiers traduisent la même chose. On trouve *mal* lorsqu'il y a *faute* et *bien* lorsqu'il n'y a pas *faute*. Les enfants en difficulté ressentent très mal ces appréciations. En fait, un exercice de mathématiques n'est ni *bien* ni *mal*, mais

---

1. Vrin, 1967.

2. (1904-1988) A été professeur à l'École normale supérieure de Cracovie.

3. *Comprendre l'erreur en mathématiques*, 39ᵉ rencontre CIEAEM, Sherbrooke, Canada, 1987.

seulement *juste* ou *faux*, ce qui n'a pas la même signification pour l'élève. *Juste* ou *faux* juge l'exercice, *bien* ou *mal* porte un jugement sur l'élève, ce qui n'est naturellement pas la même chose. Comme l'a décrit Stella Baruk, on trouve sur les devoirs de mathématiques des appréciations portant un jugement sur l'élève[4].
Exemples: « *idiot* », « *minable* », « *quelle horreur* », « *faute grave* », etc. Stella Baruk explique cela par le sentiment d'impuissance qu'éprouvent les maîtres face à l'erreur. Or, ces appréciations peuvent perturber gravement l'élève et créer un rejet définitif des mathématiques pour lesquelles *il n'est pas doué*.

L'erreur est un indicateur

L'erreur n'est pas une catastrophe, pour reprendre le terme d'Anna Zofia Krygowska ; elle est, au contraire, utile au maître, en tout premier lieu. C'est un indicateur.
• **C'est une prise d'indices sur la connaissance des enfants** : elle permet au maître de prendre conscience de ce qui n'a pas été compris et/ou de ce qui a été compris à la place.
• **Elle permet d'avoir un retour critique sur son propre enseignement** : elle remet souvent en cause, en premier lieu, le maître qui doit trouver une autre façon d'expliquer une notion. Il découvre parfois que c'est sa consigne qui a provoqué l'erreur. Voici, pour illustrer cela, deux exemples relevés dans une classe de CE2 (voir les copies d'élèves à la page suivante).

L'erreur provient souvent du maître

Certaines erreurs peuvent aussi être liées aux implicites ou aux abus de langage du maître, lors de la leçon ou lorsqu'il donne une consigne. Comment s'étonner, en effet, de la réponse suivante à la question :
« *Combien y a-t-il d'unités dans 423 ?*
– *Il y a 3 unités.* »
lorsque justement, on a présenté 423 comme un nombre dans lequel « *il y a 4 centaines, 2 dizaines et 3 unités* » ? Pour l'enfant, il s'agit bien de nombre. On devrait dire en fait :
« *Dans 423 : il y a 4 centaines, 2 dizaines qu'on n'a pas pu regrouper en centaines, et 3 unités qu'on n'a pas pu regrouper en dizaines* », ou encore : « *dans 423 le chiffre des centaines est 4, le chiffre des dizaines est 2, le chiffre des unités est 3* ».
Si l'on n'a pas attiré l'attention de l'enfant sur la différence entre le nombre d'unités et le chiffre des unités, cet abus de langage (cité plus haut) ne peut pas être rectifié par l'élève et va donc être pour lui une source d'erreur. Brusquement, il ne comprend plus rien et ne sait pas pourquoi sa réponse est fausse puisqu'on a employé les mêmes mots

---

4. « Réalité et potentialité de la correction des devoirs de mathématiques », *in Educational Studies in Mathematics*, n° 18, 1987.

en voulant dire deux choses différentes. L'analyse de l'erreur, faite par le maître, va lui permettre de mieux formuler ses consignes et d'être plus exigeant par rapport à ce qu'il dit.

Exemples de copies d'élèves

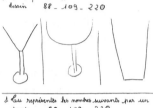

L'enseignant attendait que les enfants représentent les nombres avec des blocs multibases. La réponse de ces deux élèves montre que les enfants n'ont pas du tout donné le sens attendu au mot dessin.

Cette erreur ne prouve d'ailleurs pas la méconnaissance de l'utilisation des blocs multibases par les enfants. Simplement, ils n'ont pas compris ce que l'on attendait d'eux.

Analyser l'erreur

L'analyse de l'erreur faite par l'élève, avec l'aide du maître et de la classe, va lui permettre de comprendre l'origine de son incompréhension et probablement l'aider à y remédier. Pour cela, il est important, lors d'une mise en commun, de partir des productions erronées des enfants (anonymes, si possible) et d'y faire réfléchir les élèves, sans naturellement donner l'appréciation du maître. Pour progresser, il est essentiel que les enfants rectifient seuls leurs erreurs et surtout les comprennent. L'approche historique, lorsqu'on introduit une nouvelle notion, permet de faire comprendre aux enfants que les mathématiques ne se sont pas crées en un seul jour et que les différents ensembles de nombres, par exemple, ont été introduits au fur et à mesure des besoins. On peut en profiter pour signaler aux élèves que les plus grands mathématiciens ont, eux aussi, commis des erreurs dans la démonstration de théorèmes, par exemple, avant de parvenir au bon résultat. De plus, ces erreurs n'ont pas toujours été découvertes immédiatement. Il a fallu parfois plusieurs années avant qu'un autre mathématicien les découvre et réussisse à faire une démonstration convenable.

Évaluer sur un contrat clair pour l'élève

Quand évaluer ?

• *En début d'année*

Il est utile, surtout en début d'année, de prévoir une évaluation diagnostique qui permette de connaître les acquis des élèves et leurs besoins. Actuellement, l'évaluation nationale de début de CE2 joue ce rôle. Il existe également une évaluation de début de CE1. Il est également utile de prévoir une évaluation en début de CP afin de partir des connaissances des élèves et ainsi de gagner du temps sur certains apprentissages déjà maîtrisés par tous les élèves. On pourra ainsi faire une progression plus adaptée à la classe dont on a la charge et consacrer plus de temps aux notions les plus difficiles comme le passage à la dizaine, par exemple. On trouvera dans le chapitre connaissance des nombres entiers naturels, un exemple de test de début de CP sur les notions concernant la numération.

• *À la fin d'une séquence*

Il ne faut pas confondre exercices d'entraînement et évaluation. Lors de l'apprentissage d'une nouvelle notion, il est indispensable de prévoir des exercices d'entraînement afin que les élèves utilisent la nouvelle notion introduite. Il est donc normal que ces exercices ne soient pas encore réussis par tous puisqu'il s'agit plutôt d'une familiarisation avec la notion. Il n'est donc pas nécessaire de noter de tels exercices mais plutôt de les annoter afin que l'élève prenne conscience de ses acquis et de ses manques. On peut ainsi lui proposer de revoir telle activité, de refaire tel exercice, ou de relire telle trace écrite.

À la fin de la séquence et lorsque de nombreux exercices d'entraînement auront été proposés aux élèves, on pourra donner une évaluation notée qui permettra de faire le point sur les acquis des élèves concernant la notion étudiée et de mettre en place, si nécessaire, des remédiations adaptées aux difficultés spécifiques des élèves.

• *À la fin d'une période* (fin de trimestre ou fin de cycle de 7 semaines précédant les petites vacances).

Il s'agit alors d'un bilan des acquis permettant à l'enseignant de savoir ce qui reste vraiment des notions étudiées après un certain laps de temps. Cela donne aussi l'occasion de réactiver des notions qu'on n'a pas utilisées depuis quelques semaines, par exemple.

Pour qui évaluer ?

Plusieurs acteurs entrent en jeu dans l'évaluation : le maître, l'élève, les parents, l'institution. Le maître prend des indices sur ce que sait ou ne sait pas l'élève.

L'élève doit pouvoir utiliser l'évaluation pour connaître ses points forts et ses manques et aussi pour savoir quoi faire pour atteindre les compétences requises.

Les parents également ont besoin de savoir ce que maîtrise leur enfant ou pas et aussi par quels moyens ils peuvent l'aider.

Enfin l'institution a besoin de savoir quels sont les acquis des élèves d'un niveau donné, d'où la nécessité d'évaluations nationales qui fournissent de tels renseignements.

Lors d'une évaluation diagnostique de début d'année ou de début d'apprentissage, il s'agit de fournir une information essentiellement au maître ou à l'institution par le biais des évaluations nationales. Ces évaluations ne sont pas notées. Les parents peuvent être informés des résultats en termes d'acquisition ou de non-acquisition des élèves.

Les évaluations de fin de séquence peuvent être notées mais il ne faut pas oublier de renseigner l'élève sur ses acquis et ses manques ainsi que les parents qui vont prendre connaissance de ces évaluations. En conséquence, la note ne peut pas être le seul élément de l'évaluation. Elle permet seulement de se situer par rapport au groupe classe mais ne fournit pas les éléments indispensables aux progrès et à la réussite de tous. Il est donc nécessaire de prévoir des annotations permettant une réelle prise en charge par l'élève de ses compétences et de ses savoirs.

Quelques conseils avant de préparer une évaluation

• **Il faut être sûr de ce que l'on évalue avec l'exercice proposé.** Par exemple, proposer l'exercice inverse de la notion étudiée en classe n'est pas évaluer l'acquisition de cette notion, mais celle de la notion inverse. Compter à l'endroit et à l'envers sont deux activités différentes, et l'apprentissage de l'une n'est pas celui de l'autre. De plus, elles ne mobilisent pas les mêmes processus mentaux et n'utilisent pas les mêmes stratégies. Si l'on sait compter à l'endroit, on ne sait pas nécessairement compter à l'envers. Si l'on sait échanger dix unités contre une dizaine, pour l'addition, par exemple, on ne sait pas obligatoirement échanger une dizaine contre dix unités, pour la technique de la soustraction avec retenue.

• **Il faut que la consigne soit claire** et qu'elle ne prête donc pas à différentes interprétations, sauf si c'est justement cela que l'on veut évaluer.

• **Il faut éviter tous les parasites extra-mathématiques.** (Voir chapitre « Résolution de problèmes »)

• **Il faut définir clairement le contrat didactique entre le maître et l'élève.**

Est-ce que l'exercice sera noté ?

• **Si oui, qu'est-ce qui sera noté ?** Est-ce seulement ce qui concerne les mathématiques (raisonnement, opérations) ou également la présentation, la correction des phrases de réponse, l'orthographe, et dans quelles proportions ?

Préciser tout cela au début de l'évaluation, puis sur la feuille de l'élève. Il est souvent très frustrant, surtout pour un élève en difficulté, d'avoir une mauvaise note à un problème de mathématiques dont le raisonnement et la solution sont justes, mais dans lequel il y a des fautes d'orthographe ou qui est *mal* présenté.

Il faut séparer les deux évaluations et, surtout lorsqu'on commence à travailler sur les situations-problèmes, ne pas être trop exigeant sur la présentation et l'orthographe. L'essentiel est que les enfants fassent d'abord un raisonnement correct, puis des opérations exactes et, enfin, qu'ils sachent présenter leur travail convenablement.

Travailler spécifiquement ce problème de présentation en classe. Pour cela, donner un problème et sa solution, et demander à chaque groupe de présenter le plus clairement possible la solution. Mettre en commun les propositions, les discuter, les améliorer et, enfin, choisir une ou plusieurs façons de présenter le travail.

Exemple : la phrase présentant la solution peut précéder ou suivre le calcul ; les opérations peuvent être posées à droite ou à gauche de la feuille, etc.

• **Si l'on ne note pas le travail,** expliquer tout de même la valeur que l'on attribue à un exercice non noté (entraînement pour les élèves, prise d'indices sur le degré de compréhension des élèves pour le maître, lui permettant des réajustements) afin que les élèves le fassent avec attention. Il est bon, en effet, d'habituer les enfants à ne pas travailler uniquement pour *une note.*

– *De combien de temps l'élève dispose-t-il pour faire le travail ? Est-ce un temps limité ou pas ?*

Le préciser, y compris avec des enfants jeunes, et donner des repères au cours de l'exercice pour que les élèves prennent conscience du temps qui passe.

On ne peut pas exiger dès le début que le travail soit fait à la fois vite et bien. Privilégier le bien au vite, surtout au début.

– *Le travail est-il individuel ou collectif ?*

Le préciser clairement dès le début de l'activité et, lorsqu'il s'agit d'un travail collectif, donner le matériel à chaque élève afin que tous cherchent et que la production du groupe ne soit pas celle du leader uniquement. Expliquer, si besoin est, ce que l'on attend d'un travail de groupe et ce qui sera évalué.

Ces quelques points posés dès le départ constituent la base nécessaire pour faire des mathématiques une activité éducative et non un outil de sélection.

Quelles utilisations pédagogiques faire des activités ludiques en classe de mathématiques?

Jouer c'est très sérieux

Les activités ludiques utilisées en classe de mathématiques ne sont pas, à proprement parler, de vrais jeux, car le jeu doit être librement entrepris par l'enfant et arrêté lorsqu'il en a envie. Or les activités ludiques proposées par le maître, à des fins pédagogiques, ne laissent pas réellement cette liberté aux élèves. Cependant, l'utilisation d'activités ludiques en classe de mathématiques est un atout pédagogique supplémentaire. En effet, on joue pour apprendre et on apprend pour mieux jouer. Il ne faudrait pas, cependant, transformer la classe en tripot! Mais il faut pouvoir tirer le meilleur parti de ces situations d'apprentissage, d'entraînement ludique ou des exercices de jeu.

Plusieurs utilisations possibles des activités ludiques

Certaines permettent l'introduction d'une notion et vont ainsi servir de situation de référence utile aux élèves pour mémoriser les éléments importants présentés à cette occasion. C'est le cas par exemple, du jeu du banquier, mis en place pour travailler les échanges et les principes de la numération décimale.

D'autres servent à renforcer une notion étudiée précédemment. C'est le cas des jeux de dominos, mariages, batailles reprenant le travail fait sur l'addition, la soustraction, la multiplication, etc.

Ces deux premiers types d'activités doivent pouvoir être exploités en classe entière afin qu'elles puissent effectivement jouer le rôle qu'on leur a assigné.

Enfin d'autres activités ludiques peuvent être utilisées sous forme d'exercices de jeu lors d'une évaluation formative ou lors d'un entraînement. On peut d'ailleurs reprendre les jeux qui ont servi à l'introduction ou au renforcement des notions. Par exemple, pour évaluer la compréhension de la numération décimale, on peut utiliser des exercices de jeu reprenant des parties fictives du jeu du banquier. Pour vérifier la connaissance de l'algorithme numérique écrit en chiffres, on peut prendre comme support le tableau de nombres ou la spirale utilisés dans le jeu du « cache nombre » et laisser des cases vides à compléter, etc.

Ces exercices de jeu ont le gros avantage d'être facilement compris des élèves. En effet, puisque l'activité ludique a été pratiquée par les enfants, ils comprennent aisément la tâche à accomplir. Souvent la consigne n'est pas nécessaire, le dessin de la situation suffit. C'est un avantage, surtout en début de CP ou avec des enfants non lecteurs. On présentera dans cet ouvrage, au cours des activités, des exercices de jeu possibles.

Avant de proposer une activité ludique, prévoir son exploitation

Avant d'utiliser un jeu mathématique, il faut avoir en tête l'exploitation que l'on veut en faire et les objectifs qu'on lui assigne afin d'en tirer le meilleur parti. L'activité ludique mathématique ne doit pas être un gadget utilisé pour distraire les élèves sinon on risque de perdre son temps et, ce qui est plus grave, de le faire perdre aux enfants.

Deux types d'action sont possibles.

– **L'arrêt sur image**[5] : c'est ce qui correspond le plus à ce que les enfants pratiquent naturellement en situation de jeu libre lorsqu'ils disent « *pouce* » afin de demander une explication ou afin d'apporter une modification à la règle du jeu. Il permet au maître d'arrêter le jeu à un moment choisi et de demander aux élèves de réfléchir à la manière dont on va pouvoir continuer à jouer, pour gagner, par exemple. Cette intervention ne demande pas de préparation particulière du jeu et peut être pratiquée quelle que soit l'activité ludique utilisée. Elle permet à toute la classe de formuler, en situation, les stratégies gagnantes et également d'en faire prendre conscience à tous les élèves afin qu'ils puissent les réutiliser, si besoin est, dans d'autres situations. Ce peut être également l'occasion de rédiger une trace écrite concernant la notion mathématique que l'on veut faire étudier aux élèves au travers de cette activité ou encore concernant une stratégie efficace de résolution de problèmes. **C'est à ce moment-là qu'on joue pour apprendre.**

– **La rétroaction**[6] : elle intervient quand le jeu est terminé et nécessite l'utilisation d'une **mémoire de jeu**. Il faut donc prévoir une façon de garder la trace du jeu avant de commencer l'activité afin de pouvoir retravailler certains éléments ou même de rejouer tel ou tel coup. Mais

---

5. Article A. Rodriguez, « Jouer le jeu », JDI, octobre 1990.

6. *Idem*.

il faut que cette mémoire de jeu ne soit pas trop lourde à gérer pour les joueurs et pour l'enseignant. Pour certains jeux, il est aisé de garder une trace écrite de son déroulement en donnant des supports adaptés aux élèves. Pour d'autres jeux, on peut utiliser directement le matériel du jeu qui sera, par exemple, collé sur une affiche avec de la gomme fixe. C'est le cas des plis d'un jeu de bataille. Il suffit que les joueurs indiquent sous chaque pli la carte gagnante. Ces différentes mémoires de jeu peuvent alors être vérifiées et exploitées en classe entière. **C'est à ce moment-là qu'on apprend pour jouer ou plus exactement pour mieux jouer.** On donnera des exemples de mémoires de jeu possibles au cours des activités proposées dans cet ouvrage.

Les arrêts sur image et les rétroactions doivent être prévus à l'avance ainsi que les moments auxquels ils doivent intervenir, en fonction de ce que l'on veut faire comprendre aux élèves. C'est à ce prix que l'utilisation d'activités ludiques est un atout pédagogique.

Une illustration avec le jeu du banquier

Il s'agit d'un jeu qui permet de travailler la notion d'échange et de préparer le passage à la dizaine.
On définit une règle d'échange :
– 3 jetons jaunes contre 1 jeton rouge ;
– 3 jetons rouges contre 1 jeton bleu ;
– 3 jetons bleus contre 1 jeton vert, etc.
Il y a deux joueurs : un banquier et un secrétaire.
Chaque joueur à son tour lance un dé et le banquier lui donne autant de jetons jaunes que de points sur le dé. Chaque joueur doit faire les échanges en respectant la règle ci-dessus. Au bout de quelques tours, on arrête le jeu et on se demande qui a gagné.
La mémoire de jeu est faite par le secrétaire qui note sur une affiche, les pions gagnés et les échanges faits.

Exemples d'arrêts sur image

Dès que les enfants commencent à jouer, on constate que certains joueurs refusent de faire les échanges. C'est alors l'occasion de faire un arrêt sur image afin de demander à toute la classe de rappeler la règle du jeu et d'expliquer ce qu'il faut faire quand on a trois jetons jaunes. Parfois on constate au contraire, que certains enfants font des échanges très sophistiqués. Par exemple, lorsqu'ils tombent sur la face 3 du dé, ils demandent directement au banquier un jeton rouge. De même, quand ils font 6, ils demandent au banquier 2 jetons rouges. Certains vont même encore plus loin dans les échanges et quand ils font 4, ils demandent au banquier un jeton rouge et un jeton jaune. Si l'on constate de tels échanges, il est intéressant de faire un autre arrêt sur image afin de demander aux élèves d'expliquer leur méthode. En effet, de telles stratégies déroutent souvent les autres joueurs du groupe s'il n'y a pas d'explication.

Exemples de rétroactions

✓ Sur les mémoires de jeu

Quand la partie est terminée, on affiche au tableau toutes les mémoires de jeu réalisées par le secrétaire. C'est alors l'occasion d'une rétroaction. En effet, on va d'abord pouvoir vérifier que tous les échanges ont été faits correctement. On va également pouvoir travailler sur la façon la plus efficace de noter les jetons gagnés et les échanges réalisés. Et enfin on va pouvoir vérifier qui a gagné en fonction des résultats obtenus.

✓ Sur des parties fictives

Il se peut que les parties réalisées par les élèves ne permettent pas de traiter les cas les plus intéressants comme par exemple des situations où celui qui a le moins de jetons gagne. Il est donc nécessaire de prévoir de tels cas afin de faire réfléchir les élèves sur des parties fictives adaptées aux objectifs pédagogiques qu'on s'est fixés. Dans ce jeu, il s'agit de faire comprendre aux élèves que ce n'est pas le nombre de jetons qui nous permet de savoir qui a gagné mais la valeur de ces jetons et en l'occurrence ici leur couleur. Il est utile de proposer aussi des cas où il y a égalité du nombre de jetons afin de vérifier si les élèves ont bien compris la manière de faire la comparaison.

À la fin de la rétroaction, on peut en profiter pour faire noter un bref résumé sur le cahier des élèves.

La même stratégie concernant les arrêts sur image et les rétroactions pourra être utilisée lors des échange, 10 contre 1 utilisant l'abaque. Les arrêts sur image devront, sans aucun doute, être plus nombreux et plus individualisés au cours du jeu afin de s'assurer de la bonne compréhension des nouvelles règles d'échange et de leur stricte application. Ils serviront également à vérifier l'utilisation du nouvel outil, l'abaque.

Cette fois-ci ce sont les abaques contenant les jetons échangés qui serviront de mémoires de jeu, car la notation par le secrétaire des jetons reçus et échangés serait beaucoup trop lourde.

On pratiquera de la même façon la rétroaction en fin de jeu pour vérifier que tous les échanges ont été faits et pour désigner le gagnant. Malheureusement, la rétroaction à partir de ces mémoires de jeu, ne permet pas d'être sûr que les joueurs ont placé les jetons dans la bonne case, à chaque tour. Seuls des scores trop élevés ou anormalement bas par rapport aux autres équipes de jeu permettront d'être alerté à ce sujet.

Exemple d'exercices de jeu

En exercice d'entraînement puis d'évaluation, il suffit d'utiliser des résultats de parties fictives et de demander aux élèves de terminer les échanges s'ils n'ont pas été finis puis de dire qui a gagné, dans les différentes situations.

On peut aussi demander aux élèves de trouver un résultat possible de l'un des joueurs pour qu'il gagne, en imposant des contraintes liées à la couleur des jetons et/ou à leur nombre. Par exemple : on dessinera les jetons du joueur A et on laissera la place pour que l'élève dessine les jetons du joueur B gagnant.

Joueur A : 1 jeton jaune, 1 jeton rouge et 2 jetons verts,
Joueur B gagnant avec moins de jetons que le joueur A.

Certains jeux ne se prêtent pas facilement à la rétroaction. C'est le cas des jeux avec déplacement sur piste graduée. En effet, il faudrait qu'un secrétaire note tout le déroulement du jeu : valeur de la face de dé, case sur laquelle le joueur s'est placé, etc. C'est possible, mais difficilement réalisable en cycle 2. En revanche, l'arrêt sur image et les exercices de jeux sont toujours possibles, quel que soit le jeu utilisé. La rétroaction peut alors être faite à partir de parties fictives judicieusement choisies.

1

Activités non numériques au cycle 2

Nous avons choisi de faire un inventaire non exhaustif des activités non numériques au cycle 2, activités qui permettent toutefois de préparer les enfants aux activités numériques de l'école élémentaire.

Définitions
et fondements théoriques

Quelques définitions à propos des ensembles

Un ensemble E est composé d'objets dits *éléments de E*.
Pour déterminer un ensemble, on peut dresser la liste complète de ses éléments : on dit qu'il est défini en extension. Cela n'est possible que lorsque l'ensemble est fini.
On peut aussi donner une propriété vérifiée par tous les éléments de l'ensemble et par eux seuls : on dit alors qu'il est défini en compréhension. Si l'ensemble est infini, c'est la seule façon de le définir.
Quand on choisit une propriété définissant un ensemble E, il faut que, pour chaque élément a, l'on puisse dire, sans doute possible, s'il appartient ou non à l'ensemble E.
On les note : a ∈ E : a appartient à E ;
a ∉ E : a n'appartient pas à E.

Égalité de deux ensembles
Cela permet de travailler la notion d'égalité.
Deux ensembles sont égaux s'ils sont constitués exactement des mêmes éléments.
Exemple : E = {2 ; 4 ; 6 ; 8} et F = {2 × 4 ; 1 + 1 ; $\frac{8}{2}$; 3 + 2 + 1}
Les deux ensembles sont égaux : E = F.
Il faut que les éléments soient les mêmes, mais il n'est pas nécessaire qu'ils soient écrits de la même manière, ni même dans le même ordre.
L'égalité d'ensemble ne se confond pas avec l'équipotence.

Équipotence de deux ensembles
Cela permet de travailler les notions de *plus que, moins que, autant que.*
Deux ensembles A et B sont **équipotents** s'ils ont le même nombre d'éléments. On dit aussi qu'ils ont le même **cardinal**. On peut mettre chaque élément de A en relation avec un élément unique de B, et réciproquement. C'est ce que l'on fait lorsqu'on établit une correspondance terme à terme entre deux ensembles pour savoir s'il y a autant d'éléments dans l'un que dans l'autre.
Exemple : A = {a, b, c, d, e, f} et B = {1 ; 2 ; 3 ; 4 ; 5 ; 6}

A et B ont chacun 6 éléments. On dit que leur cardinal est 6 et qu'ils sont équipotents.

Brefs rappels théoriques sur les ensembles.
Un peu d'histoire

Quelques noms parmi les mathématiciens qui ont permis la création de la théorie des ensembles.
Leibniz (1646-1716) : philosophe et mathématicien. Il est l'un des premiers à rechercher un système qui lui permette de formaliser le langage et la pensée.
George Boole (1815-1864) : mathématicien anglais. Créateur de la logique contemporaine, l'algèbre de Boole et la théorie des ensembles.
Georg Cantor (1845-1918) : mathématicien allemand d'origine russe. Créateur, avec Dedekind, de la théorie des ensembles.
Richard Dedekind (1831-1916) : mathématicien allemand. Ses travaux ont permis à Georg Cantor de Préciser la notion d'ensemble.

Ensemble vide
C'est l'ensemble qui n'a aucun élément. Son cardinal est zéro. On le note : $\varnothing$.

Sous-ensemble
Cela permet de travailler les tris et les classements.
Un ensemble A non vide est un sous-ensemble de E si tout élément de A est aussi élément de E. On dit que A est inclus dans E. On ne dit pas que A appartient à E.
On le note : $A \subset E$.

Complémentaire d'un sous-ensemble
Cela permet de travailler sur la différence.

Si A est un sous-ensemble d'un autre ensemble E, tous les éléments de E qui ne sont pas éléments de A appartiennent au complémentaire de A dans E.
On le note : C_E^A ou $\bar{A}$.

Intersection de deux ensembles
L'intersection de deux ensembles A et B est un ensemble dont tous les éléments appartiennent à la fois à A et à B.
On la note : $A \cap B$: intersection de A et B.
Propriétés : $A \cap \varnothing = \varnothing$
$\qquad A \cap A = A$
$\qquad A \cap B = B \cap A$
On dit que deux ensembles sont disjoints lorsque leur intersection est vide.

Réunion de deux ensembles

La réunion de deux ensembles disjoints permet de travailler sur l'addition.

La réunion de deux ensembles A et B est un ensemble dont tous les éléments sont éléments de A ou de B.

Ils appartiennent au moins à l'un des deux. Le *ou* a le sens de *et* et de *ou* en français. Certains éléments de la réunion peuvent appartenir aux deux ensembles en même temps si les ensembles ne sont pas disjoints.

On la note : A ∪ B : réunion de A et B.

Propriétés : A ∪ Ø = A

A ∪ B = B ∪ A

A ∪ A = A

 – La théorie des ensembles a d'abord été crée pour ranger, classer, trier des objets mathématiques (nombres, figures géométriques) et non pas des personnes ou des choses de la vie courante.

– Ne pas prendre comme exemple l'ensemble des enfants à cheveux blonds car il peut y avoir doute sur le tri. C'est la même chose pour l'ensemble des enfants habillés en rouge. À partir de quelle nuance dans la couleur est-on d'accord pour considérer que quelqu'un est blond ou que quelque chose est rouge ?

– Pour former ou construire un ensemble, matériellement, il n'est pas nécessaire d'avoir une ficelle pour entourer les éléments, il suffit de les regrouper ou de les définir clairement. Il ne faut pas mélanger les diagrammes de Venn, utiles pour représenter des ensembles infinis et indiquer des relations d'inclusion les concernant, avec une quelconque figuration. Ne pas confondre signifiant et signifié.

Relations binaires

C'est une relation entre des éléments quelconques, x, y, d'un ensemble. L'ensemble des couples (x, y) unis par la relation binaire s'appelle le graphe de la relation.

Les relations binaires peuvent avoir plusieurs propriétés :

• **Réflexivité** : une relation binaire définie dans un ensemble E est réflexive si tout élément de l'ensemble E est en relation avec lui-même ;

• **Symétrie** : une relation binaire définie dans un ensemble E est symétrique si chaque fois qu'un élément x de E est en relation avec un élément y de E, alors y est en relation avec x.

Il n'y a pas symétrie si x est en relation avec y, alors que y n'est pas en relation avec x. Pour les éléments non mis en relation deux par deux, le problème ne se pose pas et il n'y a donc pas contradiction avec la définition.

• **Transitivité** : une relation binaire définie dans un ensemble E est transitive si chaque fois qu'un élément x de E est en relation avec un élément y de E et que y est en relation avec un élément z de E, alors x est en relation avec z.

Un seul cas présente une contradiction avec la définition ci-dessus, c'est le cas où x est en relation avec y et y avec z sans qu'on trouve x en relation avec z.

• **Antisymétrie (attention ce n'est pas la non-symétrie) :** une relation binaire définie dans un ensemble E est antisymétrique si chaque fois qu'un élément x de E est en relation avec un élément y de E, on ne trouve y en relation avec x que dans le cas où x est égal à y. Il y a contradiction avec la définition lorsque l'on a x en relation avec y et y en relation avec x sans que ces deux éléments soient égaux.

• **Relation d'équivalence :** une relation binaire définie dans un ensemble est une relation d'équivalence si elle est à la fois réflexive, symétrique et transitive. Elle permet de faire des classements.

Exemple : dans l'ensemble des cartes à jouer d'un jeu de 32 cartes, on définit la relation *avoir même valeur que.* Cette relation vérifie les trois propriétés :

– *Réflexivité :* chaque carte a même valeur qu'elle-même.

– *Symétrie :* si une première carte, quelconque, a même valeur qu'une deuxième, la deuxième carte a même valeur que la première. Ceci dans tous les cas où les cartes sont en relation deux par deux.

– *Transitivité :* si une première carte, quelconque, est en relation avec une deuxième et si cette deuxième carte est en relation avec une troisième, alors la première carte est en relation avec la troisième carte. Ceci est vérifié à chaque fois que les cartes sont en relation deux par deux, de cette façon.

On a donc 8 tas disjoints : les 7, les 8, les 9, les 10, les valets, les dames, les rois, les as.

Chaque tas représente une *classe d'équivalence* pour la relation d'équivalence choisie. Propriétés :

– les classes sont disjointes ;

– leur réunion redonne l'ensemble de départ ;

– aucune classe n'est vide.

Remarque : ici les classes d'équivalence ont le même nombre d'éléments mais cela ne sera pas forcément le cas pour d'autres relations d'équivalence.

De la même façon, on peut classer les cartes par famille : trèfle, pique, cœur ; les quatre ensembles sont disjoints.

Relation d'ordre

Elle permet de faire différents rangements.

Une relation binaire définie dans un ensemble E est une relation d'ordre si elle vérifie les propriétés suivantes : réflexivité, antisymétrie, transitivité. On dit que l'ordre est total si tous les éléments de l'ensemble sont comparables deux par deux, sinon on dit que l'ordre est partiel.

Exemple: dans l'ensemble des cartes à jouer d'un jeu de 32 cartes, on définit la relation d'ordre « ranger les cartes de la plus forte à la plus faible, dans l'ordre utile à la bataille » à savoir as, roi, dame, valet, dix, neuf, huit, sept. On a un rangement total si l'on a permis l'égalité et que l'on a superposé les cartes de même valeur. Si l'on s'est contenté d'une seule série de cartes et que l'on n'a pas voulu superposer les cartes de même valeur, on a réalisé un ordre partiel (voir encadré ci-contre).

Tri

Trier, c'est sélectionner certains éléments en fonction d'un critère précis. On ne s'occupe pas des éléments non sélectionnés. Ainsi, quand on trie des gommettes rouges dans un tas de gommettes, on sélectionne les rouges et on laisse les autres de côté. On réalise deux paquets disjoints: les gommettes rouges et les gommettes non rouges. Dans un tri, il y a toujours deux ensembles, mais ils ne jouent pas le même rôle. L'un est privilégié par rapport à l'autre. Dans un classement, il peut y avoir seulement deux parties dans l'ensemble, mais, dans ce cas, elles jouent le même rôle.

Tableau à double entrée

Il permet de présenter des résultats pour qu'ils soient plus lisibles et pour rendre leur utilisation plus pratique. Il n'est pas nécessaire qu'il y ait le même nombre de lignes que de colonnes. Pour que les enfants en comprennent l'importance, il est indispensable de présenter le tableau dans des situations où il est réellement simplificateur.

Arbre de rangement

On ne peut pas utiliser le tableau à double entrée dans toutes les situations. Pour présenter certains résultats ou certaines recherches de cas possibles, l'utilisation d'un arbre est souvent pratique. Par exemple lorsqu'il s'agit de chercher toutes les tours différentes de trois cubes qu'on réalise avec ou sans répétition de couleur, en utilisant des cubes rouges, jaunes et bleus, le tableau à double entrée n'est pas un outil performant. En revanche, la présentation de la recherche en utilisant un arbre de rangement est très efficace. C'est le cas chaque fois que plus de deux éléments varient.

Exemple: recherche de toutes les tours de 3 cubes colorés, sans répétition de couleur:

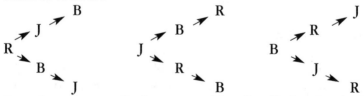

Il y a 6 tours et pour lire leur composition, il suffit de suivre les flèches:

- la première tour est rouge, jaune, bleu ;
- la deuxième rouge, bleu, jaune ;
- la troisième jaune, bleu, rouge ;
- la quatrième jaune, rouge, bleu ;
- la cinquième bleu, rouge, jaune ;
- la sixième bleu, jaune, rouge.

Dans cette situation, un dessin de chaque tour aurait pu aussi bien faire l'affaire. Cette présentation sera d'autant plus nécessaire que le nombre de paramètres sera élevé. En effet, si au lieu de trois cubes il y avait eu 4 cubes et 4 couleurs différentes, l'arbre se serait avéré plus économique.

Classer et ranger

Quand on range des objets suivant leur taille, leur épaisseur, leur poids, dans un ordre croissant ou décroissant, on effectue des rangements. Quand on classe des objets suivant une propriété commune, on fait des classements. En français, on dira, dans les deux cas, classement ou rangement, sans distinction, mais en mathématiques, il est nécessaire de prendre conscience de la différence : il y a **rangement** quand on définit une **relation d'ordre** et **classement** quand on définit une **relation d'équivalence**.

Exemple du rangement et du classement simultanés des dominos :

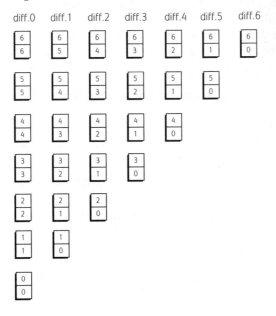

On a classé les dominos suivant la relation *avoir même différence entre les deux côtés*. Puis on a rangé ces classes d'équivalence en utilisant la relation *avoir une différence inférieure à*.

La relation *avoir une face identique* n'est ni une relation d'ordre, ni une relation d'équivalence, car certains éléments appartiendraient à plusieurs familles en même temps. Par exemple, le domino 6/5 appartient à la famille des faces 6 et à celles des faces 5.

Activités possibles sur les ensembles

Ces activités[7] sont particulièrement adaptées à la maternelle. Il est intéressant que les élèves apprennent à réaliser des tris, des classements et des rangements, sans litige possible.

Les activités de tri peuvent être pratiquées dans différentes situations comme par exemple lors de l'apprentissage des formes géométriques. On proposera de nombreux exemples de tris de formes à cette occasion. Pour réaliser les activités de rangement ou de classement, les élèves sont souvent amenés à trier les objets avant de commencer à les ranger ou à les classer.

Quand on range des objets suivant leur taille, leur épaisseur, leur masse, dans l'ordre croissant ou décroissant, on effectue des rangements. Quand on classe des objets suivant une propriété commune, on fait des classements.

En français, on dira, dans les deux cas, classement ou rangement, sans distinction, mais en mathématiques il est nécessaire de prendre conscience de la différence : il y a **rangement** quand on définit **une relation d'ordre** et **classement** quand on définit une **relation d'équivalence**.

ACTIVITÉ 1

Activités de rangement (GS-CP)

Objectifs : faire acquérir la notion de relation d'ordre et de rangement.

Matériel : des tiges de bois d'un jeu Montessori. Ce sont 10 tiges de bois dont la longueur varie de 10 cm en 10 cm, de 10 cm à 1 m. Le même matériel existe en réduction et la longueur des tiges de bois varie cette fois de cm en cm, de 1 cm à 10 cm. Les grandes tiges sont plus faciles à utiliser en les posant sur le sol, les petites tiges peuvent être manipulées sur une table. On peut commencer l'activité en ne donnant que 5 des 10 tiges, puis augmenter petit à petit le nombre d'éléments à ranger.

Activité : demander aux élèves de ranger les tiges de la plus longue à la plus courte.

7. On trouvera des activités de ce type dans *Jouer c'est très sérieux*, G. Jullemier, Hachette, 1989.

Remarques : l''activité est difficile parce que lorsqu'on a rangé deux ou trois tiges, on doit, pour ranger la suivante, la comparer à deux des tiges déjà rangées, or souvent l'élève ne parvient à comparer la nouvelle tige qu'avec une seule des tiges déjà placées.

Il suffit souvent de demander à l'enfant de regarder l'ensemble de son travail et de vérifier si le rangement est correct pour que les rectifications nécessaires soient faites. Si ce n'est pas le cas, diminuer le nombre de tiges et donner, au fur et à mesure de la réalisation correcte du rangement, des tiges supplémentaires.

Les élèves peuvent réaliser le rangement de plusieurs façons différentes :

– en alignant les tiges par le bas :

– en alignant les tiges par le haut :

– en les présentant comme cela :

Ces trois rangements sont tout à fait corrects et il n'est pas nécessaire de privilégier l'un plutôt que l'autre lors de la manipulation du matériel.

On peut aussi utiliser des formes géométriques :

– une série de 5 disques dont le rayon varie de centimètre en centimètre à partir de 5 cm par exemple.

– Une série de 5 carrés dont la longueur du côté varie de centimètre en centimètre à partir de 5 cm.

– Etc.

Et demander aux élèves de les ranger de la plus petite à la plus grande surface ou l'inverse. Dans cette situation, le rangement peut être fait en plaçant les surfaces les unes à côté des autres comme pour les tiges, mais aussi les unes sur les autres. Cette dernière façon de ranger les surfaces est plus difficilement contrôlable car l'empilement empêche souvent de voir s'il y a une erreur.

On peut aussi utiliser des volumes :

– Il existe dans le commerce différents jeux d'emboîtement tels que tonneaux, cubes emboîtables et matriochka qui permettent de faire des rangements suivant le volume des objets utilisés. Là encore, on peut poser les objets les uns à côté des autres, les emboîter, ou les superposer parfois pour réaliser le rangement. Cette fois l'emboîtement est autocorrectif, car si tous les objets sont correctement rangés, il n'en reste aucun sur la table.

Activités de classement (GS-CP)

Objectif : faire acquérir la notion de relation d'équivalence et de classement.

Matériel : en maternelle, on peut utiliser le placard à vaisselle comme support.

Déroulement de l'activité : demander aux élèves de remettre les éléments du placard à vaisselle en place après avoir joué avec les différents éléments le composant.

Plusieurs propositions sont faites par les enfants.

Après l'activité, on peut revenir sur les différentes façons de « mettre de l'ordre » dans le placard et sur celles qui permettent aisément de vérifier que rien ne manque. On définit une relation d'équivalence en faisant mettre ensemble par exemple les objets qui servent à la même chose, ou qui ont la même forme, ou qui sont faits dans la même matière, etc. On peut aussi indiquer par un objet réel ou représenté les différentes piles d'objets du placard. À chaque fois, on effectue un classement et les différentes piles ou tas représentent des classes bien distinctes. La réunion de toutes ces classes constitue l'ensemble de départ qu'il s'agissait de classer.

Autre matériel possible :

Un jeu de cartes de 32 ou 52 cartes.

Laisser les élèves organiser ces cartes comme ils le souhaitent en leur demandant le critère qu'ils ont utilisé.

Voici quelques exemples de classements :
– répartir les cartes en deux tas : les rouges et les noirs (ici le groupement par couleur est acceptable car les cartes de cœur ou de carreau d'un même jeu sont effectivement d'une même nuance de rouge) ;
– répartir les cartes en 4 tas : pique, cœur, carreau, trèfle ;
– répartir les cartes en tas de même valeur : le tas des as, celui des roi, celui des dames, celui des valets, celui des 10, etc. ;
– répartir les cartes en deux tas : les têtes et les autres ;
– Etc.

Pour les jeux de famille, un classement consiste à regrouper les éléments d'une même famille, mais aussi à mettre ensemble les pères, les mères, les filles, etc.

Pour ces deux types de jeux de cartes, il y a d'autres possibilités, il s'agit seulement de vérifier avec les enfants que le classement proposé permet de répartir les cartes sans doute possible, et qu'à la fin du classement toutes les cartes sont classées.

Le tableau à double entrée (GS-CP-CE I) (cycle 2)

Ranger des cartes colorées.

Objectifs : découvrir l'utilisation du tableau à double entrée.

Matériel : une quinzaine de cartes déjà colorées comme indiqué ci-dessous pour un petit groupe d'élèves (2 ou 4).

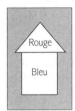 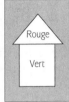 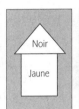 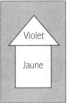 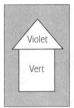

etc.

Déroulement de l'activité

Demander aux élèves d'organiser ces cartes et d'expliquer leur arrangement.

Terminer l'activité en mettant en évidence le principe du tableau à double entrée si celui-ci n'a pas été trouvé par la classe.

Amener les enfants à utiliser également un tableau à double entrée pour les tours de service (distribution de lait, arrosage de plantes, etc.) ainsi que pour la présentation des résultats d'un jeu. Il est alors nécessaire de s'assurer que chaque enfant en connaît l'utilisation et sait chercher un élément donné dans le tableau, en prenant l'intersection d'une ligne et d'une colonne.

Prolongement : proposer aux élèves de trouver une ou plusieurs cartes manquantes dans un arrangement de cartes suivant le principe d'un tableau à double entrée.

Exemple : on dispose au tableau des cartes comme indiqué ci-dessous et on demande aux élèves de trouver la (ou les) carte(s) manquante(s). Les cartes manquantes peuvent être distribuées aux élèves si elles sont en nombre suffisant, ou disposées au tableau à la vue de tous dans le cas contraire. Lorsqu'un élève pense avoir trouvé où se place la carte qu'il possède ou l'une des cartes affichées, il vient la mettre à la bonne place, en justifiant sa réponse.

△ ▲ ⏶ ⬠
⬘ ◭ ⬢ ?

Cette activité peut être réalisée avec du matériel de grande taille disposé au sol, dans la cour ou le préau. Demander aux élèves de venir se placer dans la case correspondant à la carte qu'ils ont en main. Le déplacement de l'élève permet une meilleure prise en compte des deux éléments ligne et colonne.

Les activités de type coloriage *ne permettent pas vraiment de vérifier la compréhension de l'utilisation du tableau à double entrée.*

Exemple d'erreur rencontrée en classe

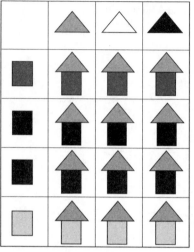

L'enfant a colorié la première case en respectant les couleurs indiquées par le tableau et a continué la ligne en considérant la première case comme le modèle d'une frise. Le même enfant a, par ailleurs, su parfaitement compléter un tableau où les toits étaient remplacés par des lettres, et le corps des maisons par des chiffres.

La non-réussite d'un tableau à double entrée, façon coloriage, ne prouve donc pas la méconnaissance de son utilisation dans d'autres cas. Le coloriage vient fortement parasiter l'utilisation d'un tel tableau.

De plus, on ne voit pas vraiment quelle est la simplification apportée par une telle présentation. On observe exactement le même type d'erreur avec l'utilisation de gommettes, surtout si celles-ci sont autocollantes : certains enfants ont d'abord envie de coller des gommettes et ont bien du mal à respecter une autre consigne. Le désir de manipuler des autocollants vient faire obstacle à tout autre consigne.

ACTIVITÉ 4

Activités avec un arbre (GS-CP-CE1) (cycle 2)

Habiller un personnage.

Objectifs : comprendre les limites d'un tableau à double entrée et utiliser un autre mode de représentation.

Matériel : (si l'on dispose de mathoeuf on peut pratiquer la même activité, sinon fabriquer le matériel suivant)
Une carte avec le dessin d'un personnage habillé mais sans chapeau et sans chaussures.
Des cartes avec le dessin de trois nœuds de cravate à poser sur le personnage (un rouge, un jaune et un bleu).
Des cartes avec le dessin de trois chapeaux différents.
Des cartes avec le dessin de trois paires de chaussures différentes.

Remarque : en Grande section de maternelle, on peut réduire le nombre d'éléments et ne proposer que 2 nœuds, deux chapeaux et deux paires de chaussures. Toutes les autres combinaisons sont possibles comme deux

---

nœuds, trois chapeaux, deux paires de chaussures, etc. En effet, il n'est pas nécessaire d'avoir le même nombre d'éléments dans chaque catégorie.

Déroulement de l'activité : il s'agit de chercher tous les personnages possibles qu'on peut composer avec ces différents éléments.
Laisser les élèves faire une recherche libre. Étant donné le nombre de possibilités, il est rare qu'un élève ne réussisse pas à en trouver au moins une.
Lors de la mise en commun, il est nécessaire de poser le problème du nombre de personnages différents qu'on peut réaliser. Demander aux élèves de trouver une méthode pour savoir s'ils les ont tous trouvés ainsi qu'une manière de réaliser ceux qui manquent. La présentation en arbre en CP ou en CE1 s'impose comme l'une des méthodes qui permet de répondre à cette double interrogation.

Jeux sensoriels : les jeux de Kim. GS-CP (cycle 2)

• **Présentation :** ces jeux d'observations visuelles, tactiles, auditives, voire gustatives, permettent de développer les sens, de favoriser la représentation mentale de différentes choses et leur mémorisation précise. Ils peuvent également être une aide pour acquérir les notions spatiales ainsi que pour la lecture et l'écriture des mots et des nombres.
De plus, le fait de solliciter d'autres intelligences que l'intelligence verbale, peut permettre à certains enfants d'acquérir des notions qu'ils n'avaient pu assimiler précédemment[8]. Maria Montessori[9] disait que de solliciter plusieurs sens comme le toucher, l'odorat, le goût, non pris en compte traditionnellement à l'école, favorisait aussi le développement de tous les autres sens.
• **Le jeu en lui-même :** qu'est-ce qu'un jeu de Kim ? C'est un jeu pratiqué par le jeune Kim dans *Kim* de Rudyard Kipling[10]. Il s'agit d'observer visuellement, par exemple pendant un court laps de temps, des objets divers afin de les mémoriser. Les objets sont ensuite dissimulés et l'on doit être capable d'en citer le plus possible.
Objectif : travailler la mémorisation visuelle, auditive, kinesthésique, olfactive, gustative, etc. au cours d'activités ludiques.
• **Progression pour un jeu de Kim visuel**
– Première étape : choisir entre 11 et 15 objets très différents. Proposer le jeu jusqu'à ce que les enfants soient capables de les retenir tous.
Choisir 15 objets, les laisser observer par les enfants et en déplacer 5, en modifier certains (par exemple déboucher des stylos), en ajouter ou en remplacer d'autres (remplacer certains objets par des objets identi-

8. *Les intelligences multiples*, Howard Gardner, Retz, 1996.

9. *Pédagogie scientifique*, Desclée de Brouwer, 1952.

10. Gallimard, coll. « 1000 soleils », 1978.

ques de couleur différente, faire passer un objet devant, derrière, à droite, à gauche d'un autre objet, etc. Ne pas tout faire en même temps!) Les élèves doivent être capables de trouver les modifications qui ont été apportées aux objets présentés.

– Deuxième étape : reprendre la première étape avec les photos en couleurs d'objets (par exemple découpées dans des catalogues). Lorsque le support est le même (ici, le papier), l'effort de mémorisation est plus compliqué. Cela oblige l'enfant à se créer des images mentales pour retenir le maximum de choses.

– Troisième étape : reprendre la première étape avec des objets dessinés en noir (sur un même papier blanc, par exemple). Là encore, on augmente la difficulté. Pour retenir les différents éléments, l'enfant doit fournir un effort supplémentaire et prendre de nouveaux points de repère mentaux.

On peut reprendre le même type de progression pour tous les autres jeux de Kim sensoriels. On trouvera de nombreux exemples de ces activités dans le livre de Maria Montessori, *Pédagogie scientifique*[11]

Avant de proposer les jeux de Kim tactils, prévoir une phase pendant laquelle les objets seront vus et touchés en même temps, afin que les enfants puissent associer l'objet à la sensation kinesthésique. Puis procéder comme pour les jeux de Kim visuels.

Si, pour les jeux de Kim concernant le toucher, certains enfants n'aiment pas qu'on leur bande les yeux, il suffira de prendre une boîte en carton assez grande et de faire deux trous à l'avant pour passer les mains et un trou à l'arrière pour que le maître y introduise les objets.

Ils peuvent aussi être glissés dans un petit sac en tissu et touchés au travers de ce sac, en ce cas la mémorisation est un peu différente. Là encore prévoir auparavant une phase d'apprentissage de ce type de toucher.

Faire faire également des jeux de Kim sollicitant le toucher avec les pieds, la joue ou le bras.

---

11. Desclée de Brouwer, 1952.

Notion de spatialisation

Quelques remarques théoriques

Toutes ces notions sont importantes mais, en même temps, très compliquées. Elles impliquent la connaissance d'un vocabulaire adapté et de conventions. De plus, dans le cas d'un travail écrit sur ces notions, il est souvent nécessaire de connaître aussi la représentation en perspective. Or, ceci est purement culturel[12], et la plupart des jeunes enfants de milieux culturels défavorisés ne maîtrisent pas ces notions.
La meilleure façon, en maternelle et en CP, de s'assurer de la maîtrise des notions de *droite, gauche, devant, derrière, dessus, dessous, en haut, en bas*, est de proposer aux enfants des situations vécues où ils ont effectivement besoin de mobiliser ces connaissances ou de les acquérir pour réussir.

Droite, gauche, devant, derrière (GS-CP) (cycle 2)

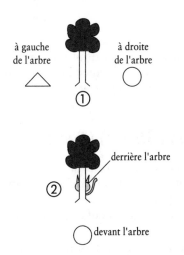

à gauche de l'arbre

à droite de l'arbre

①

②

derrière l'arbre

devant l'arbre

Pour répondre aux questions de spatialisation, il faut connaître un certain nombre de conventions.
① Dans ce cas, il faut se mettre *à la place* de l'arbre : la droite et la gauche de l'arbre correspondent à la droite et à la gauche de celui qui répond à la question.
② Dans ce cas, il faut considérer que l'arbre *regarde* la personne qui répond à la question. En fait, on considère que l'objet est derrière l'arbre si l'arbre le cache, mais dans le cas d'un dessin en perspective ou d'un arbre étroit, l'objet n'est pas

---

12. Cf. thèse de 3e cycle en didactique des mathématiques de Lelis Paes Sanchez, Représentation de l'espace chez l'enfant et l'adulte peu scolarisé, université Paris VII, juillet 1980.

toujours caché, même partiellement. Ce n'est qu'à la longue qu'un enfant prendra conscience de ces conventions et habitudes de langage.

Prenons le cas d'une maison qui, pour un enfant, semble davantage orientée qu'un arbre. Cependant, on retrouve le même problème. Il est probable que certains d'entre nous ne seront pas tout à fait d'accord sur la façon de situer le jardin dans l'exemple suivant :

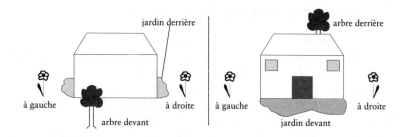

Comparons avec ce que l'on dirait si l'on prenait comme référence un personnage :

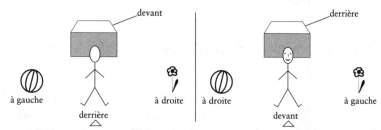

Il y a donc deux conventions : suivant qu'il s'agit d'un être animé (personne ou animal) ou d'un objet. C'est extrêmement subtil pour un enfant en phase d'apprentissage simultané du langage et des notions.

Activités de spatialisation (GS-CP) (Cycle 2)

Objectif : acquérir un vocabulaire adapté à ces notions.

Utiliser, le plus souvent possible, des jeux de psychomotricité ou d'observation (jeux de Kim) pour faire manipuler ces notions.

Utiliser les travaux écrits si l'on s'est assuré que les enfants savent les manipuler en situation réelle.

Ne pas conclure, en cas d'échec à de tels exercices écrits, que l'enfant ne maîtrise pas les notions. Cela indique souvent un manque d'habitude à se représenter mentalement la situation.

Pour aider l'enfant, on peut lui proposer de se mettre à la place du personnage du dessin, quand il y en a un, pour répondre à la question. Lorsqu'il s'agit d'un objet, il faut que l'enfant sache que la droite et la gauche de l'objet sont situées à sa droite et à sa gauche. On dit qu'un objet est devant un autre objet si, en situation réelle, l'objet est situé entre l'œil de l'enfant et l'objet de référence. On dira, de même, que l'objet est derrière si l'objet de référence est situé entre l'œil de l'enfant et l'objet considéré.

Le passage à l'écrit nécessite que l'enfant imagine la situation réelle à laquelle il est fait référence[13]. On est déjà, ici, dans une véritable situation de résolution de problème.

Haut et bas

En situation réelle, ces deux notions ne posent pas de gros problèmes. Mais il n'en est pas de même si l'on travaille sur une feuille posée sur une table horizontale. Dans ce cas, le bas et le haut de la feuille n'ont de signification qu'en référence au tableau du maître sur lequel le haut et le bas sont, alors, clairement déterminés. Pour faire comprendre l'utilisation de ces mots, dans cette situation, il est préférable de commencer par travailler sur des plans inclinés. En diminuant progressivement l'inclinaison de la table, on peut amener les enfants à comprendre ce vocabulaire utilisé pour la feuille posée sur une table horizontale.

Dessus et dessous

Ces deux mots ne diffèrent que par un son : *u* d'une part et *ou* de l'autre. Dans plusieurs langues étrangères, le son *u* n'existe pas. C'est, entre autres, le cas de l'italien et de l'arabe. Certains enfants, ne parlant pas français à la maison, ont parfois de grandes difficultés à distinguer les deux mots. Ils peuvent très bien connaître la différence entre ces deux notions, mais ne pas savoir prononcer convenablement les mots correspondants. En ce cas, il sera préférable, dans un premier temps, de travailler avec des gestes pour les petits, puis avec les mots écrits pour les plus grands.

Intérieur et extérieur, ouvert et fermé

Là encore, ces notions ne posent pas vraiment de problème si elles sont introduites dans des situations réelles. Mais dès qu'il s'agit de contrôler leur acquisition à l'aide de schémas, on se heurte à de nombreuses, difficultés. En effet, il faut poser la question clairement aux enfants et demander, par exemple :

---

13. A. de la Garanderie, *Profils pédagogiques*, Paidoguide, 1988.

« Dessine un chat à l'intérieur du cercle » ou *« Le chat est-il à l'intérieur du cercle ? »*, et non pas *« Le chat peut-il attraper la souris ? »*, comme on le trouve dans certains exercices. Ce détour verbal ne permet pas de contrôler la connaissance des notions. En effet, tous les enfants savent bien que, même si l'on pose une ficelle autour d'un chat et s'il y a une souris à l'extérieur de la ficelle, le chat attrapera la souris en passant par-dessus la ficelle. Seuls les enfants ayant compris ce que le maître attend – à savoir la réponse : *« Non, le chat n'attrape pas la souris car il est à l'intérieur d'une ligne fermée »* – pourront répondre convenablement à la question.

2

Activités numériques

On trouvera comment enseigner la numération au cycle 2 avec des activités permettant un travail spécifique sur le passage à la dizaine, l'algorithme numérique écrit en chiffres et l'algorithme oral. On propose également un travail sur les grands nombres afin de poursuivre l'apprentissage en cycle 3. Sont également abordés les nombres rationnels et les nombres décimaux.

On donne aussi de nombreuses fiches pour introduire l'addition, la soustraction et approfondir ces deux opérations au cycle 3, mais aussi pour aborder la multiplication et la division. On explique aussi comment utiliser les différents bouliers pour chacune de ces opérations.

Enfin on termine par des fiches sur le calcul mental et réfléchi.

Des jeux permettant de varier ces différentes activités sont également fournis ainsi que des pistes pour faire des mémoires de jeu, des rétroactions et des exercices de jeu.

Numération

Un système de numération doit être fait pour que la comparaison des nombres soit facile et pour que leur écriture soit simple et unique. Il faut aussi que la quantité de signes utilisés ne soit pas trop importante. Les hommes se sont penchés sur ce problème depuis la préhistoire. Ils ont trouvé, pour le résoudre, plusieurs méthodes adaptées aux besoins numériques de chaque époque.

Quelques définitions

Il y a deux grands types de systèmes de numération écrite. Ils ont tous les deux leurs avantages. Ils utilisent différentes bases (une base est le nombre d'unités d'un certain rang, nécessaire pour fabriquer une unité d'un rang immédiatement supérieur). On trouve principalement des systèmes en base dix, vingt, soixante.

Les numérations de type additif

Le nombre est écrit avec un ensemble fini de signes. Pour le connaître, il suffit d'additionner la valeur des différents signes le composant. Le symbole zéro n'existe pas.

Les numérations de type positionnel

On écrit le nombre avec un ensemble fini de chiffres. Deux nombres composés des mêmes chiffres sont différents si la place de ces chiffres n'est pas la même. La position du chiffre indique le groupe de la puissance de la base qu'il représente.
Exemple : dans 254, le 5 est le chiffre des dizaines, mais dans 425, le 5 est le chiffre des unités.
Le symbole zéro est nécessaire pour indiquer qu'un groupement de la base n'est pas utilisé.

Rappels historiques[14]

Les numérations additives ont été créées les premières. **L'homme des cavernes**, pour compter les animaux d'une chasse, par exemple, marquait autant d'entailles, sur un os, que d'éléments dans la collection. Il s'agissait, en fait, d'une correspondance terme à terme (autant de traits que d'animaux).

Les Mayas se servaient d'un comptage sur le corps, utilisant les doigts de mains et de pieds (origine probable de notre groupement par vingt dans quatre-vingts).

Les Sumériens, vers 3 500 ans avant notre ère, prenaient différentes boulettes d'argile pour représenter les quantités 1, 10, 100, 300, 3 000, etc. Les Latins appelleront ce type de boulettes *calculi*, du mot latin *calculus* (au singulier) qui veut dire *caillou*. C'est l'origine de notre mot *calcul*.

Les Égyptiens dessinaient des signes différents suivant le groupement de la base dix qu'ils voulaient représenter : 10, 100, 1 000 ; 10 000, 100 000, 1 000 000.

Plus tard, **les Grecs**, **les Romains** et **les Hébreux** prendront des lettres de leur alphabet comme chiffres, leur système étant additif et soustractif.

Tous ces systèmes répondaient parfaitement aux besoins de leurs créateurs. Ils servaient essentiellement à noter et à mémoriser des quantités, et non à faire des calculs. Pour ces derniers, on employait des *abaques à calculi* et on notait les résultats, si nécessaire. Il s'agissait de l'ancêtre des bouliers : les cailloux jouaient le rôle des boules et les cases celui des tiges.

Actuellement, il existe encore des numérations écrites de type additif et multiplicatif ; c'est le cas de la numération sinojaponaise. Pour noter 3 542, **les Chinois** écrivent 3 1000 5 100 4 10 2 (en utilisant des symboles différents des nôtres).

Ils ont 9 symboles pour les nombres de 1 à 9, un symbole pour 10, un pour 100, un pour 1 000 et un pour 10 000. Cette numération écrite n'est pas très commode pour les calculs, c'est pourquoi les Chinois et les Japonais utilisent des bouliers.

Les numérations positionnelles sont beaucoup plus pratiques pour les calculs et permettent de comparer les nombres uniquement en tenant compte de la longueur de leur écriture. Ceci n'est pas possible avec une numération additive. Par exemple, **les Égyptiens** écrivaient un million avec un signe, tandis qu'il en fallait 4 pour noter treize.

La première numération positionnelle connue fut celle **des Babyloniens** (début du deuxième millénaire avant notre ère). Ils utilisaient la base soixante. Au début, ils indiquaient par une place vide qu'un ordre de la base n'était pas utilisé. Mais, lorsque cette place vide se situait en fin de

---

14. Pour de plus amples renseignements sur l'histoire des numérations, consulter *Histoires de comptes*, F. Cerquetti-Aberkane, Épigones, 1987. Accessible aux enfants du cycle 3.

nombre ou qu'il y avait deux places vides consécutives, cela posait des problèmes de lecture et était source d'erreurs. C'est pourquoi ils inventèrent, au IVe siècle avant notre ère, le premier zéro de l'humanité. Il n'était pas encore conçu comme un nombre, mais servait simplement à indiquer qu'une place était vide.

Au IIIe siècle de notre ère, **les Mayas** fabriquèrent un système positionnel de base vingt, avec une irrégularité au deuxième ordre. Ils avaient naturellement besoin du zéro. Ce système de numération était conçu essentiellement pour noter les dates dans l'un de leur calendrier. Le premier ordre indiquait les jours, le deuxième les mois, le troisième les années, le quatrième les groupements de vingt années, etc. L'année comprenait 360 jours, répartis en 18 mois de 20 jours. Les années étaient ensuite regroupées par 20. Ces nouveaux groupements étaient eux aussi rassemblés par 20, et ainsi de suite.

Enfin, au Ve siècle de notre ère, **en Inde**, on conçut un système positionnel décimal avec dix chiffres et, cette fois, un zéro, véritable opérateur. Ce procédé fut inspiré de l'ancien système oral sanscrit. Pour lire 2 345, on disait cinq, quatre, trois, deux. Le sanscrit avait déjà la notion de zéro, exprimé par vide. La propagation de ce système se fit d'abord chez **les Arabes** qui nous le transmirent. En arabe, le mot *sifr* signifie zéro. C'est l'origine de notre mot chiffre.

Il fallut attendre le Xe siècle pour voir ce système arriver en Europe et encore plusieurs siècles pour que les savants européens utilisent ce système dans leurs calculs.

Les cinq aspects de l'enseignement du nombre

Pour enseigner la notion de nombre, en maternelle et en primaire, il faut aborder 5 aspects dont l'ordre n'est pas nécessairement celui présenté ci-dessous :
1. aspect ordinal ;
2. aspect cardinal ;
3. groupements et bases ;
4. écriture du nombre en chiffres ;
5. lecture du nombre.
Il est, en effet, très difficile de séparer les différents aspects. Les paragraphes qui suivent tentent de mettre l'accent sur un point particulier.

Aspect ordinal

Il concerne l'ordre des nombres. Il permet de travailler les notions de « plus grand que », « plus petit que », « égal », « avant », « après », « autant que », « plus que », « moins que », mais également le quantième. Il faut donc à la fois connaître la comptine orale et l'algorithme numérique écrit en chiffres. C'est pourquoi il est très important de se familiariser avec cette notion dès la maternelle.

Le travail sur l'égalité nécessite la connaissance de plusieurs propriétés très importantes : elle est symétrique. En effet pour tout nombre a et b tels que a = b, alors b = a. Elle est aussi transitive ; en effet, pour tout nombre a, b, et c tels que a = b et b = c alors a = c. De plus, on ne change pas la propriété d'égalité si l'on ajoute ou si l'on retranche un même nombre aux deux membres de l'égalité, si l'on multiplie ou si l'on divise les deux membres de l'égalité par un même nombre non nul.

Aspect cardinal

Il concerne la quantité. Connaître le cardinal d'un ensemble ou d'une collection, c'est pouvoir dire combien cet ensemble ou cette collection ont d'éléments.

Pour qu'un enfant puisse dire combien d'objets il y a dans une collection, il faut qu'il connaisse la comptine numérique, qu'il sache associer un geste de la main, par exemple à un mot, et un seul, de cette comptine et, enfin, qu'il ait compris que le dernier mot cité indique le nombre d'objets de la collection. De plus, il faut qu'il sache que l'ordre et la nature des objets n'ont pas d'importance dans le dénombrement. Ce sont les principes de Gelman.

Tous ces apprentissages se font, le plus souvent, par imitation ou par osmose. Si les enfants n'ont pas acquis, pour le dénombrement, l'association d'un geste et d'un mot dans l'ordre de la comptine, il faudra le travailler spécifiquement à l'occasion de jeux en motricité. Par exemple, faire un geste donné en suivant un rythme précis, pouvant varier, ou en récitant une poésie, etc.

Groupements et bases de numération

Ces activités sont à faire au CP et à reprendre au CE1 (plus rapidement). Il s'agit de travailler la notion d'échange x *contre 1 de l'ordre juste supérieur* afin de mettre en place la numération de position et l'écriture du nombre en chiffres.

Le choix de dix est probablement en relation avec les dix doigts de nos mains, en ce qui concerne la numération en base dix.

Écriture du nombre en chiffres

Un chiffre est un caractère d'imprimerie qui permet d'écrire les nombres. Il a le même statut que la lettre par rapport au mot. Il y a des nombres d'un chiffre comme il y a des mots d'une lettre. Un chiffre peut être petit, gros, en couleur, mais ce n'est pas le cas d'un nombre. Il y a dix chiffres : 0, 1, 2, 3, 4, 5, 6, 7, 8, 9 qui permettent d'écrire une infinité de nombres.

Il est très important de donner le vocabulaire exact aux enfants dès le début de l'apprentissage.

Lecture du nombre

La lecture du nombre se travaille en utilisant des jeux avec la comptine, comme ceux proposés dans les activités.

Notre système oral est de type additif et multiplicatif, mais avec de nombreuses irrégularités. Par exemple, on dit *onze* au lieu de *dix-un*, *douze* au lieu de *dix-deux*, et ce jusqu'à *seize*. On dit *vingt* au lieu de *deux-dix*, *trente* au lieu de *trois-dix*, etc. On dit *cent* et *mille*, mais un *million*, un *milliard*. Il faut que les enfants l'apprennent, et cela se fait petit à petit à l'occasion de diverses activités qui ne relèvent pas uniquement des mathématiques.

À partir de *dix-sept*, et après chaque dizaine, la numération devient additive. Mais il est encore difficile de faire la liaison avec l'écriture en chiffre du nombre puisque l'on n'entend pas ce que l'on écrit et que l'on n'écrit pas ce que l'on entend, d'où toutes les erreurs du type *dix-sept* écrit 107 ou *quatre-vingt-trois* écrit 4 203, par exemple.

Test de fin de GS et de début de CP (voir fiche n° 4 du cédérom)

Faire ce test durant les deux premières semaines de l'année de CP et tout au long de l'année de GS. Il va permettre de prendre conscience des acquis des élèves et de travailler spécifiquement les difficultés de certains. En CP, cela permet aussi de gagner du temps car il n'est pas utile de travailler les notions que tous les élèves ont déjà acquises et le test permet d'en faire l'inventaire.

Temps à prévoir : 1/4 d'heure par jour pendant 2 semaines environ.

Certains acquis seront évalués en classe entière, par écrit, d'autres le seront individuellement et oralement. Pour l'interrogation individuelle, prévoir de tester 4 ou 5 enfants par jour. Quand on utilise la méthode La Martinière, prévoir de ne noter que les résultats de 5 ou 6 enfants chaque jour en ayant préparé à l'avance une grille permettant d'en prendre note.

Bien veiller, comme c'est indiqué sur la fiche, à évaluer les notions dans les deux sens (par exemple, comptage à l'endroit et à l'envers, association de nombres écrits en chiffres à la constellation correspondante, et inversement).

L'utilisation du matériel préfabriqué indiqué facilite grandement l'évaluation (fiches 1, 2, 3 et 10 du cédérom).

Avant d'aborder les différentes activités, Il convient de veiller à la nature du matériel utilisé pour travailler une notion.
En effet, quand il s'agit de travailler sur l'algorithme numérique écrit en chiffres ou sur la notion d'échange, il est nécessaire d'utiliser des outils mettant en jeu la numération positionnelle.

Quand on utilise de tels outils, il ne faut pas les modifier en y ajoutant de la couleur car alors on risque de transformer un outil permettant d'aborder la numération positionnelle en un outil utilisant une numération additive. Si par exemple on écrit les chiffres des unités en rouge et ceux des dizaines en bleu, ce n'est plus la place du chiffre dans le nombre qui permet de trouver sa valeur comme dans tout système positionnel, mais sa couleur. De même, lorsqu'on utilise un abaque, si l'on se sert de pions de couleur pour distinguer les différentes colonnes, l'outil devient additif et non plus positionnel.

Utiliser un matériel additif pour faire écrire un nombre en chiffres risque de provoquer des erreurs caractéristiques comme celle-ci :

deux cents trente cinq écrit 200305 ce qui correspond à ce que l'élève voit s'il utilise du matériel multibase comme celui-ci.

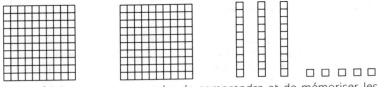

Ce matériel permet en revanche de comprendre et de mémoriser les décompositions du nombre donc de savoir que $235 = 200 + 30 + 5 = (2 \times 100) + (3 \times 10) + 5$

Activités numériques

1) Travailler la comptine numérique orale

ACTIVITÉ 5

Apprentissage de la comptine numérique orale (GS, CP, CE1)

Objectif : connaître la comptine numérique orale dans l'ordre et de façon stable.

Comptine à l'endroit et à l'envers : les chercheurs en didactique des mathématiques se sont rendus compte que l'apprentissage était favorisé par l'introduction de perturbation dans la récitation. On propose ici plusieurs pistes de travail.

Déroulement de l'activité

Réciter la comptine à l'endroit tous ensemble, sans temps d'arrêt. Les élèves qui savent et le professeur entraînent ceux qui ne savent pas très bien surtout pour les zones « à risques » situées entre dix et seize et entre soixante-dix et quatre vingt-dix-neuf. Les élèves vont apprendre cela par imprégnation essentiellement.

Récitation de la comptine à l'envers tous ensemble sans temps d'arrêt à partir d'un nombre quelconque. Il s'agit de donner le départ d'une fusée. On commence par trois, puis cinq puis dix par exemple.

Réciter la comptine avec des changements de rythme et des arrêts, On peut utiliser une marionnette par exemple pour introduire ces variations.

Jeux du furet : chaque enfant à son tour dit un nombre dans l'ordre de la comptine numérique orale. Cette activité demande beaucoup d'attention car l'élève doit continuer la comptine après quelqu'un sans la réciter depuis le début à voix haute.

On peut faire également le jeu du furet en comptant à l'envers à partir d'un nombre donné.

On peut aussi utiliser le jeu du furet pour introduire des perturbations. On désigne, avant de commencer la récitation, des élèves qui diront « *chut* » à la place du nombre prévu, si bien que l'élève suivant doit sauter un nombre dans la récitation. On peut également placer côte à côte deux élèves qui diront « chut » pour augmenter la difficulté. Pour réussir, les élèves doivent être très attentifs et réciter mentalement la comptine en même temps que leurs camarades.

Au début de CP, voir jusqu'où les enfants maîtrisent la comptine. Certains ont compris l'algorithme oral et sont capables de continuer la récitation jusqu'à 69 si on leur donne le nom de quelques dizaines. Reprendre ces activités si nécessaire.

Apprentissage de la comptine numérique orale (GS, CP, CE1)

Jeu du plouf dans l'eau[15]

Objectif : apprendre de façon ludique la comptine numérique orale et faire la correspondance entre le nom du nombre et l'écriture chiffrée correspondante.

Matériel : une bande numérique comme celle-ci, allant jusqu'à 30 au moins (fiche 5 du cédérom).

0	1	2	3	4	5	6	7	8	9	10	11	12	13	...

Des cartons de couleur (gris, d'un côté et vert de l'autre) matérialisant des pierres ou des feuilles de nénuphars. Une grenouille en carton collée à l'extrémité d'une baguette.

On peut également faire des cartons bleus d'un côté et blancs de l'autre, matérialisant la mer et de blocs de glace et prendre alors un pingouin ou un ours blanc à la place de la grenouille.

Déroulement : le jeu comporte plusieurs niveaux de difficultés.

Étape 1 : on dispose les cartons sous les nombres dans les petites cases prévues à cet effet. La grenouille (ou le pingouin), se promène sur la bande numérique en suivant l'ordre de la comptine numérique orale.

La récitation de la comptine se fait collectivement de la manière suivante : on dit tout haut les nombres sous lesquels se trouvent les pierres (carton gris) ou les blocs de glace (carton blanc) et tout bas les nombres sous lesquels se trouvent les nénuphars (cartons verts) ou la mer (cartons bleus). Si un élève dit tout haut un nombre qui devrait être dit tout bas, toute la classe dit alors « *plouf dans l'eau* ».

---

15. Ermel, *Apprentissage numérique au CP*, Hatier, 1991.

Étape 2 : même chose pour la disposition des cartons sur la bande, mais cette fois-ci la récitation des nombres qui se faisait tout bas se fait maintenant mentalement.

Étape 3 : même chose mais cette fois les cartons verts (ou bleus) sont posés sur les nombres.

Étape 4 : variante de l'étape 1 inventée par les élèves d'une classe de Grande section de maternelle. Comme les enfants mouraient d'envie de dire « *plouf dans l'eau* » et qu'ils ne se trompaient pas assez souvent, ils ont décidé de dire « *plouf dans l'eau* » à la place des nombres sous lesquels se trouvaient les cartons verts (ou bleus). Ceci introduit une difficulté supplémentaire, car très vite cela revient à lire les nombres en chiffres plus qu'à réciter simplement la comptine.

2) Travailler la notion d'ordinal et l'algorithme numérique écrit en chiffres

Travail avec la bande numérique verticale (CP-CE1)

Il est utile d'afficher dans la classe, dès le début de l'année de CP et de CE1 une grande bande numérique verticale allant jusqu'à 109 au moins, afin que les élèves se familiarisent peu à peu avec la suite ordonnée des nombres écrits en chiffres.

Objectif : travailler l'algorithme numérique écrit en chiffres et les notions de prédécesseur et de successeur.

Matériel : une bande verticale allant de 0 à 109 au moins comme ci-contre (fiche 12 du cédérom).

Déroulement de l'activité : faire observer aux élèves cette bande numérique verticale qu'on déroule devant eux. Leur demander de dire ce qu'ils observent. La persistance du chiffre situé à gauche (chiffre des dizaines) et la variation régulière du chiffre situé à droite (chiffre des unités) doivent être évoquées.

Remarque : il n'est pas utile à ce stade d'employer les mots de dizaines et unités qui ne seront introduits que lorsqu'on aura travaillé la notion d'échange.

Demander aux élèves d'observer précisément à quel moment le chiffre de gauche change et vérifier que cette remarque se vérifie sur toute la bande, à chaque changement du chiffre de gauche. Il est également nécessaire de faire remarquer aux élèves, s'ils ne le voient pas, que ce changement se fait toujours dans le même ordre bien précis.

ACTIVITÉ 7

Les points importants à noter sont les suivants :

– le chiffre de gauche change lorsque le chiffre de droite passe de 9 à 0 ;

– le chiffre de gauche est d'abord 1, puis 2, puis 3 et ainsi de suite dans l'ordre de la comptine numérique ;

– dans la file numérique, il y a d'abord une petite famille de nombres à un chiffre, puis une plus grande famille de nombre à deux chiffres, puis la famille des nombres à trois chiffres. Jamais un nombre à trois chiffres n'apparaît dans la famille des nombres à deux chiffres. Ce point est très important, il permettra aux élèves d'éviter un certain nombre d'erreurs lors de l'écriture des nombres en chiffres sous la dictée.

Après cette observation, enrouler la bande des deux côtés et ne laisser apparaître que quelques nombres. Demander aux élèves de prévoir le nombre qui va apparaître lors du déroulement (vers le haut ou vers le bas). La vérification est immédiate, puisqu'il n'y a qu'à dérouler la bande pour voir si la réponse est exacte. Ensuite enrouler la bande de façon à ne laisser apparaître qu'un seul nombre et demander aux élèves de trouver le nombre qui vient juste avant et juste après le nombre montré.

Exercices de jeu : il suffit de prévoir un exercice qui reprend comme support la bande verticale enroulée et sur laquelle on aura laissé des cases vides à compléter par les élèves.

ACTIVITÉ 8

Utilisation d'un compteur mécanique (CP-CE1)

Objectif : travailler l'algorithme numérique écrit en chiffres et la notion de prédécesseur et successeur.

La présence de plusieurs compteurs mécaniques est également très appréciable et ce jusqu'en CE1 au moins.

Matériel : un compteur mécanique. Une calculette programmée comme suit peut tout à fait faire l'affaire. On prendra la précaution de coller sur les touches de la calculette des pastilles de couleur afin que les élèves ne soient pas perturbés par l'utilisation de signes mathématiques.

Préparer une fiche de programmation comme indiqué ici mais remplacer les signes par les couleurs que l'on aura choisies.

Ce qu'on tape	Ce qu'on voit
on	0
1	1
+	1
=	1
=	2

On peut aussi avoir la programmation suivante :

Ce qu'on tape	Ce qu'on voit
on	0
1	1
+	l
1	1
=	2

On peut aussi récupérer de vieux compteur de voiture et les fixer sur des planchettes de bois.

Déroulement

Laisser les élèves utiliser librement les compteurs mécaniques. Après un certain temps d'utilisation libre, faire une synthèse et demander aux élèves ce qu'ils ont observé. On doit parvenir aux mêmes observations que celles obtenues avec la bande numérique verticale, à savoir :

– le chiffre de gauche change lorsque le chiffre de droite passe de 9 à 0 ;

– le chiffre de gauche est d'abord 1, puis 2 puis 3 et ainsi de suite dans l'ordre de la comptine numérique.

Il n'y a jamais de nombres à deux chiffres qui surgissent dans la famille des nombres à un chiffre, ni de nombres à trois chiffres qui apparaissent dans la famille des nombres à deux chiffres.

Remarque : l'utilisation du compteur mécanique permet à certains élèves en difficulté dans l'apprentissage de l'algorithme numérique écrit en chiffres et dans la compréhension du prédécesseur et du successeur d'un nombre donné de progresser très rapidement.

On peut utiliser cet outil comme référence et l'évoquer à chaque fois qu'on demande aux élèves de trouver le prédécesseur et le successeur d'un nombre afin de permettre aux élèves de faire le lien entre les notions étudiées et les outils utilisés pour les appréhender.

Là encore des exercices écrits utilisant comme support le compteur mécanique peuvent être utilisés.

Utilisation d'un tableau de nombres (GS-CP-CE1)

Jeu du « cache nombre »

Objectif : travailler l'algorithme numérique écrit en chiffres et la notion de prédécesseur et successeur.

Matériel : un tableau de nombres à cases au moins jusqu'à 109 comme celui indiqué ci-après d'environ un mètre carré. Il pourra ensuite servir d'affichage permanent pour la classe. Tous les chiffres de chaque nombre sont écrits de la même couleur (fiche 6 du cédérom).

ACTIVITÉ 9

0	1	2	3	4	5	6	7	8	9
10	11	12	13	14	15	16	17	18	19
20	21	22	23	24	25	26	27	28	29
30	31	32	33	34	35	36	37	38	39
40	41	42	43	44	45	46	47	48	49
50	51	52	53	54	55	56	57	58	59
60	61	62	63	64	65	66	67	68	69
70	71	72	73	74	75	76	77	78	79
80	81	82	83	84	85	86	87	88	89
90	91	92	93	94	95	96	97	98	99
100	101	102	103	104	105	106	107	108	109

Déroulement de l'activité :

Proposer aux élèves d'observer le tableau ci-dessus et leur demander ce qu'ils constatent. Les remarques suivantes doivent émerger :

– même premier chiffre sur une même ligne ;

– même dernier chiffre dans une même colonne ;

– deux chiffres identiques dans l'une des diagonales ;

– les chiffres des dizaines des nombres de l'autre diagonale sont consécutifs, de même pour les chiffres des unités de ces mêmes nombres. (cette remarque n'est pas toujours faite par les élèves).

Une fois ces observations faites, cacher quelques cases éparses avec des cartons collés à la gomme fixe et demander aux élèves de trouver les nombres ainsi dissimulés.

Lors de la synthèse, faire le partage des réussites en demandant aux élèves qui ont trouvé la bonne réponse d'expliquer la méthode qu'ils ont utilisée afin de permettre à ceux qui n'ont pas encore compris comment faire de s'en inspirer.

Proposer ensuite le jeu suivant :

Les valeurs des cartons sont fonction de la difficulté. Il est plus compliqué de trouver une case centrale qu'une case située sur le bord.

Chaque joueur choisit une case cachée. Il aura le droit de prendre le carton qui est dessus et de marquer les points correspondants s'il est capable de dire le nombre caché dessous (il peut l'épeler s'il ne sait pas le nommer de façon habituelle, par exemple 74 sera lu sept, quatre). Il est souhaitable que les élèves expliquent comment ils font pour trouver la réponse.

0	1	2	3	4	5	6	7	8	9
10	11	12	13	14	15	16	17	18	19
20	21	22	23	24	25	26	27	28	29
30	31	32	33	34	35	36	37	38	39
40	41	42	43	44	45	46	47	48	49
50	51	52	53	54	55	56	57	58	59

Exemple

On peut fixer à sa guise le nombre de joueurs et de points nécessaires pour gagner. Ce jeu peut se pratiquer en classe entière par équipe, par exemple, ou en petits groupes.

Exercices de jeu

Suite à ces activités, on peut proposer des exercices de jeu reprenant le tableau de nombres et comportant des cases, des lignes ou des colonnes à compléter. On peut aussi demander aux élèves de reconstituer un tableau de nombres vierge.

Voir la production spontanée sans modèle d'un enfant de GS, en décembre.

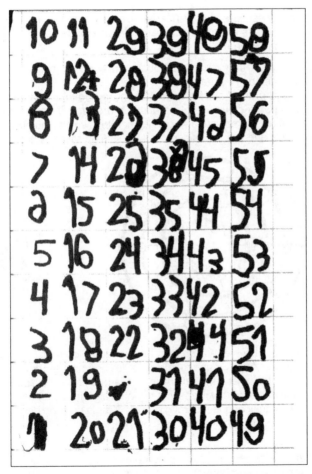

On constate certains acquis sur l'algorithme numérique malgré quelques difficultés pour écrire les chiffres à l'endroit.

Proposer également des puzzles avec des tableaux de nombres. Ces activités peuvent très bien être données aux élèves lors de défis mathématiques en GS et en CP. Les élèves disposent d'une feuille de scores sur laquelle ils cochent les différents niveaux qu'ils ont franchis.

Les puzzles peuvent être codés suivant leur difficulté et constituer une progression avec par exemple :
La force 1 : 4 pièces de formes différentes qui s'encastrent.
La force 2 : 6 pièces de formes différentes.
La force 3 : 4 pièces de même forme.
La force 4 : 6 pièces de même forme.
La force 5 : 10 colonnes découpées.
La force 6 : 11 lignes découpées.

Prévoir une possibilité de vérification des puzzles par les élèves en photocopiant sur du plastique transparent le tableau de nombres solution (Voir fiche 3 du cédérom).

On peut proposer une variante à l'observation du tableau de nombres (d'après une idée de D. Barataud)
Fabriquer une grande spirale en bois comme indiqué ci dessous. On plantera des petits clous à la place des nombres afin d'y suspendre des cartons nombres de manière à ce que les nombres soient toujours écrits à l'endroit quelle que soit la position dans laquelle on suspend la spirale.

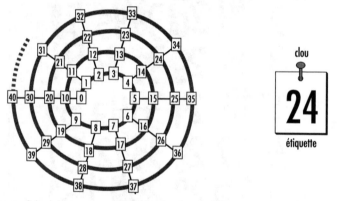

Là encore, faire observer aux enfants les caractéristiques de cette spirale. Ils vont constater que, sur une même ligne, les nombres se terminent tous par le même chiffre et ce, quelle que soit la position de la spirale. Cela permet aux enfants de travailler sur la notion d'algorithme numérique sans référence à un quelconque repérage spatial. C'est la position des nombres, les uns par rapport aux autres, qui compte, et non leur position dans l'espace.

Décrocher ensuite certains cartons-nombres et demander aux enfants de venir les replacer. L'autocorrection, cette fois-ci, n'est plus possible comme avec le jeu « Cache nombre » puisqu'aucun nombre n'est écrit sur la spirale. On peut aussi coller des caches sur les étiquettes-nombres afin de conserver la possibilité d'autocorrection.

Utilisation d'un compteur manuel (CP-CE1)

Remarque : le compteur manuel utilisé seul n'est pas un outil d'apprentissage mais seulement d'évaluation. Pour qu'il devienne un outil d'apprentissage, il doit être couplé avec un autre outil tel que la calculette transformée en compteur mécanique (voir plus haut) ou une bande numérique horizontale par exemple.

Objectif : travailler l'algorithme numérique écrit en chiffres. Mettre en évidence le changement du chiffre des dizaines, puis des centaines.

Matériel : un compteur manuel à roues et un compteur mécanique ou une bande numérique pour deux élèves (fiche 11 du cédérom).

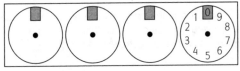 Chaque roue comporte les nombres de 0 à 9, également répartis.

Le maître aura, lui aussi, un grand compteur manuel. Les assiettes en carton permettent de réaliser de grandes roues, visibles par tous, dans la classe.

Déroulement : il s'agit d'un entraînement systématique permettant aux élèves d'intégrer le changement du chiffre des dizaines lorsque le chiffre des unités passe de 9 à 0.
Les élèves sont par deux. L'un suit sur la bande numérique les nombres de un en un, en les nommant ou en les épelant si les élèves ne savent pas encore les nommer de façon habituelle (onze sera lu un, un, douze sera lu un, deux, etc.). Cela permet de ne pas confondre les difficultés des élèves relatives à l'algorithme écrit en chiffres avec celles relatives à l'algorithme oral.
L'autre fait dérouler le compteur manuel simultanément. Lors du changement du chiffre des dizaines, l'élève qui suit sur la bande la suite des nombres veille à attirer l'attention de celui qui tient le compteur manuel.

Procéder de la même manière avec le compteur mécanique, un élève faisant avancer le compteur mécanique et l'autre utilisant le compteur manuel. Faire défiler les nombres au moins jusqu'à 109.
Intervertir les rôles ensuite.

Le compteur manuel sera utilisé ensuite seul comme outil d'évaluation, pour vérifier individuellement les acquisitions des élèves concernant l'algorithme numérique écrit en chiffres.

Apprentissage de l'algorithme écrit en chiffres (GS-CP-CE1)

Le jeu du 11

Objectif : travailler l'algorithme écrit en chiffres à
l'endroit et à l'envers, de 1 à 20, et à partir de n'importe
quel nombre de la suite de 1 à 20.

Matériel : un jeu de cartes composé de 4 séries de
cartes numérotées de 1 à 20 (nombres et constellations
comme indiqué ci-dessous) et de 4 couleurs différentes
(par exemple rouge, vert, bleu, jaune). Soit 80 cartes.

Attention : le verso de toutes les cartes doit être de la même couleur.

On peut jouer à 4, 8 ou plus, étant donné le nombre de cartes disponibles.
On peut même rajouter une ou deux séries de 20 cartes de deux autres
couleurs si l'on souhaite jouer en classe entière (fiche 7 du cédérom).

Règle du jeu (à 4 ou 8)
Distribuer 8 cartes à chaque joueur. Le reste constituera la pioche.
Pour commencer le jeu, il faut poser un 11. Si le premier joueur a un 11, il
le pose, sinon il tire une carte dans la pioche et c'est au suivant de jouer.
Dès qu'un 11 est posé, le joueur suivant peut soit poser un 11 d'une autre
couleur, soit compléter la série commencée dans la même couleur et de
chaque côté.

Par exemple, s'il y a un 11 rouge sur la table, le joueur suivant peut poser
soit un 12 rouge et les suivantes, soit un 10 rouge et les suivantes, soit un
11 d'une autre couleur. Il peut se débarrasser de ses cartes jusqu'à ce qu'il
ne puisse plus jouer. Il pose alors, en un seul coup, plusieurs cartes, à
condition qu'il respecte bien l'algorithme et la couleur imposée. On ne
pioche une carte que lorsqu'on ne peut pas jouer.

Le gagnant est celui qui s'est débarrassé de toutes ses cartes en premier.

Prolongements possibles pour le CP et CE1

Jeu du 71 ou du 81

Matériel : on utilise 4 séries de 20 cartes numérotées de 60 à 80 ou de 70
à 90 (fiche 8 du cédérom).
Déroulement : On commence par placer le 71 dans le premier cas ou le 81
dans le deuxième cas. On procède de la même manière que pour le jeu du
11.

Jeu du 110

Objectif : travailler le comptage et le décomptage de 10 en 10.
Matériel : 4 séries de 20 cartes numérotées de 10 en 10 à partir de 10
jusqu'à 200.
Déroulement : on commence par placer le 110. On procède de la même
manière que pour le jeu du 11.

On peut ensuite faire toutes les variantes que l'on souhaite en numérotant
les cartes de 2 en 2, de 5 en 5, etc. afin de favoriser le calcul mental.

Comparer deux nombres écrits en chiffres (CP-CE1)

Pour aborder les notions autant que, plus que, moins que, il n'est pas nécessaire d'utiliser les signes >, <. Surtout en maternelle et en CP. En effet, comme le signale D. Barataud dans le cas de Carol[16], ces notions peuvent très bien être acquises par les enfants sans qu'ils sachent utiliser convenablement les signes les représentant. On risque de faire de graves erreurs d'appréciation lors de l'évaluation des connaissances des enfants et, surtout, de les bloquer de façon définitive. Le signe = est le seul utile, à condition de l'employer convenablement; Ce n'est pas un signe d'abréviation et il ne peut être utilisé, en mathématiques, qu'entre deux écritures en chiffres d'un même nombre.

Exemple: on peut écrire 2 + 4 = 6, mais il est incorrect d'écrire cinq = 5 ou ♀+♀♀ = 3.

Une égalité peut être aussi une question : trouver le nombre x pour que x + 3 = 5.

Ne pas confondre une égalité fausse du genre 3 + 5 = 4 avec une écriture incorrecte.

Il est important que le maître utilise convenablement le signe =, *sans cela, il ne faudra pas s'étonner que les enfants produisent des écritures approximatives du genre 2 + 3 = 5 + 4 = 9[17].*

Dès que l'on demande aux enfants de comparer deux collections, on attend souvent d'eux qu'ils relient terme à terme les éléments de chacun des deux ensembles. Or, lorsque les collections ne sont pas trop importantes et que les enfants savent dénombrer, ils préfèrent compter et conclure au vu des résultats trouvés. Si l'on veut les obliger à faire une correspondance terme à terme, il faut que les collections soient suffisamment importantes pour qu'elles ne soient pas maîtrisables autrement par les enfants.

Jeu de dés

Objectif : être capable de comparer deux nombres. Travailler la numération positionnelle.

Matériel : deux dés à 10 faces numérotées de 0 à 9 de deux couleurs différentes (on les trouve dans les boutiques de jeu de rôle).
L'un des dés indiquera le chiffre des unités, l'autre le chiffre des dizaines.

16. D. Barataud, *De l'erreur à la réussite en mathématiques*, Nathan, 1985.

17. C. Gautier, thèse de 3e cycle de didactique des mathématiques, université Paris VII, 1984 : *Étude de quelques pratiques autour de l'emploi de suites d'opérations.*

Déroulement : on joue à autant de joueurs que l'on veut. Chaque joueur lance les deux dés à son tour. Celui qui obtient le plus grand nombre marque un point[18]. Le premier qui a 5 points a gagné.

Variante : on peut ne pas imposer de couleur pour chacun des chiffres et laisser l'enfant choisir le nombre qu'il va prendre, au vu des deux dés lancés.

Remarque : plus le nombre de joueurs est important, plus le jeu est difficile. Il convient au début de ne pas dépasser 4 joueurs.

Prévoir une mémoire de jeu sur laquelle seront indiqués les nombres réalisés par les différents joueurs, le nombre gagnant étant souligné à chaque coup, et le nombre de points gagnés par chaque joueur. Cela permet de vérifier le travail des élèves et éventuellement de faire une rétroaction.

Exemple de mémoire de jeu

	X		Y		Z		T	
	Nombre	Points	Nombre	Points	Nombre	Points	Nombre	Points
1er coup								
2e coup								

Etc.

Variante pour le CE1 et CE2

Matériel : prendre 3 dés à dix faces de trois couleurs différentes. Choisir une couleur pour le dé indiquant le chiffre des unités, une autre pour le chiffre des dizaines et une autre pour le chiffre des centaines. (Ou faire lancer trois fois le même dé en choisissant, après chaque lancer, s'il s'agit du chiffre des unités, des dizaines ou des centaines). On peut comme précédemment ne pas fixer de couleur pour chacun des chiffres et laisser l'élève choisir le nombre qu'il va prendre au vu des lancers.

Là encore, il est nécessaire de prévoir une mémoire de jeu afin de vérifier le travail des élèves et de faire une rétroaction si nécessaire.

---

18. D. Djament, thèse de 3e cycle de didactique des mathématiques, université Paris VII, 1985 : *Une expérience d'enseignement des maths dans un cours préparatoire d'une zone d'éducation prioritaire*, diffusée par l'IREM de Paris Sud.

Résolution de problème (CP-CE1-CE2)

Remarque ; ce problème peut faire l'objet d'un défi (voir chapitre « Résolution de problèmes »).

Objectif : trouver tous les nombres à un chiffre, deux chiffres et trois chiffres qu'on peut écrire avec trois chiffres différents et être capable de les ranger dans l'ordre croissant.

Déroulement : mettre les élèves par groupe de deux ou quatre. Leur demander de trouver tous les nombres de un chiffre, deux chiffres et trois chiffres qu'on peut écrire en utilisant les chiffres 1, 4, 7 sans utiliser deux fois le même chiffre dans un même nombre.

En cycle 3, on peut proposer la même recherche mais cette fois en autorisant la répétition des mêmes chiffres dans le nombre.

Laisser les élèves chercher une dizaine de minutes et faire des relances si nécessaire, puis mettre en commun les recherches.

Les élèves vont trouver facilement les nombres à un chiffre 1 ; 4 ; 7 mais oublient souvent quelques nombres à deux chiffres. Il est donc utile de mettre au point avec les élèves une méthode pour ne pas oublier de nombres.

Cette méthode permet aussi de trouver les nombres dans l'ordre croissant et de ne pas en oublier : 14 ; 17 ; 41 ; 47 ; 71 ; 74.

Même chose pour les nombres à 3 chiffres : 147 ; 174 ; 417 ; 471 ; 714 ; 741.

Demander aux élèves comment ils ont fait pour trouver tous les nombres. Leur demander ensuite de ranger ces nombres dans l'ordre croissant.

Quand on répète les chiffres, l'utilisation d'un arbre permet de trouver en plus les nombres suivants : 11 ; 44 ; 77 et 111 ; 114 ; 117 ; 141 ; 144 ; 171 ;177 ; 411 ; 414 ; 441 ; 444 ; 447 ; 474 ; 477 ; 711 ; 717 ; 744 ; 747 ; 771 ; 774 ; 777.

En cycle 3, il sera utile de mettre en évidence ce type de recherche avec utilisation d'un arbre, méthode permettant de ne pas oublier de nombres.

3) Travailler la notion de cardinal

Progression sur la notion de cardinal (GS-CP-CE1)

Objectif : être capable de compter le nombre d'éléments d'une collection donnée.

Déroulement : les 5 étapes proposées constituent une progression à mener sur plusieurs petites séances les unes après les autres.

Commencer par faire compter des collections de cardinal inférieur à 10.

1) Mettre les objets dans une boîte et les faire compter en les sortant de la boîte. Cela permet de ne pas mélanger les objets comptés avec ceux qui ne le sont pas encore. De plus le geste étant ample, la synchronisation entre la récitation de la comptine et la prise d'un objet est facilitée.

2) Poser les objets sur la table et faire déplacer ces objets à un autre endroit de la table pour les compter. Le geste est moins ample et il devient un peu plus difficile de reconnaître les objets comptés de ceux qui ne le sont pas encore.

3) Poser les objets sur la table mais cette fois-ci ils seront comptés sans être déplacés.

4) Faire compter des collections d'objets dessinés et qui ne peuvent donc plus être déplacés. Il est intéressant de voir quelles méthodes les élèves mettent en place pour ne pas compter deux fois le même objet. On peut suggérer, si nécessaire, de barrer les objets déjà comptés ou de mettre un petit point sous les objets déjà comptés,

5) Poser des objets (nombre inférieur à 7) assez espacés sur une table ou les coller sur le tableau et demander aux élèves de les compter sans les toucher. Cette activité est difficile et demande un entraînement régulier avant de devenir performant. On peut proposer cette activité en classe entière et demander aux élèves de donner la réponse à l'ardoise.

6) Quand on aura travaillé sur la notion de groupement et d'échange, on pourra demander aux élèves de compter de grandes collections (dont le nombre dépasse 70). Lors de la synthèse des méthodes utilisées par les élèves, mettre en évidence l'intérêt du comptage par paquets de dix.

ACTIVITÉ 15

Constitution des boîtes nombres[19] (GS-CP)

Objectifs : comprendre que la notion de cardinal n'est pas liée à la taille et à la nature des objets comptés. Réaliser des collections de cardinal donné.

Matériel : des boîtes non transparentes (type boîtes à chaussures), des sacs en plastique transparent (type sacs de congélation), des liens pour fermer les sacs, des petits objets de toute sorte pour remplir les sacs, des étiquettes comportant les nombres de 1 à 10, à coller sur les sacs.

Déroulement

Étape 1 : les boîtes nombres vont être constituées par les élèves avec l'aide de l'enseignant. Il s'agit de faire une boîte contenant des collections

19. Inspiré du Ermel, *Apprentissage mathématiques à l'école élémentaire CP*, 1981.

à un élément, une boîte contenant des collections à deux éléments, etc. Ces collections sont mises dans des sacs plastiques transparents bien fermés. Sur chaque sac plastique, on colle une étiquette indiquant le cardinal écrit en chiffres de la collection contenue à l'intérieur. Sur chaque boîte nombre, on indique le cardinal de toutes les collections contenues à l'intérieur, écrit en chiffres, sous forme de constellation type face de dé, avec le dessin des doigts de la main et écrit en lettres si l'on veut. En groupe, les élèves réalisent les diverses collections. L'enseignant vérifie et ferme les sacs qui sont ensuite mis dans les boîtes nombres. Ces boîtes sont disposées dans l'ordre, sur une étagère, à la vue des enfants.

étape 2 : il s'agit de remettre les différentes collections qui ont été mélangées dans les boîtes appropriées. Ou encore de remettre dans chaque sac plastique le bon nombre d'objets, car ils ont été totalement ou en partie sortis des sacs « par la mascotte de classe » par exemple.

Cette activité permet de varier le travail sur la notion de cardinal pour les élèves qui sont en difficulté.

Flash nombre (CP-CE1)

L'utilisation des doigts de la main n'est pas identique dans toutes les cultures. Il convient donc de préciser aux élèves que nous comptons en France (et en Europe) les doigts levés. De plus nous montrons un nombre avec les doigts en levant autant de doigts que le cardinal de la quantité désignée, ce qui n'est pas le cas en Chine ou dans certains pays d'Afrique ou le geste indiquant un nombre n'est pas cardinal mais représente un code. Il est donc nécessaire de ne pas figer le geste indiquant 1, 2, 3, etc. avec les doigts afin que les élèves comprennent que seul le nombre de doigts montrés compte et non pas le type de doigts montrés. Exemple : 1 peut aussi bien être montré avec le pouce, l'index, le majeur ou l'annulaire de n'importe quelle main. Même chose pour tous les autres nombres.

Jeu de Lucky Luke

Objectif : reconnaître rapidement de petites collections sans les compter.

Matériel : un gros dé en mousse. Des cartons constellations type face de dés, des cartons doigts de main.

Déroulement : lancer le gros dé ou montrer aux élèves un carton constellation ou un carton doigts de main ou des doigts de main et demander aux élèves de dire ou d'écrire en chiffre, sur une ardoise, le nombre montré.

Pour faire évoluer l'activité, on peut également proposer des constellations ordonnées différentes de celles composant les faces d'un dé.

Exemple

ACTIVITÉ 16

Jeu de piste GS-CP (CE1 si nécessaire)

Remarque : Beaucoup d'élèves ont de grosses difficultés à se déplacer sur une piste graduée. Quand ils doivent avancer d'un certain nombre de cases, ils comptent souvent la case sur laquelle ils se trouvent, faisant une erreur de 1 dans le décompte. Or cette compétence est utile pour pouvoir ajouter un nombre à un autre. On propose ici une progression rapide concernant ce type de jeu.

Objectif : savoir se déplacer sur une piste graduée.

Matériel : une piste à cases (une trentaine environ) figurant un serpent par exemple, des jetons, un dé ordinaire et un dé couleur.

Déroulement : on peut jouer à 4 ou 6 joueurs. On peut organiser le jeu de deux façons différentes.

Étape 1. Chaque joueur a un serpent à nourrir. Il lance le dé et prend autant de jetons que de points sur le dé. Il pose chacun de ses jetons sur une case. Le gagnant est celui qui le premier a rempli toutes ses cases. Le dernier coup doit correspondre au nombre exact de cases restant à remplir. On prévoit seulement deux serpents (avec une quarantaine de cases au moins), un rouge et un vert par exemple. Il faut alors deux dés, un avec 3 faces rouges et 3 faces vertes, et un dé ordinaire. Chaque joueur lance le dé couleur qui désigne alors le serpent à nourrir. Puis il lance le dé ordinaire et prend autant de jetons que de points sur le dé. Il pose ensuite chacun de ses jetons sur une case du serpent de la couleur désignée. On arrête le jeu quand un serpent est complètement nourri. Même chose que précédemment pour le dernier coup. Il n'y a plus de joueur gagnant cette fois-ci mais un serpent gagnant. Cela a l'avantage de ne pas handicaper les mauvais joueurs qui n'acceptent pas de perdre.

Étape 2. Le jeu est identique mais cette fois chaque joueur a un pion qu'il place sur la tête du serpent. Il lance le dé et avance son pion d'autant de cases que de points sur le dé. Le gagnant est celui qui le premier arrive exactement au bout de son serpent. L'enseignant peut faire référence au jeu précédent afin de bien faire comprendre aux élèves qu'on ne compte pas la case sur laquelle on se trouve, comme dans le jeu où l'on posait un jeton sur la première case non occupée.
Comme dans le jeu de l'étape I, on peut avoir seulement deux pistes assez longues et deux pions de couleur qui seront déplacés en fonction du dé couleur tiré, comme précédemment. Là encore il n'y a pas de joueur gagnant mais un pion cagnant.

On peut, aussi bien dans l'étape 1 que dans l'étape 2, introduire une variante permettant aux élèves d'anticiper et de compter pour gagner. Prévoir 6 cartes nombres allant de 1 à 6 (écrit en chiffres) et les poser face visible sur la table.
Fixer une zone (6 cases avant la fin) qui va permettre au joueur de faire un choix dès qu'il pénètre dans cette zone : soit il lance son dé, soit il choisit une carte parmi les 6, qui peut lui permettre directement de gagner, à condition qu'il compte les cases restantes.

4) Travailler les échanges dix contre un
– Commencer les jeux d'échange dès la maternelle.
– Donner aux enfants des perles de la même taille pour faire un collier.
Ils pourront en obtenir de plus grosses en donnant, par exemple, deux petites contre une grosse.
En CP, on pratiquera le jeu du banquier[20] dès que les enfants sauront compter jusqu'à 5.

Le jeu du banquier. cycle 2 (CP, CE1)

Objectif : comprendre la notion d'échange et la notion de base.

Matériel pour chaque groupe : un dé truqué ou pas, suivant ce qui est souhaité, une grande feuille de papier pour noter les résultats et servir à l'affichage, de gros feutres de couleur, des jetons de même forme et même taille, mais de couleurs différentes.
Installer les enfants par groupes de 4. Il y a deux joueurs, un secrétaire qui note sur la feuille ce que chaque joueur reçoit et les échanges qu'il fait, un banquier qui donne les jetons et vérifie les échanges.
On peut aussi ne pas utiliser de secrétaire et faire jouer les enfants par 3, les pions obtenus après les échanges servant seuls lors de la synthèse.
Choisir une règle d'échange qui sera écrite explicitement au tableau.
Exemple : 3 jaunes contre 1 rouge ;
3 rouges contre 1 bleu ;
3 bleus contre 1 vert, etc.
Il est important que les jetons aient la même forme et la même taille, et qu'ils ne se différencient que par la couleur. Un seul paramètre doit les distinguer, comme c'est le cas pour les chiffres, dans la numération écrite où seule la place fait la différence.
Ne pas prendre de papier quadrillé pour faire les jetons car le nombre de carreaux tracés dessus risque de perturber certains enfants.

Conseils pratiques
Il faut régler, dès le début du jeu, la façon de noter les résultats sur la feuille. Laisser les enfants faire ce qu'ils veulent, dans un premier temps, puis, lors de la synthèse, adopter un mode commun de notation clair, sûr et lisible par tous. Cette première partie, à blanc, permet aussi de s'assurer que les enfants ont bien compris le jeu. Il sera bon de changer le rôle des 4 joueurs du groupe, au cours des différentes parties.

Difficultés rencontrées
Certains enfants en difficulté peuvent très bien avoir compris la règle d'échange, mais être incapables de l'appliquer pour leurs pions. Voulant gagner, ils ne réussissent pas à être objectifs. Il est donc préférable que chaque joueur propose les échanges à faire pour son adversaire. Ceci

ACTIVITÉ 18

---

20. Ermel, *Apprentissage mathématique au CP*, Hatier, 1991.

facilite le respect de la règle du jeu. On risque d'avoir le même problème chaque fois que l'on fera une activité avec enjeu.

Dans la phase de synthèse collective, faire vérifier les échanges effectués en intervertissant les groupes. Le but du jeu étant de savoir qui a gagné, certains enfants se contentent de compter le nombre total de pions, sans tenir compte de leur couleur, et concluent que le gagnant est celui qui en a le plus. Il faudra donc bien préciser que certains jetons valent plus cher que d'autres. Cette mise au point faite, les élèves réussissent, en général, à trouver le gagnant et à dégager les modes de comparaison qui serviront en base dix. Dans la présentation des résultats, utiliser un tableau à double entrée en commençant par les pions les plus forts et en terminant par les plus faibles.

Il faut être sûr que les élèves ont bien compris que ce n'est pas le nombre total de pions qui détermine le gagnant mais la valeur de ces pions. Il faut donc avoir des parties pour lesquelles le gagnant est celui qui n'a pas le plus de pions. Il faut également des parties où les deux joueurs ont le même nombre de pions afin de trouver le gagnant en comparant les différents pions d'une même couleur. Il faut aussi des parties où les deux joueurs ont le même nombre de pions de la couleur la plus forte, etc. Si les résultats des parties faites par les élèves ne présentent pas assez de cas « intéressants », il sera nécessaire de recourir à des parties fictives mettant en scène des scores à comparer qui posent problèmes.

Progression

Modifier ensuite la règle d'échange en choisissant par exemple :
• 5 rouges contre un bleu ;
• 5 bleus contre un vert ;
• 5 verts contre un jaune.

Il est important de modifier la règle d'échange pour vérifier si les élèves ont bien compris le principe. Pour cela il faut non seulement modifier le nombre de pions qui permet de faire l'échange, mais aussi la couleur des pions à échanger, comme dans l'exemple ci-dessus, afin que les élèves ne concluent pas hâtivement que la couleur verte est toujours la plus forte, par exemple. On peut proposer d'autres règles d'échange, mais il faut veiller à garder la régularité des échanges à chaque fois.

Dès que l'on a joué suffisamment en variant les règles d'échange, on peut faire une courte évaluation individuelle afin de s'assurer que tous les élèves ont bien compris comment se font les échanges, d'une part et, d'autre part, savent dans tous les cas trouver qui a gagné.

Évaluation

Proposer une partie pour laquelle tous les échanges n'ont pas été terminés et demander de les terminer puis de dire qui a gagné.

Proposer une partie où celui qui gagne est celui qui a le moins de pions, une partie où il y a égalité du nombre de pions, une partie où celui qui gagne est celui qui a le plus de pions, une partie où les deux joueurs ont le même nombre de pions de la couleur la plus forte, etc.

Donner deux évaluations différentes, afin que deux voisins n'aient pas le même sujet. Cela favorise le travail individuel puisqu'il n'est pas possible de regarder sur le voisin pour répondre. Veiller à ce que les deux évaluations soient du même niveau.

Prolongement

Lorsqu'on a proposé deux ou trois règles différentes d'échange, les enfants prennent vite conscience de la limitation du jeu due au nombre de couleurs utilisées. Ils proposent souvent d'augmenter le nombre de pions nécessaires à l'échange afin de pouvoir jouer plus longtemps. En profiter pour proposer la règle d'échange 10 contre 1. On utilise alors uniquement des pions de la même couleur.

Il est intéressant de faire trouver comment placer les pions pour indiquer qu'un pion vaut plus *cher* qu'un autre et donc il faut donner la règle d'échange aux élèves comme suit.

La nouvelle règle d'échange est la suivante : 10 pions noirs contre un pion noir. Les élèves se demandent tout de suite comment on va pouvoir savoir qu'un pion vaut plus qu'un autre puisqu'ils sont tous de la même couleur. Ils envisagent de nombreuses solutions comme de mettre les pions échangés dans leur poche ou de les donner à l'enseignant par exemple. Leur montrer alors l'abaque à cases ci-contre :

Et leur dire qu'on place les pions reçus à chaque lancer, dans la case de droite. La plupart du temps, un élève propose de mettre les pions échangés dans la colonne juste à gauche de celle-ci. Pensez à repérer par un signe quelconque la case de droite de l'abaque afin que les élèves se souviennent qu'on commence par cette case-là.

Il est nécessaire de faire une partie collective pour s'assurer que tous les élèves ont bien intégré cette nouvelle règle d'échange et cette nouvelle façon de jouer. Poursuivre la partie collective jusqu'à la réalisation du deuxième échange car souvent les élèves croient qu'il faudra alors placer le pion échangé dans la troisième colonne. C'est alors l'occasion de préciser que cette troisième colonne ne sera utilisée que lorsqu'on aura mis 10 jetons dans la deuxième colonne et qu'il faudra faire un nouvel échange.

L'organisation du jeu est la suivante : deux joueurs ayant chacun un abaque et un troisième élève qui sert de banquier et de vérificateur et qui se place entre les deux joueurs. Le troisième élève veille au respect de la règle d'échange et au bon placement des pions sur l'abaque.

À la fin du jeu, les pions sont collés sur l'abaque avec de la gomme fixe pour faire la synthèse collective. La question est toujours de savoir qui a gagné. Comme pour les autres échanges, veiller à ce que tous les cas soient envisagés et au besoin ne pas avoir peur d'utiliser des parties fictives pour ce faire.

On constate souvent que certains enfants, lors de cette synthèse, lisent déjà les nombres de façon traditionnelle. Dans l'exemple suivant, insister pour faire lire les nombres affichés :
3 suivi de 1.

Toutes les activités sur le jeu du banquier seront travaillées au moins sur 6 séances avant d'aborder le passage à la dizaine et l'écriture en base dix.

Après plusieurs parties, procéder à une évaluation individuelle ayant les mêmes caractéristiques que celle faite après les échanges avec pions de couleur.

Ainsi, dès que l'on aborde les échanges en base dix (jeu du banquier), pour écrire les nombres en chiffres, ne pas prendre le matériel multibase. Il est de type additif et non positionnel. En effet, 10 petits cubes sont remplacés par une barre dizaine, constituée de 10 cubes unités superposés. L'échange 10 contre 1 n'est pas visible

En effet, on échange 10 cubes séparés contre 10 cubes groupés autrement. Or, dans la numération positionnelle, on échange 10 unités contre une dizaine et on place un chiffre 1 au deuxième ordre. Que le chiffre soit utilisé pour les unités, les dizaines ou les centaines, il est écrit de la même taille, de la même couleur, mais il n'est simplement pas situé à la même place. C'est ce que l'abaque permet de faire comprendre sans aucune ambiguïté.

C'est la même chose pour les plaques centaines, etc. Il vaut mieux se servir des abaques.

Si l'on utilise les abaques à tiges du commerce, il sera nécessaire de les modifier. En effet, les pions sont en général de 3 couleurs et de 3 tailles différentes. On ne met plus l'accent sur la place occupée par les pions puisque 2 autres paramètres permettent de les distinguer (couleur et grosseur). Ce n'est pas le cas pour les chiffres dont seule la place importe.

Prendre les pions de 3 abaques et les disposer pour avoir 3 abaques unis.

L'écriture du nombre en chiffres. Cycle 2 (CP, CE1)

À l'issue de cette activité, aborder l'écriture du nombre en chiffres, en utilisant l'échange *10 contre 1 de l'ordre juste supérieur*. En partant d'une partie fictive et de l'échange ci-dessus, utiliser l'abaque pour lequel la valeur des pions change suivant la place qu'ils occupent.

Donner la règle d'échange comme suit :

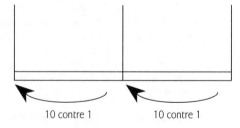

10 contre 1   10 contre 1

Pour les débutants, mettre une flèche sur l'abaque pour indiquer le sens dans lequel se fait l'échange.

Si l'on n'a pas d'abaque dans la classe, en fabriquer en carton, comme vu précédemment.

Sur chaque case, on peut déposer les pions façon face de dé. Prendre des pions non quadrillés, tous de la même forme, de la même taille et de la même couleur (différente de celle du socle).

Pour trouver l'écriture en chiffres du nombre de jetons obtenus lors d'une partie, procéder ainsi :
– prendre autant de pions de l'abaque que de jetons gagnés ;
– mettre les pions sur l'abaque en commençant par la droite et en pratiquant la règle d'échange *10 pions d'une colonne contre 1 pion de la colonne située juste à gauche de la précédente.*

Exemple :

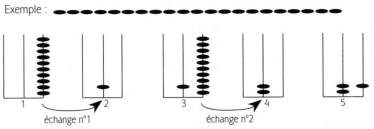

21 s'écrit donc comme ci-dessus.

Lorsque ce travail est bien réussi par tous les enfants, commencer l'activité inverse. Donner le nombre de points obtenus lors d'une partie, écrit en chiffres. Les élèves devront dessiner la totalité des pions gagnés. Il sera sans doute nécessaire de faire préciser la règle de l'échange inverse :

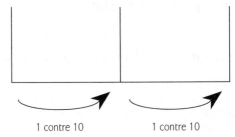

1 contre 10   1 contre 10

1 contre 10 de l'ordre juste inférieur

Objectif : associer l'écriture chiffrée des nombres à une collection d'objets de même cardinal. Comprendre qu'ajouter 1 à un nombre revient à trouver le successeur de ce nombre. Comprendre la notion de dizaine.

Matériel : un abaque à cases ou à tiges, des pions d'abaque, une trentaine de petits objets. Une bande numérique ou un compteur manuel, puis une calculette.

Déroulement : faire ensuite défiler les nombres sur l'abaque, de 0 à 30. Demander à l'un des élèves de prendre un à un les objets et de faire correspondre la quantité d'objets à un affichage sur l'abaque. L'autre élève suit sur la bande numérique ou avec le compteur manuel, et vérifie que lorsque le premier élève a mis 10 pions dans la case de droite, il procède bien à l'échange 10 contre 1 mis dans la case juste à gauche.

Inverser les rôles. Refaire la même chose avec l'abaque mais cette fois-ci donner une calculette à l'autre élève. Il s'agit pour lui d'afficher le nombre correspondant à l'affichage sur l'abaque mais sans effacer le nombre précédent. Les élèves vont être amenés à trouver qu'il faut alors ajouter un au nombre précédent pour trouver le suivant.

De la même façon, on peut faire défiler les nombres à l'envers en partant de l'écriture du nombre 30 à l'abaque et en retirant un à un les objets présents sur la table et en associant à chaque retrait le nombre écrit à l'abaque.

Cette fois-ci, il faut effectuer l'échange 1 contre 10 pour réussir cette activité. L'élève qui a la calculette prend conscience qu'il faut alors retirer 1 au nombre précédent pour avoir le suivant en comptant à l'envers.

Terminer l'activité en donnant aux élèves une enveloppe contenant au moins 80 allumettes (dont on aura coupé le bout soufré) et leur demander, avec l'aide de l'abaque, de trouver l'écriture chiffrée du nombre d'éléments de la collection.

Remarque : il est important de donner une collection d'allumettes que les élèves ne peuvent pas encore compter facilement un à un. Il faut donc que le cardinal de la collection soit un nombre mal connu des élèves.

Ces activités préparent les élèves à l'apprentissage des notions de prédécesseurs et de successeurs ainsi qu'aux techniques opératoires de l'addition et de la soustraction.

5) Travailler la graphie des chiffres

Chiffres tactiles (valable pour tous les cycles)

Objectif : maîtrise de la graphie des chiffres.

Les enfants ont souvent du mal à mémoriser convenablement ces graphies. Maria Montessori[21] propose un moyen très efficace pour aider les enfants dans cette tâche.

Matériel : des plaquettes de bois ou d'argile dans lesquelles sont gravées les graphies des différents chiffres, de manière à ce qu'un doigt puisse rentrer dans le sillon de gravure.

Des cartes lisses sur lesquelles sont collés des chiffres découpés dans du papier de verre, comme indiqué ci-dessous. L'entaille en dessous du chiffre permet aux élèves de l'orienter convenablement quand ils sont seuls ou lorsqu'ils ne le voient pas, dans les jeux de Kim par exemple. Mettre des flèches qui indiqueront le sens de parcours des chiffres et le sens pour en faire la graphie.

Un petit bac de sable ou de semoule.

De petites baguettes de bois de la grosseur d'un crayon à papier.

---

21. *Pédagogie scientifique*, Desclée de Brouwer, 1952.

Déroulement

L'activité se déroule en quatre temps.

Temps 1

Faire suivre dans le sens de l'écriture, avec un doigt, la graphie du chiffre gravé dans la plaquette de bois. Nommer en même temps le chiffre touché. Puis faire écrire avec le doigt dans le sable ou la semoule le chiffre touché, toujours en nommant puis en évoquant le nom du chiffre touché. On peut aussi faire tracer avec le doigt le chiffre simplement sur la table.

Temps 2

Faire tenir la petite baguette comme un scripteur et faire suivre, dans le sens de l'écriture, avec la baguette, le chiffre gravé. Nommer en même temps le chiffre touché. Puis faire écrire, avec la baguette, dans le sable ou la semoule, le chiffre touché toujours en nommant, puis en évoquant simplement le nom du chiffre touché. On peut aussi faire tracer avec la baguette le chiffre simplement sur la table.

Temps 3

Refaire la même chose qu'au temps 1 mais en utilisant cette fois les chiffres en papier de verre.

Temps 4

Refaire la même chose qu'au temps 2, mais avec les chiffres en papier de verre.

Pratiquer ensuite des Kim toucher en glissant les chiffres rugueux dans une boîte fermée dans laquelle on aura pratiqué une fente à l'arrière pour y introduire les chiffres en papier de verre et deux trous à l'avant pour y placer les mains. Il s'agit pour les élèves de reconnaître le chiffre qu'ils touchent et ne voient pas. Cette activité favorise la mémorisation de la graphie des chiffres.

Ces cartons pourront ensuite être associés aux constellations type dé ou domino, et donner lieu également à des jeux sensoriels permettant leur regroupement. Ils serviront à l'affichage dans la classe, à condition d'être accessibles aux enfants. Ils doivent pouvoir s'y référer en cas de difficulté.

Difficultés à résoudre

Certains enfants posent la main sur le papier sans bouger et, de ce fait, ne réussissent pas à identifier les chiffres. Leur dire alors qu'il est nécessaire de remuer les doigts pour toucher.

L'écriture en chiffres du nombre est à distinguer de sa lecture. Ces deux notions seront donc travaillées séparément puis regroupées. Pour faire des mathématiques, il est beaucoup plus important de connaître l'écriture en chiffres d'un nombre que de savoir le lire de la façon habituelle. De plus, nous n'avons pas de nom pour lire un nombre de 30 chiffres, alors que nous savons parfaitement le situer par rapport à d'autres et faire des calculs avec.

Il est très important de travailler spécifiquement l'algorithme numérique écrit, jusqu'aux nombres de 3 chiffres en CP, même si certains enfants n'ont pas encore acquis la lecture des nombres jusqu'à vingt. Ce sont, en fait, deux choses indépendantes car notre système oral est de type additif et multiplicatif, avec quelques irrégularités, alors que notre système écrit est positionnel et sans aucune irrégularité.

6) Associer nom du nombre et écriture chiffrée

Les cartons Montessori (CP-CE1, CE2)

Matériel nécessaire pour ces activités

Pour travailler la lecture traditionnelle du nombre, il faut utiliser un matériel de type additif et trouver un outil qui fasse la liaison entre la numération orale et la numération en chiffres.

Le matériel additif le plus courant est le bloc multibase. Pour représenter 234, on a :

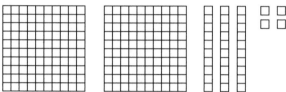

S'il n'y en a pas en classe, le réaliser avec des fiches cartonnées (carrés de 1 cm sur 1 cm, rectangles quadrillés de 1 cm sur 10 cm, carrés quadrillés de 10 cm sur 10 cm, puis agrafer 10 grands carrés pour le millier).

Avec le matériel du commerce, certains enfants ne comprennent pas qu'il y a 10 plaques de cent dans le cube de mille, car on n'en voit que 6 (les 6 faces du cube). Les carrés de carton permettent d'éviter cette difficulté.

Objectif : associer nom du nombre et écriture chiffrée.

Matériel : le matériel Montessori est celui qui fait le mieux la liaison entre l'écriture du nombre en chiffres et sa lecture (fiche 9 du cédérom).
Il est constitué de :

10 cartons à 1 place de   0   à   9

9 cartons à 2 places de   10   à   90

9 cartons à 3 places de   100   à   900

9 cartons à 4 places de   1000   à   9000   etc.

Déroulement : donner le matériel aux enfants en leur disant que l'on peut écrire tous les nombres de 0 à 9 999 avec ces cartons, mais sans leur en expliquer le fonctionnement, et leur demander d'écrire 33 puis 222 (ne pas lire les nombres mais les écrire au tableau seulement). Ils ne pourront pas utiliser les cartons à un chiffre puisqu'il n'y a qu'un seul exemplaire de chaque. Ils seront donc obligés de les superposer en les alignant à droite et en commençant par le plus long. Ils seront placés ainsi ensuite :

30   200
3   20
2

pour permettre la lecture du nombre ; il faudra les superposer pour permettre son écriture. On peut aussi ajouter une petite languette à droite des cartons pour les tenir plus facilement.

Proposer ensuite d'autre nombre comme 123 à écrire avec les cartons Montessori en respectant la règle d'utilisation mise en évidence avec les nombres 222 par exemple. On superpose les cartons en commençant par le plus long et en les alignant à droite.

Naturellement, le vocabulaire de base doit être appris séparément. On pourra s'aider des 25 cartons « nom de nombres » qui servent à fabriquer le nom de tous les nombres (à condition de les employer chacun plusieurs fois) jusqu'à 9 999 (fiche 13 du cédérom).

Pour les réaliser, écrire très lisiblement sur des cartons de 10 cm sur 10 cm les mots suivants :

un, deux, ... seize   (16 cartons)
vingt, ... soixante   (5 cartons)
cent, mille, million, milliard   (4 cartons)

En associant les cartons Montessori et les cartons « nom de nombres », on travaille efficacement la lecture d'un nombre écrit en chiffres et l'écriture d'un nombre lu.

Un décret datant du début du siècle autorise à accorder les mots vingt et cent dans tous les cas. Cela simplifie le travail, surtout pour de jeunes enfants, sans enlever quoi que ce soit aux mathématiques.

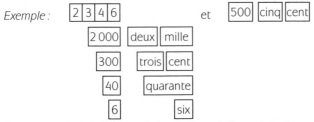

Exemple :

Remarque : ce matériel ne règle pas le problème de *soixante-dix, quatre-vingts, quatre-vingt-dix,* pour lesquels il est nécessaire de faire un apprentissage systématique. Cependant, il permet de poser le problème et de proposer une méthode pour le résoudre. En effet, si l'on entend soixante-dix, on va prendre deux cartons à deux places à savoir :

$$\boxed{10}$$
$$\boxed{60}$$

Leur superposition ne permet pas de les voir tous les deux en même temps ; il faut donc trouver un autre carton à deux places les remplaçant. L'addition des deux chiffres des dizaines s'impose comme solution acceptable et ces deux cartons seront remplacés par le carton $\boxed{70}$

De même pour quatre-vingts, la superposition du carton 4 et du carton 20 conduit au nombre 24 connu des élèves et il convient alors d'expliquer, si cela n'a pas déjà été fait, la signification de quatre-vingt. Prendre alors quatre cartons à deux places 20. Leur superposition ne permet pas de voir en même temps les 4 cartons, il convient donc de trouver une autre solution. L'addition des chiffres des dizaines en est une et conduit à

remplacer ces quatre cartons par le carton à deux places
Faire avec quatre-vingt-dix comme avec soixante-dix.

$$\boxed{80}$$

Avec les enfants en grande difficulté, on pourra, dans un premier temps, utiliser la terminologie septante, octante et nonante qu'utilisent les Belges et les Suisses, terminologie qui est beaucoup plus logique (cf. *Comptes pour petits et grands*, Stella Baruk, Magnard).

Les grands nombres (Cycle 3)

En cycle 3, il est nécessaire de reprendre toutes ces activités avec les grands nombres. Le matériel Montessori permet de travailler la décomposition des nombres et de l'écrire facilement.
Exemple : 27 567 = 20 000 + 7 000 + 500 + 60 + 7
Il faut ensuite passer à l'écriture sous forme de somme de produits comme cela :
27 567 = (2 × 10 000) + (7 × 1000) + (5 × 100) + (6 × 10) + 7
Il faut également travailler l'association du nom du nombre et de son écriture chiffrée avec les nombres allant jusqu'au million et au milliard.
On peut faire un jeu permettant aux élèves de manipuler les grands nombres.

Objectif : savoir écrire en chiffres un nombre sous la dictée et savoir lire un nombre écrit en chiffres.

Matériel : les cartons noms de nombres jusqu'au million et les cartons Montessori (fiche 13 du cédérom).

Remarque : il est utile de faire d'abord trouver aux élèves de cycle 3 les différents mots nombres dont on a besoin pour écrire tous les nombres jusqu'au milliard, puis de les leur donner écrits sur des petits cartons.

Déroulement : faire quatre tas avec les cartons nom de nombres : cartes de un à seize, cartes vingt, trente... jusqu'à soixante, cartes cent, mille et cartes million, milliard (si l'on veut).
Tirer au hasard une carte dans chacun des paquets. Les afficher au tableau et demander aux élèves de trouver le plus grand nombre qu'on peut écrire avec les cartons. Puis faire ensuite écrire ce nombre en chiffres en s'aidant des cartons Montessori si nécessaire. Faire ensuite chercher le plus possible de nombres qu'on peut écrire avec les cartons nom de nombres en les prenant seul, par deux, par trois, etc.
Prendre ensuite les cartons Montessori et les placer également en tas : cartes de 1 à 9, cartes de 10 à 9 000 cartes de 10 000 à 90 000, cartes de 100 000 à 900 000.
Tirer une carte de chaque paquet. Les superposer en les alignant par la droite, comme indiqué précédemment. Afficher ce nombre au tableau. Demander aux élèves d'écrire ce nombre en lettres.

Nombres décimaux, rationnels, fractions et nombres réels

Nombres décimaux[22]

Définition

Un nombre est décimal s'il peut s'écrire sous forme du produit d'un nombre entier relatif et d'une puissance de 10.

Exemple: $2{,}476 = 2\ 476 \times 10^{-3}$
$134 = 134 \times 10^0 \qquad 10^0 = 1$
$25\ 700 = 257 \times 10^2$

Contre-exemple: $1{,}333\ldots$: la suite des 3 est infinie. Il est donc impossible de trouver un entier et une puissance de 10 pour exprimer ce nombre.

Les nombres à virgule dont la partie décimale est périodique, à partir d'un certain rang, ne sont pas des nombres décimaux.

Entre deux nombres décimaux distincts quelconques, on peut toujours intercaler un autre nombre décimal. Il y a donc une infinité de nombres décimaux entre deux autres nombres décimaux. C'est la grosse différence avec les entiers.

Si l'on utilise la représentation des nombres décimaux sur la droite numérique, on peut facilement imaginer cela.

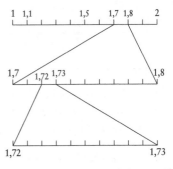

Exemple: soit l'intervalle entre 1 et 2. On le partage en 10 parties égales. On partage ensuite chaque nouvel intervalle en 10 parties égales (exemple 1,7 et 1,8).

Même chose entre 1,72 et 1,73 et ainsi de suite à l'infini.

Cas particulier: les nombres qui s'écrivent avec une virgule et qui, à partir d'un certain rang n'ont que 9 dans leur partie décimale, sont des nombres décimaux.

---

22. Pour de plus amples explications sur les ensembles de nombres, consulter F. Cerquetti-Aberkane et A. Thévenin, *Rêver d'infinis*, Épigones, 1991. Accesssible aux élèves de cours moyen.

Exemple: 1,9999... est une autre écriture du nombre 2. En effet, entre 1,999.... et 2 on ne peut intercaler aucun autre nombre, donc ces deux nombres sont confondus.

Il est essentiel de ne pas définir un nombre décimal comme un nombre à virgule. En effet, comme le montrent les exemples précédents, un nombre peut s'écrire avec une virgule et ne pas être décimal, ou ne pas avoir de virgule et être décimal.

Comparaison des nombres décimaux

L'ensemble des nombres décimaux prolonge l'ensemble des entiers qu'il contient. Il ne faut pas les considérer comme la mise côte à côte de deux entiers. On les lit pourtant comme s'il s'agissait de deux entiers. *Exemple*: 4,25 se lit *quatre virgule vingt-cinq* (4 est la partie entière et 25 la partie décimale).

Rappel historique

Le mathématicien **Al Kashi** (mort en 1429) fut le premier à exposer la théorie des fractions décimales et à établir que les opérations pouvaient s'effectuer de la même façon qu'avec les entiers. Il fallut attendre ensuite le XVIᵉ siècle, avec le mathématicien flamand **Stevin** (1548-1620), pour voir introduire les nombres décimaux notés ainsi (il ignorait les travaux d'Al Kashi) :

4,365 était noté 4 ⓪ 3 ① 6 ② 5 ③

Il notait l'équivalence suivante :

ce nombre vaut aussi :

$$4 + \frac{3}{10} + \frac{6}{100} + \frac{5}{1000} \quad \text{ou} \quad \frac{4365}{1000}$$

Les Chinois, avant lui, utilisaient un système décimal de mesures.

Il fallut attendre la Révolution française pour voir le système métrique décimal introduit en France. *Cf. Les Maths ont une histoire, activités au cycle 3*, Hachette, 1997.

Toutes les règles de comparaison des nombres entiers ne s'appliquent pas aux nombres décimaux. Par exemple, la longueur de la partie décimale n'intervient pas directement dans le rangement des nombres décimaux. *Exemple*: 2,13 < 2,5.

Là encore, la lecture habituelle du nombre est un réel handicap pour faire comprendre ce point. On lit: « *Deux virgule treize est inférieur à deux virgule cinq.* »

Pour faciliter la compréhension, il sera préférable, dans un premier temps, de dire: « *Deux et un dixième de l'unité et trois centièmes de l'unité est inférieur à deux et cinq dixièmes de l'unité.* »

De plus, on peut écrire autant de zéros que l'on veut après le dernier chiffre de la partie décimale, sans en modifier la valeur.
Exemple : 2,5 = 2,50 = 2,500, etc.
Pour comparer des nombres décimaux, il est plus simple de ramener leur écriture à des nombres ayant autant de chiffres après la virgule.
Exemple : 2,13 < 2,50. En ce cas, la lecture conventionnelle n'est plus une gêne pour la comparaison.
Les nombres décimaux servent à approcher d'autres nombres tels que les rationnels et les réels non décimaux (voir, plus loin, les définitions de ces nombres).
Les décimaux sont nécessaires pour exprimer des mesures de grandeur.

Nombres rationnels

Définitions
Un nombre x est rationnel s'il peut s'écrire sous forme d'un quotient de deux nombres entiers relatifs a et b avec b non nul. $x = \dfrac{a}{b}$
Exemples : $0{,}3333... = \dfrac{1}{3}$

$$4 = \dfrac{4}{1} = \dfrac{8}{2}$$

$$0 = \dfrac{0}{1} = \dfrac{0}{2}, \text{etc.}$$

Lorsqu'un nombre rationnel non décimal est écrit sous forme d'un nombre à virgule, la partie après la virgule comporte toujours une période de un ou plusieurs chiffres. Cette période peut survenir après une série de chiffres quelconques.
Exemple : 2,736525252... Ici, la période est 52.
Tous les nombres décimaux sont des rationnels.
Contre-exemple : $\sqrt{2}$, π. Au XIXe siècle, le mathématicien Lambert démontra que π ne pouvait pas s'écrire comme quotient de deux entiers. Pour $\sqrt{2}$, la démonstration avait été faite bien avant.

Une fraction est l'une des écritures possibles d'un nombre rationnel
C'est le quotient de deux nombres entiers relatifs. Soit la fraction $\dfrac{a}{b}$ (b ≠ 0), a est le numérateur de la fraction et b est le dénominateur.
En français, le mot *fraction* a tendance à désigner une partie de l'unité et donc à être conçu comme désignant un nombre inférieur à 1. En mathématiques, il a une signification plus large et désigne le quotient de deux entiers relatifs quelconques, le dénominateur étant non nul.
Il ne faut pas dire qu'*un rationnel est une fraction* car ce n'est qu'un « déguisement » possible, et il y en a bien d'autres.

Ainsi, tous les entiers sont des rationnels, *idem* pour tous les décimaux, même lorsqu'ils ne sont pas écrits sous forme de fraction.

Ne pas confondre non plus quotient et fraction. $\sqrt{2}$ peut s'écrire $\dfrac{\sqrt{2}}{1}$, par exemple. Ce n'est ni une fraction, ni un rationnel car $\sqrt{2}$ n'est pas un nombre entier. $\dfrac{\sqrt{2}}{1}$ est seulement un quotient.

Fractions

Signification d'une fraction : l'écriture fractionnaire peut avoir deux significations différentes :

Exemple : la fraction $\dfrac{2}{3}$ veut dire qu'on a partagé l'unité en 3 parties égales et qu'on a pris 2 de ces parties : $\dfrac{2}{3} = 2 \times \dfrac{1}{3}$

Mais cela veut également dire qu'on a partagé 2 en 3 parties égales. Pour les élèves ce n'est pas tout à fait la même chose. Les situations pédagogiques proposées doivent permettre de faire comprendre les deux sens de la fraction.

Fractions équivalentes

Deux fractions sont équivalentes si l'on passe de l'une à l'autre en multipliant ou en divisant le numérateur et le dénominateur de la première fraction par un même nombre non nul.

Exemple : $\dfrac{2}{3} = \dfrac{10}{15}$ ($\dfrac{2}{3}$ est l'écriture réduite).

En fait, on a simplement multiplié la première fraction par 1 (1 étant conçu ici comme $\dfrac{5}{5}$).

Simplifier une fraction

C'est trouver une fraction équivalente à la fraction donnée telle que le numérateur et le dénominateur de la fraction équivalente n'aient plus aucun facteur commun. On dit que *la fraction est réduite*.

Décomposer une fraction

En utilisant ce qui a été vu dans la première partie, décomposer une fraction en partie entière et partie fractionnaire.

Exemple : $\dfrac{67}{5} = \dfrac{65}{5} + \dfrac{2}{5} = 13 + \dfrac{2}{5}$

Fractions décimales

Définition : une fraction est décimale si son dénominateur est une puissance de 10.

Une fraction réduite pourra s'écrire sous forme de fraction décimale si la décomposition de son dénominateur en produit de facteurs premiers, ne contient que des facteurs 2 et/ou 5.

Exemple : $\dfrac{15}{6} = \dfrac{3 \times 5}{3 \times 2} = \dfrac{5}{2}$

Contre-exemple : $\dfrac{2}{6} = \dfrac{1}{3}$

En fait, il faut que l'on puisse trouver une fraction équivalente à la fraction donnée, dont le dénominateur est une puissance de 10. Ceci ne peut se faire que si le dénominateur réduit est égal au produit des puissances de 2 et/ou de 5.

On peut aussi définir un nombre décimal comme pouvant s'écrire sous forme d'une fraction décimale.

Comparaison de fractions

Pour comparer deux fractions, le plus simple est de chercher des fractions équivalentes aux fractions données, de façon à ce qu'elles aient toutes deux le même dénominateur ou le même numérateur.

Si elles ont le même dénominateur, la plus grande est celle qui a le plus grand numérateur.

Si elles ont le même numérateur, la plus grande est celle qui a le plus petit dénominateur.

Exemple : comparer $\dfrac{2}{3}$ et $\dfrac{3}{4}$

a) même dénominateur

$\dfrac{2}{3} = \dfrac{8}{12}$

$\dfrac{3}{4} = \dfrac{9}{12}$ donc $\dfrac{3}{4} > \dfrac{2}{3}$,

b) même numérateur

$\dfrac{2}{3} = \dfrac{6}{9}$

$\dfrac{3}{4} = \dfrac{6}{8}$, même conclusion.

Rappel historique

Au cours du deuxième millénaire avant J.-C., les **Égyptiens** utilisent des fractions de numérateur égal à 1, le plus souvent. Pour les noter, ils placent le hiéroglyphe de la bouche au-dessus du nombre désignant le dénominateur. Ils ont, de plus, un signe particulier pour $\dfrac{1}{2}$, $\dfrac{2}{3}$ et $\dfrac{3}{4}$.

Avec ce système de notation coexiste, en parallèle, une autre façon de noter les fractions du héqat (unité de mesure des capacités valant un peu plus de 5 litres). Ils utilisent les différentes parties de l'œil fardé du dieu faucon Horus[23].

Les **Babyloniens**, à peu près à la même époque, utilisent aussi les fractions de l'unité, mais avec une notation positionnelle de base soixante.

---

23. G. Ifrah, *Histoire universelle des chiffres*, Seghers, 1981.

Les **Grecs**, au début de notre ère, commencent à noter les fractions avec leur système alphabétique additif. Ils placent le dénominateur au-dessus du numérateur.

Enfin, vers la fin du IXe siècle de notre ère, les **mathématiciens arabes**, tels Abu-l-Wafa, donnent vraiment l'essor à la notion de fraction. Ils rédigent de nombreux ouvrages théoriques et pratiques regroupant définitions, règles de calcul et applications sur les fractions. Ce sont eux qui ont permis l'introduction de la notion de rapport et de fraction en Occident.

Nombres réels

Définition : c'est l'ensemble des nombres rationnels et irrationnels. En effet, il existe des nombres qui ne peuvent s'écrire sous forme de quotient de deux nombres entiers relatifs. Ce sont les nombres irrationnels. C'est le cas de $\sqrt{2}, \sqrt{3}, \sqrt{4}$, π et bien d'autres. L'ensemble des nombres irrationnels est infini. Une de leurs écritures serait un nombre à virgule avec une partie entière et une partie située après la virgule, infinie et non périodique. De ce fait, on ne peut en donner, sous cette forme, qu'une écriture approchée qui est décimale car on est obligé d'écrire une partie décimale finie !

Proposition d'activités sur les rationnels

L'introduction des décimaux et des rationnels est au programme du cours moyen. Nous avons choisi d'introduire les décimaux comme cas particulier des rationnels. Le mode de présentation proposé ici est inspiré d'une activité imaginée par J.-L. Porcheron[24] et exposée dans *Activités mathématiques au cours moyen*[25].
Nous avons établi une progression précise et détaillée à partir de l'utilisation des robots, et bâti une série de séances permettant d'atteindre les différents objectifs sur les fractions, au programme du cours moyen.

Rappel historique

Dans l'Antiquité, on connaissait les grandeurs incommensurables : par exemple, la diagonale du carré de côté égal à 1. **Euclide** avait tenté de donner un statut à ces grandeurs. Ensuite, plus personne ne s'est préoccupé de définir ces nombres. Il fallut attendre le XIXe siècle, avec des

---

24. J.-L. Porcheron, professeur de mathématiques en IUFM, chercheur INRP.

25. Ermel, *Apprentissage mathématique à l'école primaire, cours moyen*, Hatier, tome 1, 1981 ; tome 2, 1982.

mathématiciens comme **Weierstrass** (d'Allemagne), **Cantor** et **Dedekind**, pour voir élaborée une théorie des nombres réels et des nombres irrationnels en particulier. C'est à Dedekind que l'on doit la *création* de la notion de nombres irrationnels. Il a montré que le domaine des nombres réels ℝ est *inextensible*. C'est-à-dire que si l'on répète l'opération qui a permis de construire les nombres réels à partir des nombres rationnels ℚ, on ne trouve pas autre chose que ℝ.

C'est à **Archimède** que nous devons les premières approximations de , rapport des nombres qui mesurent le périmètre et le diamètre du cercle.

On lui doit: l'encadrement suivant : $3 + \dfrac{10}{71} < \pi < 3 + \dfrac{10}{70}$

La valeur par excès de l'encadrement est $\dfrac{22}{7}$.

D'après **Héron** (1er siècle après J.-C.) dans *Métriques*, Archimède aurait fourni un encadrement plus précis : $3,1414590 < \pi < 3,141606$
Un savant chinois du Ve siècle après J.-C. alla encore plus loin et donna : $3,1415926 < \pi < 3,1415927$
Au VIIe siècle après. J.-C., un savant hindou, **Brahmegupta**, donna $\sqrt{10}$ comme valeur approchée de π.
Les **Arabes**, au XIIIe siècle prirent pour π : $3,141568$.

Adrien Metius, au XVIIe siècle, eut la chance de découvrir la valeur approchée suivante : $\dfrac{355}{113}$ qui est bien plus précise que $\dfrac{22}{7}$.

Depuis, de nombreux mathématiciens se sont préoccupés du calcul de π. Certains ont même composé un petit poème permettant de retenir les 30 premières décimales de π en comptant le nombre de lettres de chaque mot le composant. Le voici :

Que j'aime à faire connaître un nombre utile aux sages ! Immortel
  3   1   4   1   5   9   2   6   5   3   5   8
Archimède, artiste, ingénieur, Qui de ton jugement peut priser la valeur ?
  9   7   9   3 2 3   8   4   6 2 6
Pour moi, ton problème eut de sérieux avantages.
  4   3   3   8   3 2 7   9

Les décimales suivantes sont 5 puis 0 et bien d'autres encore. La présence d'un zéro dans la chaîne de décimales empêche de continuer très loin le quatrain !

En 1882, le mathématicien **Lindemann** démontra qu'il était impossible de construire géométriquement un carré dont l'aire serait égale à celle d'un cercle donné quelconque.

C'est ce qu'on appelle le problème de la quadrature du cercle.

À partir de cette découverte, il démontra qu'il existait, dans les nombres réels, deux sous-ensembles : celui des nombres pour lesquels il est possible de construire géométriquement un carré dont la mesure du côté est, par exemple, $\sqrt{5}$ et celui des nombres réels, tel que π, pour lesquels cette construction géométrique est impossible (ce sont des nombres transcendants).

Cette activité a l'avantage de faire travailler les enfants directement sur des fractions supérieures à 1.

Les notions suivantes sont à introduire au cours moyen :
1) écriture de la fraction sous la forme $\frac{n}{m}$ avec n et m entiers et m ≠ 0 ;
2) placer les rationnels sur la droite numérique ;
3) reconnaître les entiers naturels ;
4) trouver des fractions équivalentes (décimales) à une fraction donnée, dans des cas simples ;
5) comparaison des fractions ; placer un entier parmi des rationnels non entiers, et inversement ;
6) connaître l'équivalence $\frac{n}{m} = \frac{1}{n} + \frac{1}{m} + ... + \frac{1}{m}$ (n fois) = n × $\frac{1}{m}$ ou m ≠ 0
7) comprendre que $\frac{n}{m}$ signifie aussi qu'on a partagé n en m parties égales.
L'activité des robots permet d'attendre ces différents points.

 Pour toutes les activités décrites, ne pas prendre du papier quadrillé. Éviter, même sur le cahier de classe, de prendre une unité de 3 carreaux lorsque l'on veut fabriquer des tiers, ou de 4 carreaux pour avoir des quarts. En effet, certains enfants risquent de conclure hâtivement qu'un tiers est égal à un quart puisque tous les deux sont représentés par un carreau.

Prendre du papier non ligné et utiliser, chaque fois, le guide-âne. C'est la seule façon d'avoir facilement des tiers, par exemple, quelle que soit la longueur de l'unité choisie.

Marche régulière sur une droite graduée (CM1, CM2)

Objectifs
– Travail sur des relations de proportionnalité.
– Préparation à la notion de fractions équivalentes.

Préparation et matériel
– Tracer, dans le couloir ou dans le préau, 4 droites graduées régulièrement jusqu'à 30 environ. Prévoir des graduations variant de 20 à 50 cm afin de permettre des déplacements différents, d'un groupe à l'autre.
– Prévoir des tableaux (feuille 21 × 29,7) pour noter les résultats, préparés comme suit :

Nombre atteint	Nombre de pas faits depuis le début

Les tableaux doivent être suffisamment grands et remplis au feutre afin de servir à l'affichage en classe, lors de la mise en commun, et être ainsi lisibles par tous.

Activité
– La consigne est de marcher régulièrement sur la droite graduée. Répartir les enfants en 4 groupes. Dans chaque groupe, les enfants seront par 2.

L'un marchera et l'autre notera le nombre atteint et le nombre de pas faits, depuis le début, sur la feuille prévue à cet effet.
– Lorsque les enfants auront effectué ce travail, passer à la synthèse collective en classe. Pour cela, afficher les productions au fur et à mesure, et demander aux enfants si les différents groupes ont respecté la consigne de marche régulière. Si c'est le cas, demander comment on peut le vérifier. Si ce n'est pas le cas, faire trouver ce qui ne va pas et le faire rectifier.
En général, il n'y a pas beaucoup de variétés dans les productions. On a souvent 1, 2, ou 3 pas pour une graduation, ou parfois 2 pas pour 3 graduations.
Il est nécessaire de prévoir une trace écrite indiquant simplement comment reconnaître que, dans un tableau de nombres, il s'agit d'une marche régulière.
Exemple : quand un robot va deux fois, trois fois, quatre fois plus loin, il fait deux fois, trois fois, quatre fois plus de pas. Y adjoindre un exemple de tableau de marche régulière et un contre-exemple.
C'est fondamental, car cela prépare à trouver des fractions équivalentes.

Vérification des acquis : exercices d'entraînement (CM1-CM2)

Remarque : il ne s'agit pas d'une évaluation mais bien d'un entraînement. Il n'est donc pas nécessaire de noter de tels exercices. Il est normal, à ce stade de l'apprentissage, que tous les élèves ne soient pas encore performants.

Objectifs : s'approprier la régularité de la marche d'un robot en utilisant un tableau de nombres. Réinvestir les méthodes de la séance précédente.

Travail individuel

Exemple d'exercices
– Trouver et corriger les erreurs contenues dans ces tableaux de marche régulière. Les erreurs se trouvent aussi bien dans la colonne de droite que de gauche.

Nombre atteint	Nombre de pas faits depuis le début
2	3
4	6
6	8
8	10

Nombre atteint	Nombre de pas faits depuis le début
3	2
6	4
8	6
12	8
15	11

– Compléter ces tableaux pour qu'ils décrivent des marches régulières. Les nombres manquants sont aussi bien dans la colonne de droite que de gauche et également dans les deux en même temps.

Nombre atteint	Nombre de pas faits depuis le début
5	–
10	8
15	12
–	16
25	20
30	–

– Demander sur quel nombre seront les enfants quand ils auront fait 200 pas, 120 pas. Combien de pas auront-ils faits, depuis le début, s'ils sont sur le nombre 300 ?

S'assurer que les enfants savent retrouver combien de pas ont été faits pour atteindre le nombre 5, connaissant le nombre de pas faits pour atteindre le nombre 15, par exemple.

Nombre atteint	Nombre de pas faits depuis le début
–	6
8	12
–	–
–	–
–	–
24	–

Utilisation du guide-âne (CM1-CM2)

Objectifs
– Partager un segment en parties égales, sans utiliser le double décimètre.
– Utilisation du guide-âne. Un guide-âne est une feuille de papier comprenant une série de droites parallèles, espacées régulièrement de 1 cm, par exemple.
– Adaptation du guide-âne à la tâche à effectuer.

Matériel
– Deux guide-ânes, l'un comprenant des droites parallèles espacées de 1 cm et l'autre avec des droites parallèles espacées de 1/2 cm. Ne donner aux élèves que le premier guide-âne, le second sera fourni quand les élèves se rendront compte qu'ils ne peuvent pas réaliser la tâche demandée avec le premier guide-âne donné (fiche 21 du cédérom).
Prévoir le même matériel en grand pour le tableau.
– Un papier calque ou assez transparent sur lequel seront tracés quelques segments.

Déroulement de l'activité

– Distribuer un guide-âne à chaque enfant. Distribuer également une feuille de papier calque ou transparent sur laquelle auront été tracés au moins 3 segments de 10 cm de long, par exemple. Les enfants n'ont pas besoin de connaître la longueur des segments.

– Demander aux élèves, en utilisant le guide-âne, de partager le premier segment en 10 parties égales, le deuxième en 7 parties égales et le troisième en 12 parties égales.

Laisser les enfants chercher seuls ou en groupe.

Dans le premier cas, il faut disposer le guide-âne ainsi :

(11 droites, 10 morceaux)

Dans le deuxième cas, il faut disposer le guide-âne ainsi :

(8 droites, 7 morceaux)

Dans le troisième cas, il n'est pas possible de faire le partage avec le guide-âne donné aux enfants. Ils seront donc obligés de faire un nouveau guide-âne ou de tracer des lignes intercalaires sur celui qui leur a été donné. On peut aussi envisager de mettre plusieurs sortes de guide-ânes à la disposition des enfants. Finalement, on aura cela :

(13 droites, 12 morceaux)

– Sans le savoir, les enfants ont utilisé l'axiome de Thalès. Des droites parallèles déterminent sur toute droite sécante des segments proportionnels égaux. Ici, les droites parallèles sont à égale distance les unes des autres, donc elles déterminent des parties égales sur le segment de 10 cm.

Certains enfants auront sans doute eu l'idée de numéroter les droites du guide-âne. Cela facilite grandement son utilisation. Le plus astucieux est de le faire à droite et à gauche, à partir de zéro, comme ceci :

Lors de la mise en commun, on pourra proposer aux élèves d'employer cette méthode pour faire les autres tracés.

Faire également remarquer qu'il faut adapter le guide-âne en fonction de la tâche à accomplir.

Remarque : beaucoup d'élèves font une erreur de un dans le partage car ils comptent autant de droites que de morceaux à réaliser. Il sera donc utile de faire noter aux élèves qu'il faut une droite de plus que le nombre de morceaux qu'on veut réaliser.

Tracer le trajet d'un robot (CM1, CM2)

Étape 1

Objectif : tracer le trajet d'un robot connaissant le premier nombre atteint et le nombre de pas faits pour l'atteindre.

Matériel élève :
– une feuille de papier assez transparent ou de calque avec une droite graduée de cm en cm jusqu'à 28, au moins, sur laquelle figure la définition du robot et un tableau de marche régulière vierge à compléter. Le robot choisi est le robot A qui atteint le nombre 7 en 3 pas et continue régulièrement sa marche ;
– une pochette plastique pour y glisser la feuille précédente et un feutre véléda (ceci afin de permettre plusieurs essais.) ;
– les deux guide-ânes précédents.

Matériel pour l'enseignant :
Le même matériel en grand pour le tableau. Il doit pouvoir être manipulé aisément par les élèves, lors de la synthèse.

Déroulement de l'activité :
Il s'agit de représenter le trajet d'un robot se déplaçant régulièrement sur une droite graduée. Il fait des pas réguliers tout au long du parcours. Le trajet du robot est parfaitement défini à partir du moment où l'on connaît le nombre atteint et le nombre de pas faits, depuis le début, pour atteindre ce nombre. Le robot A qui atteint 7 en 3 pas est noté A(7 ; 3). Le premier nombre est le nombre atteint, le deuxième est le nombre de pas faits depuis le début du trajet pour atteindre ce nombre.
Chaque élève doit d'abord compléter le tableau de marche régulière du robot A puis, avec le guide-âne, tracer le trajet du robot sur la droite graduée.

Remarque : il est nécessaire de vérifier le tableau de marche régulière avant de faire tracer le trajet du robot aux élèves.
Une fois les tracés réalisés, faire une synthèse permettant de corriger les erreurs classiques comme par exemple de ne tenir compte que d'une des colonnes du tableau, pour faire le tracé. Certains élèves font des pas de 7, d'autres des pas de 3. La reprise du tableau et de sa signification est alors nécessaire.

Distribuer une feuille sur laquelle le trajet correct figure. Cela servira de trace écrite pour cette étape.

Étape 2

Objectif : tracer le trajet d'un robot connaissant un nombre atteint quelconque (pas nécessairement le premier) et le nombre de pas faits pour l'atteindre.

Matériel : le même que précédemment, mais cette fois il s'agit de tracer le trajet du robot E (9 ; 12).

Chaque élève doit commencer par compléter le tableau de marche régulière puis faire la représentation du trajet. Cette représentation permet de mettre en évidence les nombres qui ne figurent pas dans le tableau. On pourra, lors de la synthèse, les faire noter dans le tableau. Convenir d'un moyen de noter les pas du robot sur la droite graduée (petits arcs de cercle au-dessus du trajet, par exemple). Utiliser la correction du nouveau tracé et du tableau complété comme trace écrite.

Comparer le trajet de différents robots. (CM1-CM2)

Étape 1 : avec 4 robots

Objectif : comparer la longueur des pas de 4 robots. Prendre conscience que deux robots qui ont des définitions différentes peuvent en réalité effectuer le même trajet.

Matériel : deux guide-ânes différents, 4 feuilles avec une droite graduée et un tableau de marche à compléter, une liste des 4 robots dont il faut représenter le déplacement. Le même matériel en grand pour le tableau.

Déroulement
Travail par groupe de 4 élèves.
Les élèves doivent tracer le trajet des 4 robots puis les ranger suivant la longueur croissante de leur pas.
– Voici un exemple possible de robots. Si l'on veut en fabriquer d'autres, prévoir plusieurs robots équivalents dont les définitions seront données avec des couples différents (exemple : B (12 ; 9) et A (4 ; 3)). Donner des définitions de robots différents effectuant le même nombre de pas, mais n'atteignant pas le même nombre (exemple : C (4 ; 7), D (5 ; 7), E (2 ; 5), F (2 ; 8)), et réciproquement. Enfin, choisir des bonds de longueur inférieure et supérieure à 1, et égale à des nombres entiers.

Groupe 1	Groupe 2	Groupe 3
A (7 ; 3)	B (3 ; 4)	C (14 ; 8)
D (12 ; 10)	E (9 ; 12)	F (4 ; 2)
G (9 ; 3)	H (21 ; 9)	I (7 ; 4)
J (14 ; 6)	K (5 ; 5)	L (6 ; 5)

Le guide-âne étant imprécis, on risque d'avoir des décalages dans les tracés. Par exemple, le robot G (21 ; 9) peut ne pas passer par le nombre 7 en 3 pas. Le tableau permettra de rectifier ces imprécisions.
Les élèves à l'intérieur de chaque groupe devront vérifier que les trajets sont tracés convenablement, en s'aidant du tableau, si besoin est.

Exemple de tracé : A (7 ; 3)

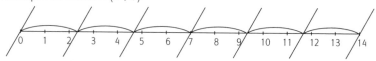

Lors de la synthèse, faire noter aux élèves que deux robots n'ayant pas la même définition peuvent effectuer le même trajet et donc faire des pas de même longueur.
À la fin de la séance, il est nécessaire que le maître ramasse les travaux afin de s'assurer de leur exactitude. En effet, l'étape suivante devra permettre le rangement de 12 robots par rapport à la longueur de leur saut.

Remarque : les trajets représentés par les élèves sont souvent maladroits et imprécis mais ils leur permettent de donner du sens au partage de segments d'une droite graduée et de comprendre la relation entre les nombres atteints et le nombre de pas faits pour les atteindre.

Étape 2 : avec les 12 robots

Objectifs
– Introduction de la notation des fractions sous forme de quotient.
– Comparaison de fractions.

Matériel
– Trajet correct de chacun des 12 robots, vérifié par le maître pour chaque groupe. On aura intérêt à découper les trajets de chaque robot pour en faciliter la comparaison.
– Une affiche et un gros feutre par groupe.

Activité (travail par groupe de 4)
La consigne est de ranger les robots suivant la longueur de leur saut. Chercher ensuite une façon de désigner cette longueur.
Après un temps de recherche, afficher les résultats de chaque groupe et les comparer.
Demander aux élèves comment ils s'y sont pris pour effectuer les comparaisons.
Ils utilisent, en général, trois méthodes :
– superposition des trajets ;
– comparaison du nombre de pas faits pour un même nombre atteint ;
– comparaison des nombres atteints pour un même nombre de pas faits.
Parfois, certains groupes ont d'abord trié les robots dont la longueur d'un bond est inférieure à 1, par exemple. Puis ils ont utilisé une des méthodes précédentes.

Avec les robots donnés précédemment, on a le tableau suivant :

Longueur d'un saut	1			2		3	
Nom du robot	B ; E	K	D ; L	C ; I	F	A ; H ; J	G
Déf. du robot	(3 ; 4) (9 ; 12)	(5 ; 5)	(12 ; 10) (6 ; 5)	(14 ; 8) (7 ; 4)	(4 ; 2)	(7 ; 3) (21 ; 9) (14 ; 6)	(9 ; 3)

À la suite de cela, proposer de noter la longueur d'un saut sous forme fractionnaire. Pour chaque robot, choisir de prendre comme représentant de la longueur le couple dans lequel les nombres sont les plus petits. Par exemple, pour K (5 ; 5), le robot passe par le nombre 1 en un saut. Il est clair que la longueur d'un saut est 1. Pour B, on notera la longueur d'un saut : 3/4, etc.

Compléter alors la première ligne du tableau.

Longueur d'un saut	$\dfrac{3}{4}$	1	$\dfrac{6}{5}$	$\dfrac{7}{4}$	2	$\dfrac{7}{3}$	3
Déf. du robot	B ; E	K	D ; L	C ; I	F	A ; G ; J	H

Donner le vocabulaire relatif aux fractions (numérateur et dénominateur) sous forme de trace écrite.

Faire remarquer qu'un entier peut s'écrire sous forme de fraction et qu'un même nombre a plusieurs écritures fractionnaires.
Indiquer également la façon de lire une fraction en citant le cas des demis, tiers et quarts.
Le fait de n'introduire que tardivement la notation fractionnaire permet de faire travailler, sans qu'ils s'en aperçoivent, des enfants ayant été mis en échec sur cette notion l'année précédente. Cela évite naturellement les blocages souvent observés par rapport à la notion de fraction.

Exercices d'application (CM1-CM2)

Objectif :
Approfondir le sens de l'écriture fractionnaire. Reconnaître les fractions inférieures ou supérieures à 1, égales à des entiers.
Vérifier les acquis sur les notions de fractions équivalentes et sur la comparaison de fractions.

Exercices

1. À partir de la longueur du pas d'un robot donné sous forme de fraction, être capable de remplir un tableau de marche régulière.

Être capable de trouver des robots dont le pas est identique, dont le pas est inférieur à 1, ou supérieur à 1 ou égal à un entier.

2. Trouver des fractions équivalentes à des fractions données :

$$\frac{7}{3} = \frac{}{9} = \frac{35}{} = \frac{}{21} = \frac{14}{}$$

$$\frac{12}{10} = \frac{}{100} = \frac{}{50} = \frac{36}{} = \frac{}{5}$$

$$7 = \frac{}{3} = \frac{}{7}$$

3. Dans une suite de fractions équivalentes, placer un intrus et demander aux enfants de le chasser.

4. Faire comparer des fractions. Trois cas peuvent se présenter :

– Soit à comparer des sauts de robots : le premier fait des sauts de $\frac{7}{5}$, le deuxième de $\frac{11}{5}$. Quel est celui qui fait les plus grands sauts ?

Proposer une piste et un guide-âne pour vérifier l'exactitude des réponses. Inciter cependant les enfants à trouver les résultats en raisonnant. En effet, il s'agit de robots qui atteignent en 5 sauts, l'un le nombre 7, l'autre le nombre 11. Celui allant le plus loin en 5 sauts effectue les plus grands sauts.
Cette méthode de raisonnement faisant référence à la situation d'introduction permet aux enfants de ne pas faire d'erreur, quelle que soit la situation dans laquelle ils auront à comparer des fractions. Ils n'ont pas besoin de retenir de règles, mais simplement de réfléchir.

– Soit à comparer des sauts de robots : le premier fait des sauts de $\frac{5}{7}$ et le deuxième de $\frac{5}{4}$. Quel est celui qui fait les plus grands bonds ?

Ici, il s'agit de robots qui atteignent tous les deux le même nombre 5 en un nombre différent de sauts. Celui qui en fait le plus les fait nécessairement plus petits.

– Soit à comparer les bonds de 2 robots. Le premier fait des sauts de $\frac{3}{4}$ et le deuxième de $\frac{5}{6}$.

Dans ce cas, on ne peut plus raisonner comme précédemment. Il faut d'abord trouver des fractions équivalentes aux fractions données. Ces fractions devront avoir soit le même numérateur, soit le même dénominateur, afin de se ramener à l'un des deux cas précédents.

On a alors : $\frac{3}{4} = \frac{6}{8} = \frac{9}{12} = \frac{15}{20}$

$\frac{5}{6} = \frac{10}{12} = \frac{15}{18}$ on a donc : $\frac{10}{12} > \frac{9}{12}$

Ici, le plus rapide est la conversion au même dénominateur. Ce n'est pas toujours le cas. Choisir le plus simple à chaque fois.
Il est préférable d'employer le mot convertir plutôt que réduire au même dénominateur. En effet, le mot réduire sous-entend une diminution, or ce

n'est pas souvent le cas pour le dénominateur lorsqu'on doit comparer des fractions ou les additionner.

5. Trouver des fractions inférieures à 1, égales à 1, comprises entre 1 et 2.

6. Placer des rationnels non entiers par rapport à des entiers.

Remarque : à la suite de chaque type d'exercice, faire noter un bref résumé indiquant comment reconnaître des fractions inférieures ou supérieures à l, égales à un entier, comment comparer des fractions etc. en s'appuyant sur la situation des robots.

Exemple : pour comparer les pas de deux robots qui atteignent le même nombre, il suffit de regarder le nombre de pas faits par chacun d'eux pour atteindre ce nombre. Celui qui a fait le moins de pas est celui qui fait les plus grands pas.
Pour l'écriture fractionnaire, cela correspond à des fractions qui ont le même numérateur. La plus grande est celle qui a le plus petit dénominateur.
Faire la même chose pour tous les autres cas.

Travail sur l'équivalence (CM1-CM2)

$$\frac{n}{m} = n \times \frac{1}{m}$$

Objectifs

– Connaître l'équivalence $\frac{n}{m} = \frac{1}{m} + \frac{1}{m} + \dots + \frac{1}{m}$ (n fois) $= n \times \frac{1}{m}$
$(m \neq 0)$
– Placer un rationnel sur la droite numérique.
L'équivalence sera facilement comprise en faisant un schéma.
De même, si les enfants savent comparer un rationnel non entier avec des entiers, le problème de la situation d'un tel rationnel sur la droite numérique sera en partie réglé.

Exercices

1. Faire tracer le trajet de robot sur une droite graduée connaissant la longueur d'un pas écrit sous forme de fraction.
Par exemple, tracer, sur trois droites graduées placées l'une en dessous de l'autre, le trajet des robots A, B, C dont les pas sont respectivement, $\frac{1}{2}$, $\frac{3}{2}$; $\frac{5}{2}$.
Les élèves vont constater que le robot A atteint le nombre 1 en deux pas, le robot B atteint le nombre 3 en 2 pas et le robot C atteint le nombre 5 en 2 pas. Même chose pour les entiers suivants.
Le schéma permet de comparer la longueur des pas des différents robots et de voir les équivalences suivantes :

le robot A a atteint en 3 pas le nombre $3 \times \frac{1}{2} = \frac{3}{2}$. On constate aussi que ce nombre correspond à $1 + \frac{1}{2}$. Faire de même pour les autres robots et faire noter un résumé reprenant cela.

Le robot C atteint en 5 pas le nombre $\frac{5}{2}$ soit $5 \times \frac{1}{2} = \frac{5}{2}$

2. Faire ensuite placer des fractions simples sur une droite déjà graduée de 1 en 1, en utilisant le guide-âne.

Remarque : prévoir de nombreuses séances de calcul mental sur l'utilisation des multiples de nombres simples afin de faciliter les calculs.

3. Pratiquer également des jeux oraux de comptage de $\frac{1}{m}$ en $\frac{1}{m}$ dans des cas simples, en prenant une droite déjà graduée comme support au tableau. Faire nommer les entiers, quand on les rencontre, de deux façons différentes (2 et $\frac{4}{2}$ par exemple). On peut, à ce propos, parler de fraction réduite.

Faire placer des fractions écrites sur des étiquettes, sur une droite graduée, tracée au tableau, etc.

Représentation géométrique de fractions (CM)

Objectif : travailler l'équivalence entre une écriture fractionnaire et une représentation géométrique dans les deux sens.

Activité

– Proposer des figures pour lesquelles les enfants auront à indiquer la valeur fractionnaire de la surface coloriée (pas seulement des carrés).

Exemple : quelle fraction de la figure a été coloriée ?

 Réponse : $\frac{3}{8}$

– Proposer des figures pour lesquelles les enfants auront à dessiner et à colorier la partie représentant la fraction indiquée.

Exemple : colorier les $\frac{3}{4}$ de la figure suivante :

– Proposer aux élèves des dessins pour lesquelles ils devront faire le partage adapté pour représenter une fraction donnée, inférieure à 1, puis supérieure à 1. Prendre la précaution, à chaque fois, d'indiquer clairement ce qu'on a pris comme unité.

Proposition d'activités sur les décimaux (CM1, CM2)

Donner une trace écrite avec la définition des fractions décimales (exemples et contre-exemples) ainsi que les explications des expressions suivantes *simplifier une fraction* et *décomposer une fraction*.

Introduction de la virgule (CMI-CM2)

Étape 1

Objectif
Introduction de l'écriture à virgule d'un nombre décimal non entier.

Déroulement de l'activité

– Partir d'une fraction décimale, par exemple $\dfrac{6\,462}{10}$

Il s'agit de placer ce nombre sur la droite numérique.
Ce type d'activité a déjà dû être fait au CE pour les entiers (*exemple* : placer 2 573 sur la droite numérique).

Il faut d'abord trouver l'encadrement de ce nombre par deux entiers. Pour cela, décomposer la fraction en partie entière et fraction décimale :

$$\dfrac{6\,460}{10} < \dfrac{6\,462}{10} < \dfrac{6\,470}{10} \qquad\qquad 646 < \dfrac{6\,462}{10} < 647$$

$$\dfrac{6\,462}{10} = 646 + \dfrac{2}{10}$$

– Puis placer ce nombre sur la droite numérique en effectuant différents grossissements avec une loupe, cela donne :

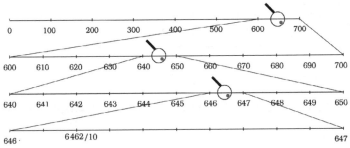

Le nombre est entre 600 et 700. Il s'agit donc de faire des grossissements successifs des différents intervalles et de les partager en 10.

– De même, soit à placer $\dfrac{2\,476}{100} = 24 + \dfrac{76}{100}$

Cette fois c'est un peu plus compliqué car il faudra encadrer $\dfrac{76}{100}$ par des dixièmes.

$$\dfrac{70}{100} < \dfrac{76}{100} < \dfrac{80}{100}$$

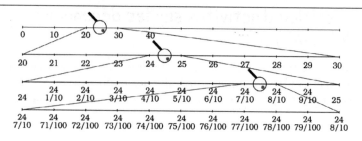

On est amené à trouver une façon plus simple de noter :

$$\frac{2\,476}{100} = 24 + \frac{7}{10} + \frac{6}{100}$$

car, au point de vue typographique, cette écriture est très lourde. Certains élèves peuvent avoir l'idée de la notation avec virgule. Sinon, proposer de remplir un tableau comme suit :

10^2	10^1	unité 1er ordre	$\frac{1}{10}$	$\frac{1}{100}$	$\frac{1}{1\,000}$
	2	4	7	6	

– Finalement, donner la notation avec virgule. Bien insister sur le fait que ce n'est qu'une convention d'écriture. À ce sujet, reprendre brièvement les rappels historiques présentés en début de chapitre et montrer qu'il y a eu d'autres façons de noter les nombres décimaux (*Cf. Les Maths ont une histoire, activités au cycle 3*, Hachette, 1997).
Indiquer également que l'on peut compléter les colonnes de droite par des zéros, sans changer la valeur du nombre. *Exemple* : 24,76 = 24,760 = 24,7600, etc.
– Rappeler qu'un nombre entier est aussi décimal et faire trouver des écritures, avec virgule, de nombres entiers.
Exemple : 47 = 47,0 = 47,00, etc.
Bien préciser qu'un nombre à virgule est décimal si sa partie décimale est connue et finie. Donner, un peu plus tard, des contre-exemples.

Comparaison des décimaux (écrits avec une virgule) (CM2)

Étape 2

Objectif
élaboration de règles de comparaison des décimaux.

Activité
– Proposer des exercices de comparaison de décimaux (3 ou 4 chiffres au moins après la virgule) :
a) ayant des parties entières différentes ;
b) ayant même partie entière ;
c) ayant même partie décimale.

Si les enfants ont des difficultés, on pourra leur suggérer d'utiliser un tableau, comme précédemment. Utiliser aussi les cartons Montessori (voir pp. 67) pour les nombres à virgule (fiche 22 du cédérom).

Exemple : 9 cartons de $\boxed{0,1}$; $\boxed{0,2}$; ... ; $\boxed{0,9}$

9 cartons de $\boxed{0,01}$; $\boxed{0,02}$; ... ; $\boxed{0,09}$; etc.

Cette fois, il faut les superposer en alignant les cartons par la gauche, pour la partie décimale, et en commençant par le carton le plus long.

Exemple : 0,235 s'écrit $\boxed{0,005}$
$\boxed{0,03}$
$\boxed{0,2}$

Pour 24,235, traiter séparément la partie entière et la partie décimale. Aligner à droite ou à gauche, suivant le cas.

Exemple : $\boxed{0,005}$
$\boxed{0,03}$
$\boxed{0,2}$
$\boxed{20}$
$\boxed{4}$

– Faire formuler les règles de comparaison utilisées par les élèves. Leur demander de ranger les nombres suivants du plus petit au plus grand : 32,8 ; 47,13 ; 32,11 ; 47,126.
À ce propos, souligner les difficultés liées à la lecture traditionnelle des nombres à virgule.
Il serait préférable, surtout au début, de lire les nombres à virgule comme ceci : 247,236 sera lu : *« Deux cent quarante sept virgule deux suivi de trois suivi de six »* ou *« Deux cent quarante sept virgule deux cent trente six millièmes »*.
– Comme on l'a expliqué dans la partie théorique, ramener les écritures des parties décimales à un même nombre de chiffres pour faciliter les comparaisons.
Exemple : soit à comparer 24,4 et 24,37.
On écrit 24,40 et 24,37 ; en ce cas, on voit plus facilement que : 24,40 > 24,37.

Placer un nombre décimal entre deux décimaux (CM1-CM2)

Étape 3

Objectif : pouvoir trouver, dans tous les cas, un nombre décimal compris entre deux décimaux.

Matériel
– des feuilles avec plusieurs droites graduées régulièrement ;
– du papier affiche et des gros feutres.

Activité
Mettre les élèves par groupes de 4.
– Proposer de trouver, dans tous les cas suivants, un nombre décimal compris entre deux nombres décimaux donnés.
Exemple : trouver des nombres décimaux compris entre 2,3 et 2,7.
– Demander aux élèves de placer ces deux nombres sur la première droite graduée et, à partir de ce schéma, de trouver au moins dix nombres décimaux compris entre les deux nombres donnés.
Les élèves vont, sans aucun doute, proposer 2,4 ; 2,5 et 2,6.
Si aucun groupe n'a eu l'idée de proposer des nombres avec des centièmes, leur proposer d'agrandir à la « loupe » l'écart entre 2,4 et 2,5 en plaçant ces deux nombres sur une autre droite, et reposer la même question.
– Proposer ensuite de trouver au moins quinze nombres compris entre 3,7 et 3,9. Il est important que les élèves prennent l'habitude de se représenter l'écart entre deux décimaux comme susceptible d'être « grossi » à l'infini, chaque nouvelle graduation pouvant à son tour être partagée en dix à l'infini (cf. étape 1).
– Faire ensuite des exercices d'évaluation individuelle systématique sur cette notion.
On pourra proposer aux élèves en difficulté d'utiliser les feuilles avec des droites graduées et une « loupe», aussi longtemps qu'on le jugera nécessaire.

 Ne pas oublier de proposer des exemples *où l'un des décimaux, aux moins, est un entier afin que les enfants voient que les entiers sont des décimaux.*

ACTIVITÉ 34

Addition et soustraction dans l'ensemble des nombres décimaux (CM2)

Étape 4

Objectif
Acquérir des techniques d'addition et de soustraction dans les décimaux.

Activité
Au début, reprendre l'abaque et utiliser des colonnes supplémentaires.
Rappeler que les règles d'échange (10 contre 1 de l'ordre juste supérieur et 1 contre 10 de l'ordre juste inférieur) restent valables.
Proposer d'effectuer des opérations mélangeant entiers et non entiers.
Les élèves peuvent utiliser l'abaque ou un tableau pour les effectuer.
Mettre en commun les résultats et les méthodes de calcul. Faire remarquer que l'alignement ne se fait ni à droite, ni à gauche, mais avec la virgule, puis de part et d'autre de cette virgule.

Exemple : soit à additionner 22,347 + 127 + 41,12.

Disposition en colonne : écrire le premier nombre, choisir une écriture avec une virgule du nombre entier et aligner la virgule avec la précédente, puis aligner la virgule du troisième nombre avec les précédentes.

```
   22,347
+ 127,000
+  41,12
  190,467
```

Faire de même pour la soustraction.

Il est important de laisser les élèves chercher comment procéder en redonnant du sens aux différents chiffres de chaque nombre.

Multiplication d'un nombre décimal non entier par un entier (CM2)

Étape 5

Objectifs
– Acquérir des techniques de calcul.
– Évaluer l'ordre de grandeur d'un résultat.

Activité
– Proposer différentes opérations en libre recherche, puis faire justifier les résultats.
– En cas de difficulté, proposer de revenir à la définition du nombre décimal (fraction décimale) et faire les calculs. En général, cela ne pose pas trop de problèmes car les élèves comprennent rapidement comment procéder.

Exemple : $17 \times 23,296 = 17 \times (23 + \frac{2}{10} + \frac{9}{100} + \frac{6}{1\,000})$

– Afin d'éviter des erreurs de calcul dues à l'oubli de la virgule, faire des calculs approchés en arrondissant les nombres à multiplier. Laisser les élèves chercher des méthodes d'approximation et les mettre en commun.
Pour le cas précédent, on a :
$17 \times 23,296 \approx 17 \times 23 \approx 20 \times 23 = 460$
La partie entière aura 3 chiffres au maximum.
– Faire de nombreux exercices de calcul approché.

L'addition

Somme ou écriture additive

Définition

On appelle somme ou écriture additive une écriture qui ne contient que des nombres et des signes + (au moins un).
Le mot *somme* ne désigne pas seulement le résultat, mais aussi exactement l'écriture additive en elle-même.
Exemple: 5 + 3 est une somme; 8 est le résultat de cette somme. C'est une autre écriture de 5 + 3.

Utilisation

On utilise la somme pour écrire des nombres dont on ne connaît pas encore l'écriture usuelle (en CP ou en CE1), par exemple.
L'allongement et la réduction d'écritures additives sont utilisés pour mettre en évidence certaines propriétés simplifiant les calculs ou pour comparer des sommes plus facilement.
8 + 7 = 5 + 3 + 5 + 2 = 10 + 5 = 15
Pratiquer cela avec les enfants, le plus souvent possible, pour faciliter le calcul mental.

L'addition

Définition

L'addition est une opération qui, à deux nombres quelconques, associe un nombre unique tel que (a, b) → a + b
Exemple: 12 + 13 = 25
(12 ; 13) → 25

Propriétés

L'addition est **commutative**: pour tous nombres a et b, on a :
a + b = b + a
L'addition est **associative**: pour tous nombres a, b, c, on a :
a + (b + c) = (a + b) + c
On peut regrouper deux termes et les remplacer par le résultat lorsqu'on

a une suite d'additions à faire.

Pour un enfant de CP, voire de CE1, ces propriétés sont considérées comme évidentes. Il n'y a pas lieu de s'y attarder, à ce niveau de classe, surtout tant que l'on ne peut pas donner de contre-exemple. Au moment où l'on étudiera la soustraction, il sera intéressant d'évoquer les propriétés différentes des deux opérations.

Activités sur l'addition

1) Constitution d'un répertoire additif

Ne pas faire systématiquement une séquence pour les décompositions de chacun des nombres de 1 à 9, au fur et à mesure de leur introduction. Ceci est très fastidieux et ne présente aucun intérêt, ni pour le maître, ni pour les enfants. Ces décompositions sont utiles dans les calculs et doivent donc être introduites dans des situations où elles apportent vraiment une simplification ou une aide.

Conseils : avant d'entreprendre les activités qui suivent, il est utile de prévoir dans la classe une grande affiche sur laquelle seront stockés les résultats des additions simples qu'on obtiendra lors des différentes activités proposées. Cette affiche sera remplie au fur et à mesure. Lorsqu'elle sera suffisamment pleine, on pourra prévoir une séance au cours de laquelle les élèves, par groupe, devront rassembler les opérations qui donnent le même résultat, les ordonner, et au besoin les compléter, afin de réaliser les tables d'addition.

Greli-grelot (GS-CP et si besoin début de CE1)

ACTIVITÉ 36

Objectif : donner du sens au signe + et =. Se familiariser avec les premiers calculs additifs.

Matériel : des jetons.

Déroulement : si l'on a un coin regroupement, cette activité peut y être faite.

– Mettre 2 jetons dans la main droite de chaque élève, par exemple, et 3 jetons dans la main gauche de chaque élève. Leur demander de bien regarder ce qu'ils ont dans chaque main, puis demander de fermer chaque main.

– Faire mettre tous les jetons dans les deux mains fermées et dire ou chanter la comptine suivante : « *greli-grelot combien j'ai de sous dans mon sabot ?* »

– Demander aux élèves combien ils ont de jetons en tout, dans les deux mains fermées. À chaque fois, insister pour que les élèves expliquent comment ils font pour trouver le résultat.

– Faire déposer tous les jetons sur le sol ou sur la table afin de vérifier le résultat.

– Écrire au tableau, puis sur l'affiche, 2 + 3 = 5 en expliquant la signification des différents signes, en relation avec les gestes faits pendant l'activité.

– Proposer d'autres sommes (inférieure à 10) et procéder de la même façon.

– Lorsque l'on aura suffisamment pratiqué le greli-grelot, l'enseignant pourra faire seul la manipulation et les élèves écriront sur leur ardoise, l'opération et le résultat obtenu.

Cette situation pourra servir de situation de référence quand on utilisera des calculs additifs.

Les élèves pourront évoquer l'activité afin de redonner du sens aux signes mathématiques utilisés.

Variante du Strike 9 (CP-CE1)

Objectif : travailler le calcul mental de sommes de deux nombres inférieurs à 6. Travailler la décomposition des nombres inférieurs ou égaux à 12.

Matériel pour chaque joueur :
Une bande graduée de 1 à 9.
Deux dés à 6 faces, 9 cartes de couleur de la grandeur d'une case et numérotées de 1 à 9.
Une feuille de mémoire de jeu comme indiqué ci-dessous :

Valeur des dés	Valeurs des cases couvertes
	1 2 3 4 5 6 7 8 9
	1 2 3 4 5 6 7 8 9

10 jetons par joueur. Un petit pot pour mettre les jetons perdus.

1	2	3	4	5	6	7	8	9
1	2	3	4	5	6	7	8	9

Déroulement du jeu : on joue à deux.
Chaque joueur a une bande graduée et ses 9 cartes posées comme indiqué ci-dessus.

Le premier joueur lance les deux dés et peut couvrir les cases de sa bande graduée avec ses cartes comme ceci :

– Il couvre une case dont le nombre est égal au total des points obtenus au lancer.

– Ou il couvre deux cases dont le total des nombres est égal au total des points obtenus au lancer.

Exemple : si le lancer donne 6 et 3, on peut couvrir soit le 9, soit le 6 et le 3, soit deux autres cases dont le total est 9, par exemple 4 et 5, au choix. Le 1er relance les dés à nouveau et fait de même

Il joue jusqu'à ce qu'il ne puisse plus couvrir de cases. Il met alors, dans le petit pot, autant de jetons que de cases non couvertes. C'est alors au deuxième joueur de jouer. Il fait de même.

Pendant qu'un joueur joue, le deuxième élève remplit la feuille de mémoire de jeu qui lui a été fournie. Cette mémoire de jeu pourra être ramassée et corrigée par le professeur. Elle pourra servir de rétroaction lors d'une autre séance.

Le gagnant est celui qui a couvert toutes ses cases ou celui à qui il reste le plus de jetons.

2) Simplification et comparaison d'écritures additives

Jeu de cible. Cycle 2 (CP)

Objectif : simplifier et comparer des écritures additives.
Les élèves sont par groupes de 6 ou 7. L'activité se passe dans le préau.

Matériel pour un groupe

9
8
7
6
5
4
3
2
1

– Une cible rectangulaire graduée de 1 à 9, posée au sol. Les cases doivent être au moins égales à la largeur du palet.
– Un palet.
– Une bande de papier préparée avec des cases afin d'y noter les résultats des lancers (environ 20 cm sur 80 cm). Elle servira à l'affichage et doit donc être visible de loin.
– Un feutre pour noter les résultats.

Déroulement de l'activité

– Faire 4 équipes dans la classe. Chacune jouera sur une cible différente. Les équipes seront numérotées de 1 à 4 et l'on fera deux matches : équipe 1 contre équipe 2 et équipe 3 contre équipe 4. L'équipe gagnante d'un match est celle qui a obtenu, au total, le plus de points.

– Chaque enfant joue deux fois afin d'avoir des sommes plus importantes à comparer. Il lance le palet sur la cible et marque le nombre de points obtenus. Quand le palet est en dehors de la cible, on marque zéro. Quand le palet est à cheval sur un trait, on marque le nombre le plus élevé. Les résultats seront notés sur la bande prévue à cet effet.

– Si l'on n'a pas assez de nombres, les enfants essaient de compter en s'aidant de points, par exemple (voir le travail de Sylvain ci-dessous), et ne comparent plus les sommes en regroupant ou en décomposant les nombres.
– Poser les cibles dans les coins d'une salle de façon à ce que le palet ne sorte pas trop souvent de la cible.
Il est préférable d'essayer de jouer avant les enfants afin de ne pas mettre les équipes trop loin des cibles.
– Laisser les enfants jouer jusqu'à ce que les bandes-résultats soient remplies. Afficher les scores des équipes 1 et 2. Faire de même pour les équipes 3 et 4.

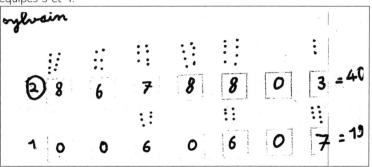

Qui a gagné ?

Les enfants concluent souvent en utilisant des méthodes empiriques inexactes. Par exemple :
– l'équipe gagnante est celle qui a le moins de zéros ou celle qui a le plus de 9 ;
– les coups sont comparés deux par deux et l'on totalise le nombre de sous-parties gagnantes, etc.
Il est donc souvent nécessaire de revenir sur la règle du jeu et de spécifier que l'on prend en compte l'ensemble des coups pour déterminer l'équipe gagnante. Les enfants seront donc amenés à comparer des écritures du genre :

Pour cela, il faut qu'ils relient les nombres identiques, puis qu'ils comparent les termes restants en les regroupant deux à deux ou en les décomposant. Ici, l'équipe 1 a gagné.
Ce type de résultat risque de conforter les enfants dont l'argument est : « La gagnante est l'équipe qui a le moins de zéros ».
Pour remédier à cela, il est nécessaire de faire une rétroaction avec des parties fictives dans lesquelles le gagnant est celui qui a obtenu le plus de zéros, comme cela :

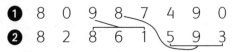

Proposer aussi des parties où il y a le même nombre de zéros.

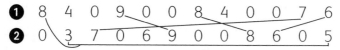

Prolongement

Qui a gagné ?
Reprendre le même type de jeu en faisant, cette fois, lancer des dés à 10 faces.
Mettre les enfants par équipes de 6 ou 7. Chacun lance deux fois un dé à 10 faces et note les 2 nombres obtenus sur une bande de papier. Faire des matches entre deux équipes, comme précédemment.
L'avantage de ce jeu est qu'il peut être pratiqué en classe. La préparation du matériel est simple.

ACTIVITÉ 39

Les écritures additives. Cycle 2 (CP)

La plupart de ces activités sont à faire en parallèle avec celles concernant l'acquisition des nombres.
Elle nécessite l'affichage dans la classe d'une bande numérique.

Objectif : amener les enfants à produire des écritures additives, puis à les simplifier et à les comparer.

Matériel
– Donner aux enfants une collection d'objets identiques. Ne pas prendre des objets trop petits. Le cardinal de la collection doit être suffisamment grand pour que les enfants ne puissent pas dénombrer les objets en les comptant un à un. Choisir entre 70 et 100 objets environ. En effet, même si cela n'a pas été travaillé en classe, les enfants de CP maîtrisent souvent la comptine orale jusqu'à 69.
– Une grande feuille de papier et des gros feutres.

Déroulement de l'activité

Étape 1

Les enfants sont par groupes de 4. Chaque groupe a un nombre d'objets différent.
Ils doivent écrire le nombre d'objets de la collection sous forme de somme. On ne leur donne pas nécessairement le signe +. On peut se contenter de nombres écrits sous les différents tas réalisés. Ils ne doivent utiliser que des nombres dont ils connaissent l'écriture.
En général, les enfants commencent à compter un à un les objets, mais, si l'on a pris la précaution de choisir un nombre suffisamment grand, ils cherchent une autre méthode. Le plus souvent, ils font des petits tas qu'ils disposent sur la feuille et écrivent en dessous le nombre d'éléments de ces petites collections. Ils font rarement des tas égaux et, de plus, ils

n'utilisent pas à plein leurs connaissances. Par exemple, s'ils savent écrire les nombres jusqu'à 7, ils feront des paquets dont le cardinal sera inférieur ou égal à 7.

Lorsque ce travail est terminé, demander aux enfants d'enlever les objets de la feuille, puis de l'afficher au tableau.

C'est au moment de la mise en commun que l'on introduira le signe +, si cela n'a pas été fait avant.

À partir de ces productions, travailler la simplification d'écritures additives. Les enfants auront produit des écritures du genre : 1 + 3 + 5 + 2 + 4 + 3 + 1 + 2 + 3 + 4 + 5 + 5...

L'objectif sera, maintenant, de réduire la taille de ces écritures peu pratiques à utiliser. Proposer aux enfants de regrouper des petits tas tels que 1 et 2, 2 et 3, etc. Ces premiers résultats constitueront un début de répertoire additif. Ils seront stockés, sur une grande affiche, dans la classe, et notés sur le dictionnaire de nombres des élèves.

Étape 2

Demander aux élèves de deux groupes différents, de comparer les nombres d'objets de leur collection. Procéder comme dans l'activité 38 pour aider les élèves dans leur comparaison.

3) Entraînement

Coloriage. Cycle 2 (GS, CP, CE1)

Objectif : calcul rapide de sommes simples, par exemple des décompositions de 5 et de 10.

Matériel : proposer aux enfants des dessins à colorier avec un code-couleurs. Par exemple, 10 en vert, 5 en rouge, etc. Les cases à colorier contiendront des sommes à effectuer. Il faudra respecter le code.

Collier de perles. Cycle 2 (GS, CP, CE1 et au-delà)

Objectif : calcul mental pour des sommes dont le résultat est inférieur ou égal à 25, compléments à 5 et 10.

Matériel

Un collier de perles constitué ainsi :
– 10 perles rouges (5 claires et 5 foncées ou aussi 5 rondes et 5 cubiques) ;
– 10 perles vertes (5 claires et 5 foncées ou aussi 5 rondes et 5 cubiques) ;
– 5 perles jaunes[26].

---

26. Sur une idée de I. Weinzweig de l'Université de l'Illinois à Chicago.

Les trois couleurs doivent être bien différentes les unes des autres, de façon à favoriser la visualisation de la dizaine. Les perles seront assez grosses (au moins 1 cm de diamètre) et enfilées de façon à pouvoir coulisser facilement sur une tige semi-rigide, fermée aux deux extrémités.

Déroulement de l'activité
– Laisser les élèves prendre possession du matériel, puis faire une mise en commun de leurs remarques : composition du collier, nombre de perles d'une couleur, etc.
On tient le collier de façon à manipuler, en premier, les 10 perles d'une même couleur (à droite ou à gauche, suivant que l'on est droitier ou gaucher).
– Proposer aux élèves de marquer les nombres 6, 7, 8, 9, 12, etc. sur le collier. À chaque fois, faire exprimer par les enfants ce que l'on voit. Par exemple : $7 = 5 + 2$; $8 = 5 + 3$; $9 = 5 + 4$; $12 = 10 + 2$, etc.
Ceci servira à compléter le tableau de décomposition. On mettra en relief toutes les décompositions contenant 5 et tous les compléments à 10.
– Faire ensuite des exercices pour représenter, le plus vite possible, les nombres compris entre 5 et 10 (et inférieurs à 5 également). Faire chaque fois formuler les méthodes qui ont permis cet affichage rapide (*exemple* : $9 = 5 + 4$ ou $9 = 10 - 1$).
Même si les enfants n'ont pas appris la soustraction explicitement en classe, ils savent reculer de 1 ou plus, à partir d'un nombre donné, surtout si l'on a travaillé la comptine orale à l'envers, à partir de n'importe quel nombre, ou s'ils s'aident d'un support matériel (bande numérique, par exemple).
– Travailler ensuite des sommes dont les résultats sont inférieurs à 25, en insistant sur les compléments à 10.
Exemple : $7 + 8 = 5 + 2 + 3 + 5 = 15$
La réponse est immédiate avec le collier de perles car il permet de mettre en évidence les décompositions écrites ci-dessus. Cela permet aux élèves d'avoir une image mentale de la décomposition de nombres inférieurs à 10, en fonction de 5, ou par rapport à 10. La manipulation favorise la mémorisation. Si on le juge utile, agrandir ou rétrécir le collier de perles.
Pour travailler les compléments à 10, il est aussi très important d'utiliser les doigts des mains et tout autre matériel mettant en évidence les groupements 5 et 10[27].

Jeu de l'« avale tout ». Cycle 2 (CP, CE1)

Objectif : travailler la décomposition de nombres inférieurs à 11 et l'addition de nombres dont la somme est 11 au maximum.
Remarque : ce jeu va permettre de stocker, pour la classe, des décompositions additives des nombres inférieurs ou égaux à 11.

ACTIVITÉ 42

---

27 R. Brissiaud, *Comment les enfants apprennent à calculer*, Retz

Matériel : on peut reprendre les cartes du « jeu du 11 » en ne gardant, dans chaque série, que les cartes jusqu'à 11. Le jeu se compose donc de 44 cartes de quatre couleurs différentes au recto, par exemple bleu, rouge, vert, jaune, et identiques au verso.

– une bande numérotée de 1 à 30 de chaque côté, comme suit :

1 2 3 4 5 6 7 8 9 10 11 12 13 14 15 16 17 18 19 20 21 22 23 24 25 26 27 28 29 30

BLEU	ROUGE
JAUNE	VERT

1 2 3 4 5 6 7 8 9 10 11 12 13 14 15 16 17 18 19 20 21 22 23 24 25 26 27 28 29 30

– un pion par équipe pour marquer les points sur la bande ;
– un pion pour indiquer la couleur forte.
Distribution des cartes (pour 4 joueurs).
On distribue toutes les cartes.
Faire deux équipes de deux joueurs chacune. Avant de commencer la distribution, vérifier que dans les quatre dernières cartes du paquet, il n'y a pas plus de deux cartes de même valeur, sinon battre à nouveau les cartes jusqu'à ce que cela ne se reproduise plus. Puis étaler ces quatre dernières cartes sur la table, face visible. Distribuer ensuite les cartes deux par deux à chaque joueur.
Pour la première partie, décider d'une couleur forte qui changera à chaque nouvelle partie (le pion est déplacé dans le sens des aiguilles d'une montre sur les cases colorées de la bande numérique).

Règle du jeu

Il faut ramasser un maximum de cartes en tenant compte de la couleur forte. Si un joueur possède une carte dont la valeur est égale à celle d'une carte exposée ou à la somme de plusieurs cartes exposées, il montre cette carte et ramasse, avec elle, la ou les cartes correspondantes.
S'il ne peut pas jouer, il pose obligatoirement l'une de ses cartes sur la table, à côté de celles déjà étalées, face visible. C'est le tour du joueur suivant qui fait de même et ramasse les cartes sur la table, dans les mêmes conditions.
Il peut donc y avoir plus de quatre cartes exposées sur la table.
Un seul joueur par équipe regroupe les cartes de l'équipe.
Si un joueur ramasse en un seul coup toutes les cartes exposées, il dit « j'avale tout » et marque immédiatement 1 point (inscrit sur la bande numérique).
Il n'y a donc plus de carte exposée. Le joueur suivant doit alors obligatoirement poser une carte sur la table qui pourra à son tour être ramassée par le troisième joueur, lui permettant de marquer à nouveau un « avale tout ».
Exemple : sur la table, 8, 5, 2, 1.
Si un joueur met un 8, il ne peut ramasser que le 8 de la table avec le sien.
S'il met un 11, il peut prendre le 8, 2, 1 d'un seul coup car aucun 11 ne figure sur la table.

Autre exemple : sur la table, 2, 1, 3, 4.
Un joueur montre un 10, il peut alors ramasser les quatre cartes en plus de la sienne et marquer un « avale tout ».

Dernier coup d'une partie
Trois solutions possibles :
– Le joueur qui montre sa dernière carte ramasse tout. Il marque un « super avale tout » qui vaut 3 points.
– Le joueur qui montre sa dernière carte ne ramasse pas toutes les cartes. Il ne marque pas d'« avale tout ». Le jeu se termine, mais l'équipe prend aussi les cartes restant sur le tapis et les compte dans ses plis.
– Le dernier joueur ne peut pas jouer. Il pose sa dernière carte sur la table, et toutes les cartes étalées sont exclues de la marque.
Le jeu se joue en plusieurs parties. L'équipe qui atteint, la première, 30 points a gagné. Ne pas oublier de changer de couleur forte à chaque partie.

Marquer des points en fin de partie
– Si une équipe possède 6 cartes de la couleur forte, elle marque 1, et on rajoute un point par carte supplémentaire de la couleur forte au-delà de 6.
On peut faire plusieurs arrêts sur image afin d'emmagasiner les décompositions trouvées par les enfants. On peut aussi désigner un secrétaire-arbitre par table qui vérifiera les décompositions et prendra soin de les noter afin de les utiliser quand toutes les parties seront terminées.
Prévoir alors à cet effet, un mémoire de jeu comme indiquée ci-dessous.

Valeur de la carte du jeu	Valeurs des cartes prises sur la table

Ces mémoires de jeu pourront servir de vérification pour le professeur et être utilisées pour de futures rétroactions.

4) Technique de l'addition dans l'ensemble des entiers naturels

Additions avec abaques. Cycle 2 (CP-CE1)

Objectif : apprentissage de la technique écrite de l'addition. Ceci se fera plutôt en CP puis en CE1.

Prérequis
– Connaître les compléments à 5 et 10.
– Avoir travaillé les jeux d'échange en base dix.
– Avoir déjà manipulé un abaque pour placer des nombres, c'est-à-dire savoir que l'on ne dépasse pas 9 à chaque ordre.
On exposera ici seulement la technique du calcul de l'addition avec retenue, le reste allant de soi.

Laisser les enfants chercher comment réaliser les différents calculs. La technique indiquée ici est fournie pour le maître. Il ne s'agit pas de la donner telle quelle au enfants, mais de les amener à la découvrir, petit à petit.

Soit à calculer 16 + 17

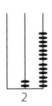

    1   2   3

1. Écrire 16 à l'abaque.
2. Ajouter 17, c'est-à-dire mettre une boule sur la tige dizaine et 7 boules sur la tige unité.
3. échanger 10 boules de la colonne unité contre une boule de la colonne dizaine. Lire le résultat 33.
La technique écrite sera présentée en parallèle à l'utilisation de l'abaque :

  1 ◄──── l'échange 10 contre 1 à l'abaque est symbolisé par la retenue placée ici.
  16
+ 17
──────
  33

Au cycle 3, on pourra proposer de reprendre un travail sur l'addition à partir de textes historiques (Cf. Françoise Cerquetti-Aberkane et Annie Rodriguez, *Faire des mathématiques avec des images et des manuscrits historiques du cours moyen au collège*, CNDP de Créteil, 2002).

ACTIVITÉ 44

Addition avec différents bouliers (cycle 3)

Les bouliers
Pour compléter ce travail, utiliser les bouliers décimaux (au CP et au-delà), chinois (au CE1 et au-delà) ou japonais (au cycle 3) pour écrire des nombres et aborder les techniques opératoires.
Si l'on veut travailler les opérations au boulier chinois ou japonais, il est nécessaire de prévoir une séance au cours de laquelle les élèves devront découvrir comment fonctionnent ces deux types de bouliers.
Proposer des situations ouvertes pour que les enfants découvrent seuls leur utilisation et leur maniement (Cf. *Les Maths ont une histoire, activités au cycle 3*, Hachette, 1997).

Matériel

Boulier chinois

Boulier japonais

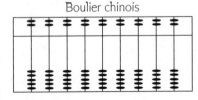 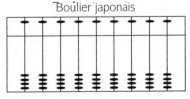

Dans les deux cas, les boules du haut valent 5 et celles du bas 1. L'affichage est positionnel et se fait de part et d'autre de la barre centrale. Au repos, les boules 5 sont en haut, les boules 1 en bas.

Faire afficher :

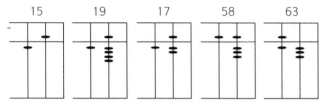

| 15 | 19 | 17 | 58 | 63 |

Si l'on n'a pas de boulier chinois ou japonais, on peut fabriquer des abaques de type chinois ou japonais ainsi :

Abaque chinois   Abaque japonais

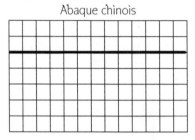 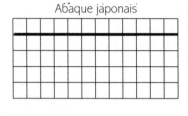

Les pions posés au-dessus du trait épais valent 5, ceux posés en dessous valent 1.

Étape I : au boulier décimal ou à l'abaque à 9 cases. (Cycle 3)

Objectif : travail sur la technique opératoire de l'addition.

Matériel : un boulier décimal pour deux élèves. Veiller à ce que toutes les tiges comportent des boules de la même couleur.

Déroulement : demande aux élèves de chercher comment effectuer l'opération 16 + 17 au boulier. Après un temps de recherche, mettre en commun les propositions. Les élèves proposent souvent la méthode :

| 1 | 2 | 3 |

1. Écrire 16 au boulier.
2. Ajouter 1 dizaine et 4 unités.
3. Faire l'échange de 10 unités contre 1 boule dizaine et, enfin, ajouter les 3 dernières unités. Lire le résultat 33.

Demander ensuite de chercher comment faire le calcul en déplaçant le moins de boules possibles, tout en ne surchargeant pas sa mémoire.

Les élèves peuvent trouver la méthode suivante qui est d'ailleurs celle qu'utilisent les calculateurs au boulier, en Russie par exemple.

| 1 | 2 | 3 |

1. Écrire 16.

2. Comme on ne peut pas ajouter directement 17, ajouter 2 dizaines.

3. Comme on a ajouté 3 unités de plus que ce que l'on voulait, on les retire de la colonne unité. Lire le résultat 33.

Pour aider les élèves à découvrir cette méthode, leur demander de comparer directement l'étape 1 et l'étape 3 (première méthode). Il y a 3 unités de moins et 2 dizaines de plus. Donc, pour ajouter 17, on ajoute 20 et on retire 3.

On peut utiliser la même méthode de calcul si l'on se sert des abaques en carton avec, au verso, neuf cases dessinées comme ceci (abaque à 9 places) :

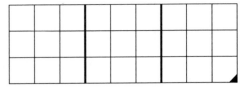

La règle est alors la suivante : on ne peut pas dépasser 9 dans chaque partie de l'abaque. On raisonne, comme précédemment, avec le boulier décimal.

Certains enfants s'obstinent à commencer les calculs par la gauche à l'écrit et se trompent, faute de connaître la méthode efficace pour les mener à bien. Le boulier peut leur permettre de réussir les calculs écrits commencés par la gauche.

$$
\begin{array}{r}
25 \\
+\ 37 \\
\hline
\end{array}
$$

1. $\not{8}3$
2.   63

Technique écrite

$$
\begin{array}{r}
1 \\
16 \\
+\ 17 \\
\hline
33
\end{array}
$$

On peut décomposer 6 et 7 en fonction de 5 et l'on a directement 5 + 1 et 5 + 2, soit 10 + 3, d'où le résultat 33.

Cette technique écrite permet de mémoriser très peu de résultats et facilite le calcul. On peut aussi utiliser le complément à 10, à partir d'un des deux nombres.

Exemple : 6 + 7 = (6 + 4) + 3 = 13 ou 6 + 7 = (7 + 3) + 3 = 13 ou 6 + 7 = (6 + 10) − 3 = 13

On a intérêt à développer ce type d'habitude si l'on veut aider les enfants à calculer vite et bien.

Étape 2 : au boulier chinois. (Cycle 3)

Procéder comme dans l'étape 1.
Faire chercher comment calculer 16 + 17. Cela donne :

écrire 16	ajouter 17	échanger

Ce boulier permet de visualiser l'échange 5 + 5 d'un ordre, contre 1 de l'ordre juste supérieur.
Lire le résultat 33
Pour simplifier la lecture, on a entouré les boules qui ont bougé.

Étape 3 : au boulier japonais. (Cycle 3)

Procéder comme dans l'étape 1.
Faire chercher comment calculer 16 + 17. Cela donne :

		enlever 3 unités (soit enlever 5 et ajouter 2)
écrire 16	ajouter 17	
		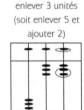

Avec ce boulier, on ne visualise plus l'échange et l'on est obligé de procéder par complémentarité à 10 et 5. Le boulier japonais est plus difficile d'utilisation.

Aux bouliers, les calculs se commencent toujours par la gauche. On peut très bien en faire autant par écrit. On sera alors obligé de raturer davantage.

Pour simplifier la lecture on a entouré les boules qui ont bougé.

5) Additions à trous

Jeu du magicien. (CP-CE1)

Objectif : travailler l'addition à trou et mémoriser des sommes simples.

Matériel : un dé à 6 faces par groupe de 2, puis à 10 faces, puis à 12 faces, puis à 20 faces (on en trouve dans les boutiques de jeu de rôle et dans les boutiques de matériel pédagogique. Vérifier toutefois qu'ils sont bien faits comme indiqué ci-dessous). Un gros dé à 6 faces pour le maître. Une feuille par groupe sur laquelle on aura préparé deux colonnes et 6 lignes à remplir :

Valeur de la face visible	Valeur de la face cachée en dessous

Déroulement

Demander aux élèves de lancer le dé à 6 faces (puis à 10 et 12 faces plus tard voir 20 faces) et de trouver la valeur de la face cachée au-dessous.
Au départ, il s'agit de lancer le dé et d'observer la valeur de la face cachée. Lors de la synthèse, faire observer la relation qui lie les deux nombres d'une même ligne du tableau. La somme de la face visible et de la face cachée est 7 pour un dé à 6 faces, 9 pour un dé à 10 faces, 13 pour le dé à 12 faces, et 21 pour le dé à 20 faces.
Ensuite le maître lance le dé à 6 faces (puis les autres plus tard après avoir fait le même travail). Il annonce la valeur de la face visible, il écrit, sous la dictée des élèves, l'addition à trous à compléter (par exemple 4 + ? = 7) et il demande aux élèves d'écrire, sur leur ardoise, la valeur de la face cachée, en utilisant l'égalité ci-dessus.

Jouer avec l'égalité (CP-CE1)

Objectif : préparation à la soustraction et maîtrise de la notion d'égalité,

Déroulement de l'activité : proposer de compléter des égalités du genre $8 + \boxed{?} = \boxed{?}$ pour qu'elles soient vraies. Ici, l'enfant a le choix. On aura intérêt à faire lire l'égalité et formuler autrement ce qu'il faut chercher afin de s'assurer que les enfants ont compris ce qu'ils doivent faire.
Bien attirer leur attention sur ce qu'est une égalité. On peut comparer les deux membres d'une égalité aux plateaux d'une balance imaginaire. Il y a égalité quand les deux plateaux sont en équilibre, c'est-à-dire quand il y a le même nombre sur chaque plateau.

Faire compléter ensuite des égalités du type :

$\triangle ? + 3 = 7$

$6 + \boxed{?} = 10$

Si l'on commence directement par cette activité, les enfants écrivent le plus souvent le résultat de l'addition des deux nombres dans la case vide. Si l'on a pris la précaution de commencer par l'exercice vu plus haut, on a focalisé davantage l'attention des enfants sur les propriétés de l'égalité, et non sur les nombres. Là encore, faire lire et exprimer autrement ce qu'ils doivent chercher.

Soustraction et distance

Soustraction

Définition

L'opération qui, à tout couple de nombres (a, b), associe la différence (a − b) s'appelle la soustraction. Dans l'ensemble des entiers naturels, cette différence n'existe que si a ≥ b. Si a = b, la différence est nulle.

La différence est le résultat, quand il existe, de l'opération soustraction. (a, b) → (a − b) (différence de a et de b)

Dans la vie courante, le mot différence a une tout autre signification. On parle de différence d'âge. En ce cas, il s'agit plutôt d'une distance car elle n'est pas orientée.

On parle de différence entre deux objets, c'est-à-dire de signes extérieurs qui les distinguent. On dira que deux objets identiques n'ont pas de différence, alors qu'en mathématiques, deux nombres égaux auront une différence nulle.

Préciser, à chaque fois que cela se rencontrera, la signification d'un mot employé avec des sens différents en mathématiques et en français.

Propriétés

La soustraction, dans l'ensemble des entiers naturels $\mathbb{N}$ (0 ; 1 ; 2 ; 3 ; ...), n'est ni commutative, ni associative.

Comme il a été indiqué dans le chapitre sur l'addition (p. 92), montrer à cette occasion les différences de propriétés entre l'addition et la soustraction.

Distance

Définition

On appelle distance sur un ensemble E quelconque (cela peut être l'ensemble des entiers naturels $\mathbb{N}$, mais ce n'est pas obligatoire), une application d qui, à tout couple (x, y) de E × E, associe un nombre réel positif unique, vérifiant les trois propriétés suivantes :
$$d : E \times E \to \mathbb{R}^+$$

Pour tout couple (x, y) de E × E :
1. $d(x, y) = 0 \iff x = y$
2. $d(x, y) = d(y, x)$
3. pour tout (x, y, z) de E^3, on a $d(x, y) + d(y, z) \geqslant d(x, z)$

La soustraction n'est pas une distance car elle ne vérifie pas la deuxième propriété. Toutefois, elle en est très proche et, de ce fait, on pourra l'introduire à partir des distances (différence non orientée).

Comme pour la différence, on retrouve le même problème au niveau du langage. On parle de distance entre Paris et Lyon, alors que, du point de vue mathématique, il ne s'agit absolument pas d'une distance.

Pour définir une distance entre les nombres rangés à la suite, il n'est pas nécessaire de partir d'un support rectiligne, ni même d'une disposition spatiale régulière.

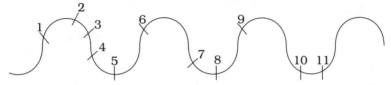

La distance entre deux nombres x et y est égale au nombre de frontières à franchir pour aller de x à y.

Notation : $d(12 ; 18) = 6$ $d(24 ; 17) = 7$

Propriétés des distances

✓ Conservation des distances par translation

Pour tout couple (a, b) de $\mathbb{N} \times \mathbb{N}$ et pour tout n de $\mathbb{N}$, on a :
$d(a, b) = d((a + n) ; (b + n))$
Pour n < a et n < b, on a aussi :
$d(a, b) = d((a - n) ; (b - n))$

Exemple : deux frères A et B avaient 4 ans de différence en 1998. En 2008, ils auront toujours 4 ans de différence.
$d(A, B) = 4$
$d(A + 10 ; B + 10) = 4$

✓ Addition des distances

Pour tout nombre $a \leqslant b \leqslant c$:
$d(a, c) = d(a, b) + d(b, c)$

Exemple : soit trois frères A, B, C. A est le plus jeune, B le cadet, C l'aîné. Si A et B ont 3 ans de différence et si B et C ont 4 ans de différence, alors A et C ont 3 + 4 = 7 ans de différence.

Les activités qui suivent sont destinées à introduire la différence à partir des distances et tendent à préparer les élèves à la notion de soustraction ainsi qu'à la technique opératoire avec retenue, en évitant les problèmes avec des *habillages* qui perturbent beaucoup les élèves en difficulté.

✓ Les deux techniques opératoires

• **Technique française**

Notre technique traditionnelle française repose sur la conservation des distances par une translation de 10. Mais il y a un gros problème de notation qui crée bien des difficultés pour beaucoup d'élèves.

Exemple :

$$\begin{array}{r} 7_12 \\ -\,_12\,4 \\ \hline 4\,8 \end{array}$$

En effet, on ajoute 10 aux unités, mais on écrit 1 devant le 2 qui se lit alors douze. On ajoute une dizaine au chiffre des dizaines et, cette fois, le 1 devant l'autre 2 se lit 1 + 2 = 3. Dans le premier cas, la notation est positionnelle et, dans le deuxième cas, elle est additive.

Éviter cette technique pour les élèves en difficulté. En effet, un élève en difficulté a beaucoup de mal à comprendre ces subtilités. De plus, au moment où les élèves auront à effectuer des opérations avec les durées, ils feront exactement la même chose, sans comprendre. Cela donne des erreurs du genre :

1 ◄── retenue			*au lieu de*	↗ 60		
1h	17 min	13 s		1̶h̶	17 min	13 s
− 1	43 min	10 s		−	43 min	10 s
	74 min	3 s			34 min	3 s

• **Technique anglo-saxonne**

Elle repose sur le principe d'échange et de « cassage de la dizaine, de la centaine, etc. »

$$\begin{array}{r} 6\!\!\!\!\diagdown\,7\,12 \\ -\,2\,4 \\ \hline 4\,8 \end{array}$$

On ne peut pas enlever 4 à 2, donc on enlève une dizaine à 7 et on l'échange contre dix unités. On a alors douze unités et 6 dizaines. On enlève 4 unités à 12 unités et on a alors 8 unités, puis 2 dizaines à 6 dizaines et on a alors 4 dizaines.

Cette technique est directement en rapport avec l'utilisation de l'abaque ou du boulier, comme on le verra plus loin. De plus, elle est utilisable, quelles que soient les unités (même non décimales) qu'on doit additionner, par exemple pour les unités de durée (*cf. Les Maths ont une histoire, activités au cycle 3*, Hachette, 1997).

Activités sur la soustraction

1) Progression sur la soustraction

Le robot, Cycle 2, (CE1, CE2)

Étape 1

Objectif : prendre conscience de la notion de distance et de ce que sont des distances équivalentes.

Matériel
– Une bande graduée de 0 à 20, posée sur le sol du couloir ou du préau. Les cases doivent mesurer entre 20 et 30 cm de longueur.
– Une bande numérique pour les enfants.
– Par exemple, 12 morceaux de carton léger de 21 × 14 cm (les plastifier pour pouvoir y écrire au feutre) pour noter les messages et servir à l'affichage, lors de la synthèse (voir liste ci-dessous).
– Feutre effaçable.

Déroulement de l'activité
– Les élèves sont par groupes de 2 : un robot et un pilote de robot. Chaque groupe reçoit un message du type d(3 ; 5) (distance de la case 3 à la case 5).
Demander aux élèves de programmer le robot pour qu'il aille de la case 3 à la case 5.
– Faire faire une démonstration devant la classe. Préciser, si cela n'a pas été fait dans les activités précédentes, que l'on compte un pas lorsque l'on franchit la frontière entre 2 cases.
Le robot ne peut qu'avancer. S'il doit aller de la case 9 à la case 5, on le mettra sur la case 9, mais tourné face à la case 5.
– Demander aux enfants de rédiger les messages qu'ils vont donner au robot, puis les leur faire valider en effectuant la programmation sur la bande au sol.
Exemple : d(3 ; 5) sera « avance de 2 cases ».
– Une fois cela fait, on fera la synthèse en classe. Faire constater que l'on a eu 12 messages différents, mais plusieurs programmations identiques.
– Afficher, en parallèle, les messages de départ et les programmations correspondantes. On aura quelque chose comme ceci :

avance de 3	avance de 5	avance de 8	avance de 9
d(8 ; 5)	d(4 ; 9)	d(7 ; 15)	d(2 ; 11)
d(6 ; 3)	d(7 ; 12)	d(10 ; 18)	d(0 ; 9)
d(4 ; 7)	d(9 ; 4)	d(4 ; 12)	d(14 ; 5)

– Puis remplacer « *avance de n* » par « *distance n* ». Garder le tableau de classement pour la séquence suivante.
Certaines distances sont plus faciles à calculer que d'autres.
C'est le cas de d(0 ; 9), par exemple, où le résultat est immédiat.

D'un message à l'autre (CE1 - CE2)

Étape 2

Objectifs
– Prendre conscience de la conservation des distances par translation.
– Être capable de trouver des distances équivalentes à une distance donnée.

Matériel : 12 autres cartons pour les nouveaux messages à classer.

Déroulement de l'activité
– Reprendre le classement de la séquence précédente et proposer de le compléter en y mettant d'autres messages.
Exemple : d(15 ; 12), d(18 ; 13), d(15 ; 7), d(16 ; 7), d(3 ; 6), d(11 ; 6), d(9 ; 17), d(11 ; 2), d(10 ; 13), d(0 ; 5), d(18 ; 10), d(7 ; 16).
– Une fois ces messages rangés dans les familles déjà créées, faire constater que pour certains messages, le premier nombre est supérieur au deuxième, et que pour d'autres, c'est l'inverse.
– Faire trier les distances à l'intérieur de chaque famille, en d(a, b) telles que a > b, puis en d(a, b) tel que a < b.
– Les faire ranger. Les élèves commencent souvent par la distance pour laquelle le premier nombre est plus petit que le second et vont en ordre croissant par rapport à ce premier nombre. Si ce n'est pas le cas, leur proposer de le faire.
Par exemple, pour la famille « distance 3 », on aura :

d(6 ; 3)   d(3 ; 6)
d(8 ; 5)   d(4 ; 7)
d(15 ; 12)   d(10 ; 13)

– À l'intérieur de chaque sous-famille, faire observer comment on passe d'un message à l'autre, sans calculer l'écart, puis mettre en commun les observations.

Exemple :
d(6 ; 3)
+2 ↓ ↓ +2
d(8 ; 5)

éviter de prendre deux distances où l'écart et le nombre à ajouter aux deux termes sont égaux, afin d'éviter les confusions. On passe du premier au deuxième message en ajoutant un même nombre à chaque terme du couple, et ainsi de suite pour tous les couples.

Conclusion : pour passer d'un élément d'une famille à un autre, il suffit d'ajouter un même nombre à chaque terme du couple.

Chasser l'intrus (CE1 - CE2)

Étape 3

Objectif : contrôler les acquis des élèves.

Différents exercices
– Donner plusieurs distances et demander aux élèves de les classer par famille.

- Donner une distance quelconque et demander d'en trouver d'autres de la même famille.
- Dans une liste de distances appartenant à une famille donnée, chasser l'intrus.

Exemple : d(3 ; 5), d(9 ; 12) , d(6 ; 8), d(13 ; 15)

- Compléter des distances pour qu'elles soient de la même famille.

Exemple : d(4 ; 12), d(... ; 15), d(6 ; ...), d(0 ; ...)

Il y a parfois 2 solutions. Ici, pour d(... ; 15), on a d(7 ; 15) ou d(23 ; 15).

Introduire le signe – (CE1 - CE2)

Étape 5

Objectifs : introduction du signe – et travail sur des soustractions équivalentes.

Le signe – sera introduit comme une convention d'écriture et également comme une simplification.

Exemple pour la famille « distance 7 » :

d(8 ; 1) = d(1 ; 8) = 8 – 1 = 7. On écrit toujours le plus grand nombre – le plus petit.

Cette écriture réalise une économie typographique. On utilise 3 signes au lieu de 6. L'opération s'appelle la soustraction.

Déroulement de l'activité

Proposer ensuite une série de soustractions et demander aux enfants de trouver des soustractions équivalentes.

Exemple : 37 – 29 ; 122 -18

38 – 30 = 37 – 29, mais la première opération est plus facile à calculer que la deuxième.

124 – 20 = 122 – 18, mais là encore, le résultat de la première opération est immédiat, alors qu'il y a un problème de retenue dans la seconde.

---

2) Techniques opératoires

Décomposer des différences (CE1 - CE2)

Étape 6. Les sauts de puce

Objectif : calcul de différences, de façon astucieuse, en les décomposant.

Déroulement de l'activité

Proposer aux élèves de chercher comment calculer des différences du genre = 212 – 64, en se ramenant à plusieurs opérations plus simples.

Ils peuvent s'aider d'un schéma. Par exemple :

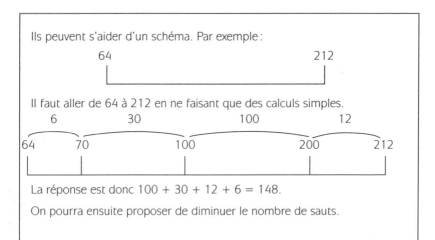

64   212

Il faut aller de 64 à 212 en ne faisant que des calculs simples.

	6	30	100	12

64   70   100   200   212

La réponse est donc 100 + 30 + 12 + 6 = 148.
On pourra ensuite proposer de diminuer le nombre de sauts.

ACTIVITÉ 52

La technique opératoire (CE1-CE2)

Objectif : découverte de la technique opératoire.

Matériel : un abaque à cases ou à tiges pour deux élèves.
L'ardoise pour y écrire les opérations. Un abaque de tableau pour la synthèse.

Déroulement de l'activité : demander aux élèves de chercher, avec l'aide de l'abaque, comment calculer 72 − 37. Ils font souvent comme pour l'addition et commencent par écrire 72 sur l'abaque puis 37, ne se rendant pas compte qu'ils sont en train de faire une addition. Si c'est le cas, arrêter la recherche et demander aux élèves de réfléchir à ce qu'ils viennent de faire. En général, ils prennent conscience qu'ils ont effectué une addition. Demander alors d'écrire 72 à l'abaque et d'enlever 37 de ce nombre, c'est-à-dire enlever 7 unités isolées et 3 dizaines. Cela permet souvent de trouver la solution.

Mettre en commun les propositions des élèves et faire réaliser la manipulation au tableau. La méthode est la suivante :

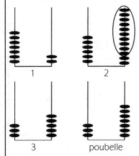

1. Écrire 72 à l'abaque.
2. Enlever 37, c'est-à-dire enlever 7 unités isolées et 3 dizaines.
Comme cela n'est pas possible directement, échanger une dizaine contre 10 unités.
3. Enlever 7 unités isolées et 3 dizaines.
Lire le résultat obtenu 35.
Prendre la précaution de disposer sous l'abaque les jetons enlevés, afin de pouvoir vérifier si l'on ne s'est pas trompé.

Une fois cela fait, proposer la technique écrite suivante :

$$\begin{array}{r} ^{6}\!\not{7}\,2 \\ -3\,7 \\ \hline 3\,5 \end{array}$$

Comme on ne peut pas enlever 7 de 2, on emprunte une dizaine aux 7 dizaines de 72, et on échange cette dizaine contre 10 unités. Il ne reste plus que 6 dizaines (7 barré et écriture du 6) mais on a alors 12 unités (retenue 1 devant le 2) qui permettent d'effectuer le calcul.

On peut reprendre, pour vérifier le calcul, la technique du saut de puce ou des soustractions équivalentes, mais ne pas oublier de faire la preuve de la soustraction en ajoutant le résultat trouvé au nombre à soustraire. Si l'opération est exacte, on doit retrouver le premier nombre de la soustraction.

Remarque : on a commencé les calculs par la droite, mais avec l'abaque on peut tout aussi bien les commencer par la gauche. Lorsqu'il y a un zéro dans le nombre, c'est d'ailleurs plus facile. Pour l'opération 203 – 136, cela donne :

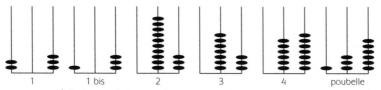

| 1 | 1 bis | 2 | 3 | 4 | poubelle |

1 et 1 bis. Écrire 203 et enlever une centaine, celle de 136.
2. Échanger une centaine contre 10 dizaines.
3. Enlever 3 dizaines.
4. Échanger une dizaine contre 10 unités, puis enlever 6 unités. Lire le résultat 67.

À l'écrit, on a :

$$\begin{array}{r} 2\,0\,3 \\ -1\,3\,6 \\ \hline \end{array}$$

1re étape $\not{1}\,\not{1}$
2e étape   6 7

Transformer toute soustraction à retenue en une soustraction sans retenue (CM1-CM2)

Méthode chinoise

Objectif : travailler sur des soustractions équivalentes et découvrir une méthode de calcul permettant de remplacer facilement toute soustraction à retenue en une soustraction sans retenue.

Déroulement de l'activité :
Demander aux élèves de chercher un moyen de calculer 2 000 – 418 en transformant cette opération en une autre opération équivalente mais qui n'a pas de retenue. Si l'on utilise l'abaque ou la technique écrite précédente, il faut faire énormément de manipulations d'échange ou des

ratures, pour parvenir au résultat. La méthode du saut de puce est gérable, elle servira pour vérifier les calculs.

Les élèves peuvent proposer de remplacer 2 000 – 418 par 2 002 – 420, puis par 2 082 – 500 puis par 2 582 – 1 000. C'est correct mais long et risqué car il faut bien connaître les compléments à 10, 100 et 1 000.

On peut trouver une soustraction équivalente en ajoutant un même nombre aux deux termes de la soustraction mais aussi en soustrayant un même nombre à ces deux termes. En ce cas, si l'on enlève 1 aux deux nombres on a :

2 000 – 418 = 1 999 – 417 et cette fois l'opération n'a pas de retenue.

Proposer ensuite de calculer 523 – 356. En ce cas, la méthode précédente ne convient pas directement. Proposer aux élèves de calculer d'abord 500 – 356 puis de trouver le résultat de 523 – 356. Cela constitue la méthode chinoise.

On procède comme indiqué ci-dessous.

```
    523       500 + 23      499 + 24
  – 356      – 356         – 356
                            143      143 + 24 = 167
```

On trouvera des pistes de travail sur ce type d'activités à partir de manuscrits historiques dans l'ouvrage *Faire des mathématiques avec des images et des manuscrits historiques du cours moyen au collège*, CNDP Créteil, 2002, Françoise Cerquetti-Aberkane et Annie Rodriguez.

ACTIVITÉ 54

Soustraction aux bouliers (Toutes classes du Cycle 3)

étape 1 au boulier décimal

Comme pour l'addition au boulier, laisser les élèves chercher une méthode pour faire le calcul puis demander de trouver le moyen de faire le calcul en bougeant le moins de boules possibles, tout en ne se surchargeant pas la mémoire.

Les élèves trouvent souvent la méthode présentée ci-dessous, qui consiste à utiliser les compléments à 10.

- Calcul au boulier décimal ou à l'abaque à 9 places

Soit à calculer 72 – 37 :

  1   2   3

En commençant par la gauche
1. écrire 72 au boulier. Lecture du nombre en bas du boulier.
2. Enlever 3 dizaines.
3. Pour enlever 7 unités, on enlève une dizaine et l'on ajoute 3 unités.
On a entouré les boules qui ont bougé.

Technique écrite associée :

$$\begin{array}{r} {}^{6}\cancel{7}2 \\ -\ 37 \\ \hline 35 \end{array}$$

Ajouter à 2 ce qui manque à 7 pour faire 10, puis enlever 1 dizaine de plus au 2e ordre, soit $(3 + 1)$ dizaines à enlever au total.

Étape 2 au boulier chinois et japonais

Soit à calculer 72 – 38 =

Comme dans l'étape 1, laisser les élèves chercher une méthode de calcul puis leur demander d'expliquer comment ils ont fait lors de la synthèse. La méthode utilisée par les calculateurs au boulier est la suivante :

– Calcul au boulier chinois et japonais (Cycle 3)

On ne dessinera que les bouliers japonais. Pour les bouliers chinois, rajouter sur les dessins une boule 5 en haut et une boule 1 en bas. Elles n'interviennent, en fait, que dans les calculs intermédiaires.

1   2   3

1. Écrire 72.
2. Enlever 3 dizaines, c'est-à-dire enlever 5 dizaines et ajouter 2 dizaines.
3. Enlever 7 unités, c'est-à-dire enlever 1 dizaine et ajouter 3 unités $(5 - 2)$.
4. Lire le résultat 35.

On a entouré les boules qui ont bougé.

Le principe et de bouger le moins de boules pour aller le plus vite possible. Cela paraît très compliqué, mais pour faire les additions et les soustractions aux bouliers chinois et japonais, il y a, en fait, très peu de prérequis. Il suffit de connaître les compléments à 10 (il y en a 5 différents) et les compléments à 5 (il y en a 2 différents). Ce qui est beaucoup moins que ce que nous avons besoin de savoir pour faire un calcul écrit traditionnel. Avec un boulier décimal, il faut seulement se souvenir des compléments à 10.

Pour étendre la technique du boulier décimal à l'écrit, il faut ajouter quelques prérequis. Il faut savoir, en plus, additionner ou soustraire deux nombres dont la somme ou la différence est inférieure ou égale à 9.

Malgré tout, la quantité de résultats à mémoriser est bien inférieure à celle nécessaire au calcul traditionnel.

La technique au boulier est une aide excellente pour les enfants ayant du mal à retenir les tables d'addition et de soustraction.

3) Petits problèmes

Petits problèmes additifs et soustractifs (CP-CE1)

La boîte à compter (inspirée de *Apprentissages numériques au CP*, Ermel, Hatier, 1994).
Dans un problème, il y a : une situation de départ connue ou non, une transformation connue ou non, une situation d'arrivée connue ou non. Cette activité permet de chercher l'un de ces paramètres connaissant les deux autres.

Objectifs : donner du sens aux écritures mathématiques et en particulier aux signes +, – et =. Résoudre des petits problèmes additifs variés.

Matériel du maître : une boîte non transparente, des jetons, une ardoise pour les élèves.

Étape 1 : recherche de la situation finale

On connaît la situation initiale et la transformation, on cherche la situation finale.

Déroulement de l'activité : il s'agit d'une activité rituelle qu'on pourra pratiquer dès le début de l'année. La taille des nombres varie en fonction des apprentissages.
Le maître annonce le nombre de jetons qu'il met dans la boîte, d'un seul coup, sans les compter un à un. Il est important de ne pas compter les éléments un à un afin que les élèves mémorisent la quantité globalement et puissent plus facilement mettre en place un surcomptage pour résoudre le problème. Il ajoute ou enlève un nombre de jetons également connu des élèves. Il demande d'écrire sur l'ardoise l'opération correspondant à la manipulation, ainsi que le résultat de cette opération. Au début, il est souhaitable que l'enseignant écrive, sous la dictée des élèves, l'opération souhaitée, en indiquant par un point d'interrogation ce que l'on cherche.
Exemple : $5 + 4 = ?$ ou $9 - 3 = ?$

Si les élèves ont déjà travaillé la situation du greli-grelot, l'écriture de l'opération devrait être réussie par la plupart des élèves. Veiller à ce que l'écriture des différents signes corresponde effectivement, pour les élèves, à une manipulation.
Après un petit temps de recherche, faire une synthèse des différentes méthodes utilisées, qu'on fera expliciter par les élèves. Beaucoup dessinent les jetons et recomptent la totalité, certains surcomptent ou décomptent également mentalement ou à partir d'un dessin. Pour terminer, ouvrir la boîte et faire compter, par un élève, le nombre de jetons présents.
Faire réfléchir les élèves sur les différentes méthodes et après quelques exercices, mettre en place la méthode du surcomptage ou du décomptage et la faire noter dans le cahier.

Certains élèves font souvent une erreur de 1 dans le surcomptage ou dans le décomptage, comptant la borne. Exemple : 5 + 4, « je mets 5 dans ma tête et j'ajoute 4 » : cela donne en surcomptant 5, 6, 7, 8, d'où l'erreur de 1. Il est donc important de faire noter cela. Un pion se déplaçant sur une bande numérique peut être une aide dans cette activité.

Étape 2 : recherche de la transformation

On connaît la situation initiale et la situation finale, il s'agit de trouver la transformation.

On procède comme précédemment. Le maître met dans la boîte un nombre de jetons connu des élèves, il enlève ou ajoute un nombre de jetons inconnu des élèves. Il ouvre la boîte et fait compter par un élève le nombre de jetons présents à l'intérieur.

Les élèves doivent écrire l'opération sur leur ardoise et indiquer le nombre de jetons enlevés ou ajoutés. L'enseignant écrit, sous la dictée des élèves, l'opération souhaitée.

Cela donne : 5 + ? = 7 ou 8 – ? = 4 par exemple.

Lors de la synthèse, mettre en commun les différentes méthodes proposées par les élèves.

Terminer par une trace écrite concernant la ou les méthodes les plus efficaces dans cette situation.

Étape 3 : recherche de la situation initiale (cette troisième étape est nettement plus difficile que les deux autres)

On connaît la transformation et la situation finale, il s'agit de trouver la situation initiale.

Le maître met dans la boîte un nombre de jetons inconnu des élèves, il enlève ou ajoute un nombre de jetons connu des élèves. Il ouvre la boîte et fait compter par un élève le nombre de jetons présents à l'intérieur.

Les élèves doivent écrire l'opération sur leur ardoise et indiquer le nombre de jetons présents dans la boîte au début. L'enseignant écrit, sous la dictée des élèves, l'opération. Cela donne : ? + 5 = 10 ou ? – 2 = 4 par exemple.

Lors de la synthèse, en faisant la manipulation inverse, on peut expliquer ou faire expliquer par un élève le raisonnement utilisé pour résoudre le problème. « *Il reste 4 jetons dans la boîte, j'en ai enlevé 2, donc ces 2 jetons étaient dans la boîte au début avec les 4 qui restent. Dans la boîte il y avait donc 6 jetons au début.* »

Quand on aura travaillé la technique opératoire de l'addition et de la soustraction, on pourra proposer des nombres beaucoup plus grands, avec le même matériel. Cela permet aux élèves de donner du sens aux différentes situations additives et soustractives qu'ils rencontrent dans les problèmes. Cette fois, la technique opératoire est une réponse adaptée quand les nombres deviennent plus grands, le schéma et le surcomptage n'étant plus gérables.

Jeux de calcul mental (CEl-CE2 et au-delà, si nécessaire)

On peut fabriquer des jeux de cartes avec des différences, et faire avec les jeux suivants :

• Jeu de bataille (les cartes contiendront des différences non effectuées).

• Jeu de mariage (différences non effectuées et résultat des différences sur d'autres cartes). Il s'agit de faire des mariages avec deux différences équivalentes ou une différence et son résultat.

• Jeu de loto avec des plaques contenant des différences effectuées ou pas, et des pions avec les résultats ou les opérations.

Exemple :

35 – 17	24 – 18	12 - 5
32	etc.	45 – 27
etc.	7	0

pions :

6	18	7

12 – 5	43 – 43

• Jeu de dés. Prendre deux dés à 20 faces ou plus, numérotés de 1 à 20 ou plus. Les lancer et calculer l'écart entre les deux dés. Le gagnant est celui qui, en un nombre de coups donnés, aura dit le plus grand nombre de résultats exacts.

Si les élèves jouent seuls, prévoir des mémoires de jeu.

Pour la bataille et pour le mariage, ce pourra être tout simplement les cartes du jeu collées avec de la gomme fixe sur une affiche. Sous chaque pli de bataille, on indique par une croix la carte gagnante.

Pour le loto, on peut fixer sur les plaques les pions avec de la gomme fixe. Le maître les relèvera pour vérification. Il est, en effet, très important que ces activités puissent servir au maître et aux élèves. Exploiter ces résultats en classe entière, par exemple lors de rétroaction : les élèves peuvent ainsi savoir si ce qu'ils ont fait est exact. Cf. *Jouer, c'est très sérieux*, Hachette Éducation, p. 9.

Multiplication

Multiplication dans ℕ

Définition

C'est une loi de composition interne qui, à chaque couple de nombres entiers naturels (a, b), associe un entier naturel, et un seul, appelé produit de a par b.

Pour tout couple (a, b) :

$$\mathbb{N} \times \mathbb{N} \longrightarrow \mathbb{N}$$
$$(a, b) \longmapsto a \times b$$
$$\left.\right\} \text{multiplication}$$

Le produit est un nombre, et non une écriture. Il est unique pour chaque couple, mais peut s'écrire de plusieurs façons équivalentes.

Exemple : $7 \times 9 = 63$; 63 est le produit.

Par abus de langage, on dit souvent : « *soit à calculer le produit de 7 par 9* ». C'est, en fait, une autre écriture du produit 63 qui peut s'écrire ainsi, entre autres :

$$63 = 7 \times 9 = 9 \times 7 = 9 + 9 + 9 + 9 + 9 + 9 + 9 = 7 + 7 + 7 + 7 + 7 + 7 + 7 + 7 + 7$$

Illustration

Rappel historique

Les Grecs liaient le numérique et la géométrie. Pour eux, le produit de deux nombres pouvait être illustré par le calcul de l'aire d'une surface. 4×7 peut représenter l'aire d'un rectangle de 7 sur 4. Cette illustration est valable quels que soient les nombres du produit.

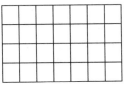

Propriétés

La multiplication est **commutative**. Pour tout couple de nombres entiers naturels (a, b), on a : $a \times b = b \times a$

On ne change pas un produit quand on intervertit l'ordre des facteurs.

La multiplication est **associative**. Quels que soient les trois nombres entiers naturels a, b, c, on a :

$(a \times b) \times c = a \times (b \times c) = a \times b \times c$

Dans une multiplication à plus de 2 termes, on calcule le résultat en effectuant d'abord le produit partiel de 2 nombres quelconques, puis en multipliant ce résultat avec le ou les termes restants.

La multiplication est **distributive** par rapport à l'addition ou la soustraction. Pour tous nombres entiers naturels a, b, c, on a :

$a \times (b + c) = (a \times b) + (a \times c)$

$a \times (b - c) = (a \times b) - (a \times c)$

On distribue a sur chaque terme de l'addition ou de la soustraction.

L'égalité étant symétrique, elle se lit dans les deux sens. On doit pouvoir passer aisément de l'écriture : $(a \times b) + (a \times c)$ à l'écriture $a \times (b + c)$. Cela s'appelle *la factorisation*.

Il est très important, voire essentiel, que les élèves (et le maître) sachent que, quelle que soit la situation-problème utilisée, il est possible de se servir d'une quelconque des 5 écritures du produit présentées ci-dessous pour faire les calculs.

Exemple : calculer le prix de 9 stylos à 4 € .

On peut écrire 4×9 ou 9×4

puis $4 \times 9 = 9 + 9 + 9 + 9$

         $4 \times 9 = 4 + 4 + 4 + 4 + 4 + 4 + 4 + 4 + 4$

         $9 \times 4 = 9 + 9 + 9 + 9$

         $9 \times 4 = 4 + 4 + 4 + 4 + 4 + 4 + 4 + 4 + 4$

L'enfant choisira celle qui est, pour lui, la plus simple pour effectuer les calculs. Le produit n'est pas orienté, même quand il décrit une situation de la vie courante.

Élément neutre

Dans $\mathbb{N}$, la multiplication a un élément neutre qui est 1. Pour tout nombre entier naturel a, on a :

$a \times 1 = 1 \times a = a$

Élément absorbant

Dans $\mathbb{N}$, la multiplication a un élément absorbant qui est zéro. Pour tout nombre entier naturel a, on a :

$a \times 0 = 0 \times a = 0$

Multiplication dans l'ensemble des nombres réels $\mathbb{R}$

Toutes les propriétés définies pour la multiplication dans $\mathbb{N}$ sont valables dans $\mathbb{R}$. La définition donnée dans $\mathbb{N}$ est également valable dans $\mathbb{R}$, mais il n'est plus possible d'écrire le produit sous la forme d'une addition réitérée d'un même nombre. Exemple h : $4,5 \times 7,89$ ne peut pas s'écrire sous forme de somme réitérée. Par contre, on peut toujours représenter le produit par l'aire d'un rectangle de 4,5 sur 7,89. Il en est de même pour un produit de fractions. $\frac{1}{3} \times \frac{3}{4}$ peut être illustré par l'aire de la surface ci-dessous.

On a bien $\frac{1}{3} \times \frac{3}{4} = \frac{3}{12}$

Techniques opératoires

La technique opératoire d'un nombre de deux chiffres par un autre nombre de deux chiffres est au programme du CE2. En CE1, on peut toutefois l'aborder dans des cas simples, en se référant toujours à la découpe du rectangle, en parallèle avec la technique posée.

Technique grecque

Proposer d'utiliser le principe du découpage, puis la méthode du plan de travail appelée aussi technique grecque.

Plan de travail :

Plan de travail

Symbolisé par :

$$\times \begin{matrix} (20 + 7) \\ \bowtie \\ (30 + 4) \end{matrix}$$

explications :
$$\begin{array}{r} 27 \\ 34 \\ \hline 600 \\ 80 \\ 210 \\ 28 \\ \hline 918 \end{array}$$

Cette méthode[28] a l'avantage d'être simple. De plus, le maître peut facilement contrôler le travail de l'élève et repérer les causes d'erreur, s'il y en a. Elle évite tous les problèmes de décalage qui gênent souvent les élèves. Elle permet à chacun de contrôler plus efficacement son travail.

Il est possible, si on le souhaite, d'amener les élèves à utiliser peu à peu la technique habituelle, mais ce n'est pas vraiment une nécessité tant qu'on fait des multiplications de nombres inférieurs à 100. Elle est toutefois plus pratique dès qu'on multiplie de grands nombres car elle nécessite moins de lignes de calcul. Cependant, elle exige une bonne maîtrise du calcul mental.

---

28. Barataud et Brunelle, *Maths en fête, CE1*, Colin Bourrelier, 1984.

Cette technique pourra être présentée aux élèves dès qu'on aura travaillé sur le découpage d'un grand rectangle en rectangles plus petits (activité 63).

On présentera ici deux autres méthodes de multiplication qui permettent de résoudre également le problème du décalage : les méthodes arabe et chinoise.

Méthode arabe

Elle se présente comme un tableau à double entrée. Il suffit d'effectuer les multiplications correspondant à chaque case. Séparer le chiffre des unités de celui des dizaines en traçant la diagonale des cases rectangulaires. Il faut connaître les tables de multiplication. Pour terminer le calcul, additionner respectivement les nombres de chaque ordre en tenant compte des retenues qu'il faut reporter.

Méthode arabe   27 × 34   Méthode chinoise

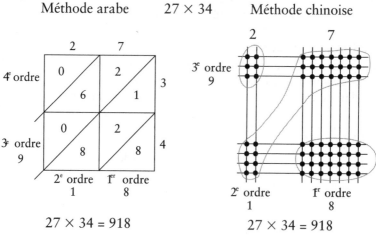

27 × 34 = 918   27 × 34 = 918

Méthode chinoise

Elle utilise à peu près le même principe. On compte les nœuds du quadrillage. Elle ne nécessite pas la connaissance des tables de multiplication. Pour effectuer le produit, il suffit d'additionner les nombres de chaque ordre en tenant compte des retenues.

1er ordre : 28, c'est-à-dire 8 unités et 2 de retenue pour le 2e ordre.

2e ordre : 21 + 8 + 2 = 31, c'est-à-dire 1 pour les dizaines et 3 de retenue pour le 3e ordre.

3e ordre : 6 + 3 = 9, c'est-à-dire 9 centaines.

Résultat : 918.

Il y a toutefois un problème pour multiplier par un nombre comportant un chiffre égal à zéro.

Exemple : 12 × 203

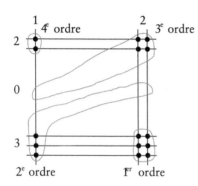

1er ordre : 6
2e ordre : 3
3e ordre : 4
4e ordre : 2
Résultat : $12 \times 203 = 2\,436$
Ne pas donner les méthodes aux élèves, mais les leur faire découvrir à partir d'exemples (Cf. *Les Maths ont une histoire, activités au cycle 3*, Hachette, 1997 et *Faire des mathématiques avec des images et des manuscrits historiques du cours moyen au collège*, CNDP de Créteil, 2002).

Activités

Elles sont prévues pour les CE1-CE2, et chaque étape peut faire l'objet d'une ou deux séances, suivant le rythme de la classe.

1) Progression sur la multiplication

ACTIVITÉ 57

La multiplication est simplificatrice (CE1-CE2)

Étape 1

Objectifs
– Faire comprendre aux enfants que la multiplication par un entier est une façon plus simple d'écrire une somme de termes égaux.
– Faire comprendre que le produit n'est pas orienté et qu'il est donc commutatif.
Pour atteindre ces objectifs, il faut que, d'une part, dans la situation utilisée, la multiplication soit vraiment simplificatrice, et d'autre part, qu'elle soit la plus dépouillée possible afin que les enfants comprennent bien les équivalences d'écritures. En effet, en partant de 2 boîtes de 6 œufs, on ne voit pas réellement la simplification d'écriture qu'apporte la multiplication. De plus, 2 boîtes de 6 œufs sont visiblement différentes, du point de vue de la configuration spatiale, de 6 boîtes de 2 œufs. Il n'est donc pas très astucieux d'utiliser de telles situations, dans un premier temps, pour faire comprendre les équivalences d'écritures.

Matériel
– Un gros feutre et une calculette par groupe.
– 8 bandes de papier (15×40 cm) avec des messages.
– 8 bandes identiques mais vierges.
Les bandes doivent être assez grandes pour servir aussi à l'affichage.
Voici les 8 messages. Ils ont été conçus pour qu'apparaissent les deux écritures additives équivalentes aux écritures multiplicatives correspondantes.

17+17+17+17+17+17+17+17+17+17+17+17+17+17+17+17+17+17+17+17+17

21+21+21+21+21+21+21+21+21+21+21+21+21+21+21+21

18+18+18+18+18+18+18+18+18+18+18+18+18

13+13+13+13+13+13+13+13+13+13+13+13+13+13+13+13+13

12+12+12+12+12+12+12+12+12+12+12+12+12+12+12

16+16+16+16+16+16+16+16+16+16+16

15+15+15+15+15+15+15+15+15+15+15+15+15+15+15+15+15+15+15

19+19+19+19+19+19+19+19+19+19+19+19+19+19+19

Déroulement de l'activité
– Les élèves sont par groupes de 4 : 2 enfants sont émetteurs et les 2 autres sont récepteurs.
Les élèves émetteurs reçoivent un message, les récepteurs une bande vierge. Les émetteurs doivent transmettre le message aux récepteurs, sans le leur montrer. Les récepteurs doivent écrire le message reçu sur la bande vierge.
– Après un certain temps, les 2 messages, *reçu* et *envoyé*, seront comparés au sein du groupe, puis affichés, l'un en dessous de l'autre, au tableau.
Dans la phase de mise en commun, on s'intéressera surtout à la façon dont ont été transmis les messages. La réussite importe peu. Ensuite, on comparera les méthodes de transmission par rapport à leur efficacité (transmission de messages équivalents).

En général, deux méthodes se dégagent :
– transmission pas à pas ;
– les élèves ont compté le nombre de termes égaux et ont demandé aux récepteurs d'écrire, par exemple, « *21 nombres 17, séparés par des signes plus* » ou « *21 fois 17* ».

Pour vérifier l'exactitude des messages écrits par les récepteurs, les élèves seront obligés, de toute façon, de compter les termes de la somme. Une fois les messages comparés, faire effectuer, à la calculette ou à la main, les différentes additions. On a intérêt à faire faire les calculs par les émetteurs et par les récepteurs.

C'est une manœuvre difficile et laborieuse ; il y a aussi de grands risques d'erreur. Certains élèves connaissent peut-être déjà le signe « multiplié » et son utilisation, mais il vaut mieux ne pas en parler encore.

– Mettre en commun les résultats et demander aux enfants les difficultés rencontrées, sans donner les valeurs des résultats.
– Introduire le signe × comme simplification des écritures additives, semblables à celles utilisées ici, c'est-à-dire ne comportant que des termes égaux.

Le mot « *fois* » a certainement dû être prononcé dans les phases de synthèse collective. Bien préciser qu'en français, on dira qu'il y a *5 fois 3* pour l'écriture 3 + 3 + 3 + 3. En mathématiques, on écrira au choix 5 × 3 ou 3 × 5 pour simplifier cette écriture additive. De même, pour 5 + 5 + 5 qui sera lu en français *3 fois 5*, on écrira ; indifféremment 5 × 3 ou 3 × 5.

– Faire simplifier les écritures des 8 messages donnés précédemment, puis faire refaire les calculs à la calculette en utilisant, cette fois, la touche ×.

– Faire constater que pour remplacer une addition de termes égaux par une multiplication équivalente, il faut écrire le signe entre deux termes : l'un est le nombre constant à ajouter plusieurs fois, l'autre est *caché* et sera obtenu en comptant le nombre de termes égaux de l'addition.
Exemple : $\underbrace{4 + 4 + 4 + 4 + 4 + 4}_{6} = 4 \times 6 = 6 \times 4$

Il est important de bien insister sur l'existence d'un nombre *caché* et la nécessité de produire des écritures équivalentes, lors de ces transformations. On évite ainsi les écritures fausses du genre :
4 + 4 + 4 + 4 + 4 + 4 = 4 × 4
ou 4 + 4 + 4 + 4 + 4 + 4 = 4 × 4 × 4 × 4 × 4 × 4
Dans la première égalité, l'élève a produit une multiplication avec deux termes *présents* dans l'addition. Dans le second cas, l'élève a *transformé* une addition en multiplication, non équivalente, remplaçant simplement les signes + par des signes ×. C'est d'ailleurs souvent ce que dit la consigne : *« Transforme cette somme en produit. »*

Pour un élève en difficulté, comprenant seulement ce qui est écrit, sans savoir quels sont les sous-entendus du maître, il n'est pas anormal de produire de telles écritures puisque c'est ce *qu'on demande*. Pour de tels élèves, les mathématiques restent des opérations magiques, dépourvues de sens. C'est pourquoi il est important que l'enseignement des mathématiques transmette une autre image de la matière. Éviter d'utiliser les mots *transformer* et *transformation* qui laissent croire qu'il s'agit de magie.

Les équivalences d'écritures (CE1-CE2)

Étape 2

Objectif
Vérifier les acquis des élèves à propos des équivalences d'écritures.

Activité
Proposer une série d'exercices du genre :
1. Trouver une autre écriture équivalente aux écritures suivantes :

– sous forme de multiplications	– sous forme d'additions
3 + 3 + 3 + 3 =	4 × 5 =
7 + 7 =	3 × 9 =
2 + 2 + 2 + 2 + 2 =	8 × 7 =
8 + 8 + 8 =	6 × 4 =
9 + 9 + 9 + 9 + 9 + 9 =	10 × 6 =

Accepter, à chaque fois, l'une quelconque des écritures du produit, sans accorder d'importance à l'ordre des termes. Même chose pour les écritures additives.

Exemple, pour 4 × 5, accepter :

4 + 4 + 4 + 4 + 4 ou 5 + 5 + 5 + 5

2. Trouver toutes les écritures équivalentes possibles, y compris le résultat, des expressions suivantes :

7 + 7 + 7 =	2 × 7 =
8 × 9 =	8 + 2 + 8 + 8 =
5 × 7 =	10 × 5 =
4 + 4 + 4 + 4 + 4 + 4 + 4 + 4 =	7 × 2 =
10 + 10 + 10 =	7 + 7 + 7 + 7=
9 × 6 =	5 + 6 +6 + 6 =
7 + 7 + 7 + 7 + 7 =	9 + 9 + 9 + 9 + 9 + 9 + 9 =
5 × 8 =	6 + 6 + 6 + 6 + 6 + 6
6 + 6 + 6 + 6 + 6 =	2 × 10 =
6 + 4 + 6 + 4 + 5 + 6 =	10 × 10 =

On a volontairement introduit des additions qui ne peuvent pas se transformer directement en écritures multiplicatives équivalentes afin que les élèves ne calculent pas en utilisant des automatismes.

Les résultats obtenus lors de ces différents exercices seront stockés sur une affiche dans la classe, en prévision de la fabrication, un peu plus tard, d'un répertoire multiplicatif.

Pensez à donner plusieurs produits contenant le facteur 10.

3. Prévoir des exercices de discrimination visuelle pour les signes + et × car certains élèves les confondent.

Le nombre caché (CE1-CE2)

Étape 3 : entraînement.

Objectif : équivalence entre écritures additives et multiplicatives.

Fabriquer des cartes avec des multiplications et les différentes écritures additives et multiplicatives correspondantes.

Exemples : 8 × 4 = 4 × 8 = 4 + 4 + 4 + 4 + 4 + 4 + 4 + 4

= 8 + 8 + 8 + 8

6 × 1 = 1 + 1 + 1 + 1 + 1 + 1 = 6 = 1 × 6

Faire environ 52 cartes : 13 produits différents écrits chacun de 4 façons différentes.

Déroulement de l'activité

On joue à 4. Distribuer 8 à 10 cartes à chacun. Le reste constitue une pioche. Le but du jeu est de faire le maximum de mariages en associant deux écritures équivalentes comme ceci : une écriture multiplicative et une additive. Quand on a réalisé tous les mariages de son jeu, piocher une carte, à son tour. Essayer alors de réaliser de nouveaux mariages. Quand la pioche est épuisée, tirer une carte du jeu du joueur précédent et essayer de faire des mariages. Le jeu s'arrête quand un joueur n'a plus de cartes. Le gagnant est celui qui a réalisé le plus de mariages. Avec des élèves n'éprouvant aucune difficulté à pratiquer ce jeu, proposer la variante suivante : enlever du jeu toutes les écritures multiplicatives. Proposer, cette fois, de faire des mariages associant deux écritures additives équivalentes. Ceci demande une plus grande gymnastique mentale.

Constituer un répertoire de produits (CE1-CE2)

Étape 4

Objectif
Constitution d'un répertoire de produits.

Matériel
– Par élève, deux ou trois quadrillages de 9 × 4. Puis un quadrillage de chaque type suivant : 4 × 5 ; 7 × 6 ; 6 × 8 ; 11 × 7 ; 10 × 7 ; 9 × 5 ; 15 × 4.
– Prévoir des quadrillages équivalents plus grands pour permettre l'affichage au tableau.

Déroulement de l'activité

Question : *« Comment connaître, le plus vite possible, le nombre de carreaux de chaque quadrillage ? »*
– On peut compter un à un les carreaux, mais ceci est long et il y a risque d'erreur.
– On peut compter le nombre de carreaux par ligne (horizontalement), comme ceci :
ce que je vois :

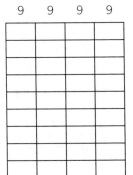

ce qu'on écrit :
$4 + 4 + 4 + 4 + 4 + 4 + 4 + 4 + 4 = 4 \times 9$
$= 9 \times 4$

– On peut compter les carreaux par colonne (verticalement), comme ceci :
ce que je vois :
ce que j'écris : $9 + 9 + 9 + 9 = 4 \times 9 = 9 \times 4$
Faire ensuite trouver le résultat ; à la main ou à la calculette : $4 \times 9 = 9 \times 4 = 36$

Pour trouver directement l'écriture multiplicative, sans passer par les sommes, il suffit de compter le nombre de carreaux de chaque ligne, ici 4, puis le nombre de lignes, ici 9. On multiplie ensuite ces deux nombres entre eux. Certains enfants trouvent souvent le résultat suivant : 4 × 8 ou 3 × 9 pour un tel quadrillage. En fait, ils refusent de *compter deux fois* la case du coin, comme ceci :

Il faut bien expliquer comment procéder et pourquoi *« on compte apparemment deux fois la case du coin »*. On compte, en fait, le nombre de lignes puis le nombre de cases par ligne.

Faire calculer le nombre de carreaux de chacun des quadrillages donnés au cours de la même séance et/ou d'une autre. On vérifie les acquis des élèves en même temps.

Ne pas oublier de noter les résultats sur l'affiche de la classe et sur le dictionnaire de nombres des élèves.

	1	2	3	4
1	•	•	•	•
2	•			
3	•			
4	•			
5	•			
6	•			
7	•			
8	•			
9	•			

Fabriquer des quadrillages (CE1-CE2)

Étape 5

Objectifs
– À partir de multiplications, être capable de dessiner un quadrillage dont le nombre de carreaux est exprimé par le produit donné.
– Fabriquer un quadrillage rectangulaire unique en juxtaposant, quand cela est possible, deux quadrillages rectangulaires.

Matériel
Papier quadrillé, ciseaux, colle.

Déroulement de l'activité
– Demander aux élèves de construire des quadrillages dont le nombre de carreaux sera exprimé par les multiplications suivantes :
4 × 5 ; 4 × 3 ; 9 × 5 ; 12 × 3 ; 6 × 8……
Attention au problème du comptage des carreaux, vu plus haut.
– Demander ensuite aux élèves de juxtaposer certains de ces quadrillages, deux par deux, de façon à obtenir un quadrillage rectangulaire plus grand. Les faire coller sur une autre feuille, par exemple.
On peut juxtaposer les quadrillages 5 × 9 et 5 × 4 comme ci-après et on obtient un nouveau quadrillage de 5 sur 13.
Ne pas les distribuer dans la bonne position aux élèves.
Il est parfois nécessaire de tourner les quadrillages pour réaliser ce travail.
– On fera ensuite écrire les multiplications correspondantes. Ne pas imposer d'ordre, là encore, pour écrire les égalités.

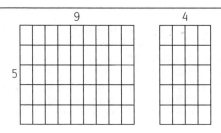

On a les égalités suivantes : $(9 \times 5) + (5 \times 4) = 5 \times 13$
$(12 \times 3) + (4 \times 3) = 16 \times 3$
$(6 \times 8) + (7 \times 6) = 6 \times 15$

On peut aussi avoir : $(4 \times 5) + (4 \times 3) = (4 \times 8)$

– Faire constater comment ces égalités ont été écrites en liaison avec les quadrillages

Exemple : $(9 \times 5) + (5 \times 4) = 5 \times 13$

5 est le terme commun aux deux multiplications. 13 est obtenu en faisant la somme des deux autres termes de chacun des produits.

– Proposer aux élèves d'écrire de telles égalités en utilisant d'autres quadrillages.

La multiplication par 10 ou 100 (CE1-CE2)

Objectifs : donner du sens à la règle de calcul de la multiplication par 10, 100, etc.

Matériel : un abaque à quatre colonnes ou à 4 cases.

Quand on multiplie par 10 un nombre, cela veut dire que les unités deviennent des dizaines, les dizaines des centaines, les centaines des milliers, etc.

À l'abaque, il suffit de faire une translation de tous les chiffres d'une case vers la gauche. Pour écrire le nombre en chiffres, il faudra donc écrire le chiffre zéro à la droite du nombre qu'on a multiplié par 10.

Quand on multiplie un nombre par 100, le chiffre des unités devient le chiffre des centaines, celui des dizaines devient le chiffre des milliers, et ainsi de suite. À l'abaque, il suffit de faire une translation de tous les chiffres de deux cases vers la gauche. Pour écrire le nombre en chiffres, il faudra écrire deux fois le chiffre zéro à la droite du nombre qu'on a multiplié par 100. Il est important que les élèves aient fait cette manipulation un certain nombre de fois afin de bien se mettre en mémoire la raison pour laquelle on écrit le ou les chiffres zéro à la droite du nombre à multiplier par 10 ou 100, etc.

Exemple de multiplication par 10 à l'abaque :

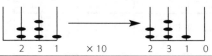

À cette occasion, introduire la règle qui permet de trouver le résultat de la multiplication par 10 d'un nombre entier naturel quelconque. La formuler ainsi : *« Pour trouver le résultat de la multiplication par 10 d'un nombre entier quelconque, il suffit d'écrire un zéro à la droite de l'écriture de ce nombre. »* Surtout ne pas dire « ajouter un zéro à la droite du nombre » : il ne s'agit pas d'une addition au nombre, mais d'une adjonction à son écriture. Ce genre de formulation est très ambigu pour des élèves en difficulté.

La distributivité (CE1-CE2)

Étape 6

Objectifs :
– Travailler sur la distributivité de la multiplication sur l'addition.
– Préparation à la technique opératoire.

Matériel
– Pour chaque élève, plusieurs quadrillages de 7 sur 12, par exemple, puis de 23 sur 14 (en CE2).
– De grands quadrillages semblables pour le tableau.
– L'affiche avec les produits stockés.

Déroulement de l'activité
– Demander aux élèves de partager le rectangle 7 sur 12 en deux rectangles dont on sait calculer directement le nombre de carreaux. Mettre en commun les différentes propositions des élèves et insister sur le partage utilisant 10 pour l'un des côtés.
Faire écrire les produits correspondant aux différents partages.

Exemple : $7 \times 12 = (7 \times 10) + (7 \times 2)$

– Demander ensuite comment connaître le nombre de carreaux du quadrillage 23 sur 14, le plus vite possible. Laisser peu de temps, au début, afin que les élèves ne puissent pas compter les carreaux à 1 à 1. Après quelques minutes de recherche, mettre en commun les idées. Si aucun élève ne l'a proposé, demander de partager ce grand rectangle en rectangles plus petits dont on sait calculer le nombre de carreaux. Utiliser pour cela les résultats du répertoire de la classe. Cela peut donner, entre autres :

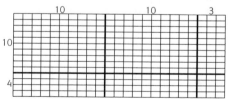

$23 \times 14 = (10 \times 10) + (10 \times 10) + (3 \times 10) + (4 \times 10) + (4 \times 10) + (4 \times 3)$

Les élèves feront, sans aucun doute, d'autres partages. Faire remarquer que le rectangle 10×14 a été partagé en deux rectangles : l'un de 10×10, l'autre de 10×4.

On a donc : $10 \times 14 = (10 \times 10) + (10 \times 4)$. On retrouve, dans l'autre sens, ce qui a ; été vu dans l'étape précédente.

On a donc : $10 \times 14 = (10 \times 10) + (10 \times 4)$

En application, proposer d'autres quadrillages comme 38×15, 18×19, etc.

Tous les quadrillages proposés doivent pouvoir être décomposés en utilisant le répertoire de la classe mis au point au cours des séances précédentes.

Au niveau CE2, reprendre toutes ces notions plus rapidement et s'attarder davantage sur le plan de découpage de grands rectangles pour lesquels on ne représentera pas le quadrillage.

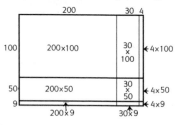

Exemple : établir le plan de découpage du rectangle 234×159 afin de calculer le résultat de la multiplication. Il est naturellement impossible de dessiner l'ensemble des carreaux pour établir le découpage. Il faut utiliser la décomposition du nombre à la manière des cartons Montessori (voir activité n° 21, p. 66).

$234 = 200 + 30 + 4$; $159 = 100 + 50 + 9$

Multiplication par zéro (CE1-CE2)

Étape 7

Objectif
Notion d'élément absorbant (multiplication par zéro).

Déroulement de l'activité
Proposer de trouver le résultat des multiplications suivantes à la calculette :
7×0 ; 0×4 ; 100×0 ; etc.
Le zéro est un élément absorbant. Tout nombre multiplié par zéro sera *avalé* par zéro.
Noter le résultat de quelques multiplications par zéro sur le carnet de nombres des élèves et sur l'affiche de classe.

2) Les tables de multiplication

Constituer des tables de multiplication (CE1-CE2)

Étape 8

Objectif
Constituer des tables de multiplication.

Matériel
– Une copie d'un extrait de l'affiche de la classe faite lors de la constitution d'un répertoire de produits. On choisit les éléments d'une seule table pour chaque groupe.
– Une calculette.

Activité
Mettre les élèves par groupes de 4 et leur demander d'ordonner les produits dont ils disposent, et de les compléter, seuls ou en utilisant la calculette.
Les répertoires ainsi constitués pourront être collés sur le cahier et servir de référence.
Les tables de 2, 3, 5, 10 seront mémorisées en CE1.
En CE2, on mémorisera les autres tables (voir activité 67).

Dresser la table de n'importe quel nombre (CE2)

Étape 9

Objectif
Être capable de dresser la table de multiplication de n'importe quel nombre, le plus vite possible, sans effectuer les multiplications, et en utilisant l'associativité de la multiplication ainsi que la distributivité par rapport à l'addition.

Activité
Soit à dresser la table de multiplication de 8. On suppose qu'on ne la connaît pas par cœur.
– Dans un premier temps, les élèves vont ajouter 8 à chaque résultat précédent de la table.
– Il y a une autre méthode utilisant la distributivité par rapport à l'addition.

$$8 \times 0 = 0$$
$$8 \times 1 = 8$$
$$8 \times 2 = 16$$
$$8 \times 3 = (8 \times 2) + (8 \times 1) = 8 + 16 = 24$$
$$8 \times 4 = 2 \times (8 \times 2) = 16 \times 2 = 32$$
$$8 \times 5 = (8 \times 2) + (8 \times 3) = 16 + 24 = 40$$
$$8 \times 6 = 2 \times (8 \times 3) = 2 \times 24 = 48$$
$$8 \times 7 = (8 \times 5) = (8 \times 2) = 40 + 16 = 56$$
$$8 \times 8 = 2 \times (8 \times 4) = 2 \times 32 = 64$$
$$8 \times 9 = (8 \times 5) = (8 \times 4) = 40 + 32 = 72$$
$$8 \times 10 = 80$$

On a intérêt à calculer 8×5 dès que l'on a calculé 8×2 et 8×3 car, à ce moment-là, aucun autre résultat ne fait obstacle à l'addition. Calculer ensuite 8×4 puis 8×9 pour les mêmes raisons.
– Faire dresser, suivant le même principe, la table de 23, par exemple. Il suffit seulement de bien savoir additionner. Ne pas choisir 25 car le fait que ce soit le quart de 100 permet de faire des calculs différents ne mettant pas en pratique ce que l'on vient d'exposer.
Remarque : les élèves ont beaucoup de mal à mémoriser la table des 7 et des 8, alors qu'ils n'ont aucun mal à mémoriser les tables de 2, 5 et même de 3. Il est nécessaire de leur faire remarquer qu'en utilisant la découpe d'un rectangle on retrouve très facilement les produits comme 7×7, 8×7, 8×8
En effet 7×7 peut être découpé en $(7 \times 5) + (7 \times 2) = 35 + 14 = 49$
8×7 peut être découpé en $(8 \times 5) + (8 \times 2) = 40 + 16 = 56$
8×8 peut être découpé en $(8 \times 5) + (8 \times 3) = 40 + 24 = 64$
Dès le CE1, on pourra afficher dans la classe ces rectangles découpés et les résultats des produits afin de faciliter leur mémorisation.

Mémoriser les tables (Cycle 3)

Étape 10

Objectif
Mémoriser les tables de multiplication avec un minimum d'investissement.

Déroulement de l'activité
1. Laisser afficher dans la classe, de façon permanente, quelques produits que les élèves ont du mal à retenir.
6×6 ; 7×8 ; 8×8 ; 9×9 ; 7×7 ; 7×9, etc.
2. Donner des trucs pour retenir les tables.
– Commencer par apprendre la table de 2. La table de 4 est obtenue en doublant les résultats de la table de 2.

Exemple : pour 6 × 4, faire 6 × 2 et multiplier le résultat par 2.
– Faire apprendre ensuite les tables de 5 et de 10 qui ne posent pas de problème aux élèves, en général.
– Faire apprendre aussi la table de 3.
– Pour la table de 9, il existe un système qui permet de trouver les résultats en utilisant les doigts des mains.
Exemple : soit à calculer 6 × 9.

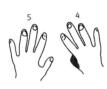

Compter 6 doigts à partir de l'auriculaire de la main gauche. Baisser ce 6e doigt. Le chiffre des dizaines du résultat sera donné en comptant le nombre de doigts situés à gauche du doigt baissé, ici 5. Le chiffre des unités sera obtenu en comptant le nombre de doigts situés à droite du doigt baissé, ici 4. Résultat : 54.
Cette méthode repose sur le fait qu'ajouter 9 revient à ajouter 10 et à enlever 1. Si l'on prend la précaution de baisser le doigt le plus à gauche, la première fois, puis d'utiliser les doigts de gauche comme chiffres des dizaines, on retrouve le principe signalé précédemment. Cela fonctionne très bien car la somme des chiffres des produits de la table de 9 est toujours égale à 9.
En fait, la même méthode peut être utilisée pour les autres tables, mais on n'a pas assez de doigts pour que cela puisse fonctionner. La somme des chiffres des produits de la table de 8, par exemple, dépasse souvent 9 !
Par exemple : 6 × 8 = 48 et 4 + 8 = 12. Il faudrait quatre mains pour utiliser le procédé !
– Pour les autres tables, il suffit d'utiliser les résultats des tables de 2, 4, 5, 9, 10 ainsi que l'associativité et la distributivité de l'addition par rapport à la multiplication.
Exemples : 3 × 7 = (2 × 7) + (1 × 7) ; 6 × 8 = (5 × 8) + (1 × 8)
7 × 7 = (5 × 7) + (2 × 7)
Il est extrêmement important de travailler ce type de calcul mental car c'est très sécurisant pour les élèves de savoir qu'en faisant un petit effort de mémoire (apprendre les tables de 2, 3, 5, 9, 10), on peut retrouver très vite les résultats de toutes les autres. Il faut aussi bien savoir manipuler la distributivité.

ACTIVITÉ 68

Jeu de loto. (CE1-CE2)

Objectif
Apprentissage des tables de multiplication.
Faire des jeux de loto avec des cartons comprenant des écritures multiplicatives et des pions produit (et l'inverse).

Jeu « gagner le plus » (CE2)

Objectif
Apprentissage des tables de multiplication.

Matériel
– Construire une table de Pythagore de 20 cm sur 20 cm pour jouer à 4. Prévoir un grand jeu pour le tableau, ce qui permet aussi de jouer avec toute la classe.
– Prévoir des pions de couleurs différentes pouvant couvrir les cases de la table de Pythagore.
– Attribuer une valeur à chacune des couleurs.
Exemple : pions bleus   1 point
           pions verts   3 points
           pions rouges 5 points

Déroulement de l'activité
Couvrir les cases avec les pions des différentes couleurs, comme ceci : en bleu, les tables de 2, 5, 10 ; en vert, ce qui reste des tables de 4 et 9 ; en rouge, ce qui reste des tables de 3, 6, 7, 8. Ne pas couvrir la table de 1. On limite le temps ou le nombre de coups.
Chaque joueur, à son tour ; peut prendre un pion de couleur s'il peut dire le nombre situé en dessous, c'est-à-dire s'il connaît le produit..
Le gagnant est celui qui, à la fin de la partie, a le plus de points.

Jeu de dominos (CE2)

Objectif
Apprentissage des tables de multiplication.

Matériel

Réaliser un jeu de dominos utilisant différentes écritures multiplicatives équivalentes, y compris le produit.

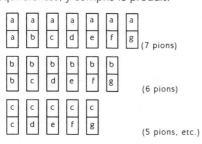

Pour que le jeu ne se bloque pas trop rapidement, réaliser un jeu de dominos constitué comme un vrai jeu classique. Il faut, par exemple, 28 pions utilisant 7 produits différents (a, b, c, d, e, f, g), écrits chacun de 8 manières différentes. Pour « a » prendre, par exemple : $36 = 6 \times 6 = 9 \times 4 = 4 \times 9 = 3 \times 12 = 12 \times 3 = 18 \times 2 = 2 \times 18 = 36 \times 1$. Préparer les dominos ainsi. On aura $7 + 6 + 5 + 4 + 3 + 2 + 1 = 28$ dominos. On peut partir de 8 produits différents et fabriquer, de la même manière, un jeu de 36 pions.

Division euclidienne

Division dans $\mathbb{N}$

Définition

Faire la division euclidienne d'un entier naturel a quelconque par un entier naturel b quelconque, non nul, c'est trouver les entiers q et r tels que : $a = bq + r$ avec $0 \leq r < b$.

C'est aussi l'application de $\mathbb{N} \times \mathbb{N} \longrightarrow \mathbb{N} \times \mathbb{N}$

$$(a, b) \longmapsto (q, r)$$

q est **le quotient** de la division euclidienne et r est le reste ; q et r sont uniques.

On ne peut pas diviser par zéro car il est impossible de trouver r vérifiant : $a = bq + r$ avec $0 \leq r < 0$ et ceci, même dans le cas où $a = 0$.

Le quotient est exact quand le reste de la division euclidienne de a par b est zéro. Dans ce cas, on peut écrire :

$a : b = q$ avec $b \neq 0$.

Cette égalité est fausse lorsque le quotient n'est pas exact. Préférer l'égalité $a = bq + r$ avec $b \neq 0$.

Éviter d'employer les mots *diviseur* et *dividende* car, surtout pour le mot diviseur, il y a ambiguïté. On emploie plus souvent le mot diviseur en relation avec le mot multiple, c'est-à-dire quand le quotient est exact ($r = 0$).

Exemple : on dit que 5 est diviseur de 120.

Éviter de dire qu'une division euclidienne exacte n'a pas de reste car le reste existe toujours. Dire simplement qu'il est égal à zéro.

Dans la division euclidienne, le quotient entier est un quotient par défaut. Or, dans la vie courante, on se sert davantage d'un quotient entier par excès.

Exemple : ranger 65 œufs dans des boîtes de 6, pour les transporter. Il est nécessaire de prévoir 11 boîtes et non 10, si l'on doit réellement les transporter.

Il faudra donc attirer l'attention des élèves sur ce point.

Propriétés

La division euclidienne n'est ni commutative, ni associative.

Pour tout entier naturel a, b, c, avec $c \neq 0$, on a :

$(a + b) : c = (a : c) + (b : c)$.

Quotient de deux entiers naturels et quotient approché décimal

Si le nombre entier naturel a n'est pas un multiple de l'entier naturel b non nul, il n'existe pas de nombre entier q tel que a = bq. On peut, en revanche, trouver un nombre q rationnel tel que $q = \dfrac{a}{b}$. C'est le quotient rationnel de a par b non nul.

Exemple : $5 : 7 \qquad 5 = \underbrace{\left(\dfrac{5}{7}\right)}_{q} \times 7$

Les nombres rationnels peuvent être décimaux ou non décimaux. Les nombres rationnels décimaux peuvent s'écrire comme quotient d'un entier naturel quelconque par une puissance de 10.

Exemple : $\dfrac{15}{2}$ peut s'écrire $\dfrac{75}{10}$. C'est donc un nombre décimal.

Contre-exemple : $\dfrac{7}{3}$ ne peut pas se ramener au quotient d'un entier naturel par une puissance de 10. C'est donc un nombre rationnel non décimal.

Quand le quotient n'est pas décimal, il peut être encadré par des nombres décimaux au $\dfrac{1}{10}, \dfrac{1}{100}, \dfrac{1}{1\,000}$, etc. près.

Exemple : $\dfrac{7}{3} = 2{,}3333...$

$2{,}3 < \dfrac{7}{3} < 2{,}4$ au $\dfrac{1}{10}$ près.

$2{,}33 < \dfrac{7}{3} < 2{,}34$ au $\dfrac{1}{100}$ près.

Activités

Les activités qui suivent sont possibles en fin de CE2 ou début de CM1 et en CM2.

1) Progression sur la division

Tirer partie d'une table de multiplication (Fin CE2-CM)

En CE2, on utilisera une table de multiplication d'un nombre à un chiffre et en cours moyen la table de multiplication d'un nombre à deux chiffres.

Objectif : être capable d'utiliser une table de multiplication pour calculer mentalement les produits d'un nombre par 20, 300, 4 000, 6 500, etc. sans poser l'opération.

Matériel : ardoise, papier crayon.

Déroulement de l'activité
On donne ici une illustration des différentes étapes, avec la table de 23.

ACTIVITÉ 71

Étape 1 : Commencer par faire dresser la table de 8 ou de 23 sans faire les produits, en utilisant seulement les propriétés de la multiplication, comme cela a été indiqué dans l'activité 64.

Écrire simultanément cette table au tableau, de façon à ce que l'on « puisse voir » facilement les résultats des produits par 20, 300, etc.

De cette façon, la modification du nombre qui multiplie 23 est très apparente et l'utilisation de la table en est facilitée.

Exemple :

$23 \times 1 = 23$
$23 \times 2 = 46$
$23 \times 3 = 69$
$23 \times 4 = 92$
$23 \times 5 = 115$
$23 \times 6 = 138$
$23 \times 7 = 161$
$23 \times 8 = 184$
$23 \times 9 = 207$

Étape 2 : demander ensuite aux élèves d'écrire sur leur ardoise le résultat des opérations : 23×20, 23×200, 23×300, $23 \times 4\,000$, $23 \times 6\,000$. À chaque fois, faire expliciter par les élèves les méthodes utilisées. En fait, on se sert de l'associativité :
$23 \times 20 = (23 \times 2) \times 10 = 46 \times 10 = 460$.
Même chose pour les autres exercices.
Proposer ensuite des produits qui demandent une décomposition un peu plus importante, comme par exemple 23×450. Autoriser la pose d'additions sur l'ardoise. En effet, il faut cette fois décomposer 450 en $400 + 50$ et faire comme précédemment. Si les élèves ont des difficultés à comprendre cela, revenir à la représentation sous forme d'aire d'un rectangle de tels produits.
$23 \times 450 = (23 \times 400) + (23 \times 50) = 9\,200 + 1\,150 = 10\,350$

Étape 3 : on pourra proposer cette étape au cours d'une autre séance et lorsque les deux étapes précédentes seront atteintes par une grande majorité des élèves.

Objectif : tirer partie d'une table pour exprimer un nombre sous forme de produit et se préparer ainsi à la division.

Matériel : une table de multiplication déjà dressée, ardoise, papier crayon.

Déroulement de l'activité
Demander aux élèves d'exprimer sous forme de produit, les nombres suivants, en utilisant la table de multiplication déjà dressée.
2 300, 92 000, 4 600, 11 500, etc.
$2\,300 = 23 \times 100$ ne devrait pas poser de problème. En revanche, les autres produits sont plus difficiles à exprimer car il faut effectuer deux étapes.

Exemple : $92\,000 = 92 \times 1\,000$, puis $92 = 23 \times 4$ d'où le résultat $92\,000 = 23 \times 4\,000$. La disposition de la table, comme cela a été indiqué dans l'étape 1, permet de visualiser rapidement le résultat : $23 \times 4\,\mathbf{000} = 92\,\mathbf{000}$. Il y a cependant un risque que les élèves fassent cela mécaniquement, si l'on ne prend pas la précaution de faire dire ce qui a été calculé à chaque étape.

Étape 4

Objectif : encadrer un nombre par deux multiples d'un nombre donné, en utilisant une table déjà dressée.

Matériel : le même que précédemment.

Déroulement de l'activité
Demander aux élèves d'encadrer les nombres suivants par deux multiples de 23, en utilisant la table déjà dressée.
Exemple : 56, 95, 100, 150, 200.
À chaque fois, demander aux élèves d'écrire l'encadrement sous forme de produit.
Exemple : $46 < 56 < 69$ puis $23 \times 2 < 56 < 23 \times 3$
Après quelques exercices de ce type, demander aux élèves d'écrire 56 comme cela :
$56 = 46 + 10 \quad 56 = (23 \times 2) + 10$
Ce type de calcul réfléchi devra être pratiqué régulièrement afin de rendre les élèves plus performants lorsqu'on abordera vraiment la technique de la division. Proposer ensuite des nombres à encadrer plus grands :
Exemple : 560, 9 500, 2 450, etc. Dans ce cas, faire seulement encadrer le nombre par deux multiples.
Il est nécessaire de reprendre les étapes 2, 3 et 4 en utilisant une table qui n'aura pas été dressée au préalable, mais mémorisée par les élèves. Commencer par les tables de 2, 3, 5 et 10.

Le jeu des pièges[29] (Fin CE2-CM)

Objectifs : travailler sur la notion de multiples et sur l'écriture $a = bq + r$.

Matériel : une piste complètement graduée de 0 à 100, de 100 à 200, etc. pour commencer.
– Puis proposer des pistes où seules sont visibles les cases de la zone de chasse, de façon à éviter le parcours pas à pas du circuit. Proposer des pistes plus grandes (de 0 à 1 000) et ne numéroter que les cases de la zone de chasse, etc.

Règle du jeu
– Un lapin se déplace sur cette piste en faisant des bonds réguliers (à fixer au départ). Il peut partir de la case 0 ou d'une autre case.
– Le chasseur peut mettre des pièges dans une zone de chasse bien déterminée (à fixer au départ).
Le problème est de savoir où placer les pièges dans la zone de chasse pour attraper le lapin.

---

29. Empruntés à J.-L. Porcheron, professeur de mathématiques en IUFM, chercheur INRP

Exemple :

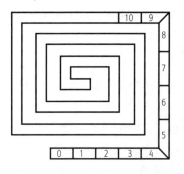

Départ case 0, bond de 7 cases, zone de chasse entre 85 et 98.
Même chose mais avec départ case 2. Limiter le nombre de pièges.

Déroulement du jeu
– Faire élaborer des stratégies pour être sûr de bien placer les pièges (travail de groupe puis mise en commun).
– Faire expliciter la méthode utilisée qui peut être le pas à pas, le passage par des multiples de 7 connus, puis le pas à pas pour terminer, ou la recherche d'un multiple de 7 situé dans la zone de chasse.

Quand on part de la case 0, il suffit de trouver les multiples de 7 situés dans la zone de chasse, ici 91 et 98.

Quand on part de la case 2, il faut trouver les multiples de 7 situés dans la zone de chasse ou proches de celle-ci et leur ajouter 2. Vérifier ensuite s'ils conviennent.

Exemple : les multiples de 7 proches de la zone de chasse ou dans celle-ci sont 84, 91, 98. Quand on leur ajoute 2, on a 86, 93, 100. Seuls conviennent 86 et 93.

Découvertes des caractères de divisibilité (CE2-CM1)

Objectif
Trouver des règles permettant de savoir si un nombre est multiple d'un autre nombre. Et en particulier s'il est multiple de 2, 5, 10, 3 ou 9.

Déroulement de l'activité
Travail sur *être multiple de 2* :
– Donner une liste de nombres quelconques (au moins une vingtaine) et les faire trier en deux groupes : les multiples de 2 et les autres.
– Demander de faire des remarques sur des particularités observées pour les multiples de 2. Faire formuler la règle permettant de les reconnaître : *« Tous les multiples de 2 se terminent par l'un des chiffres suivants : 0, 2, 4, 6, 8. »*
On fera de même pour les multiples de 5 et de 10.
– Faire écrire ces règles dans le carnet de nombres, par exemple.
– Procéder de la même manière pour les multiples de 3 et de 9. Cependant, la règle est plus difficile à trouver car il ne suffit pas de regarder le chiffre des unités de chaque nombre pour conclure. Laisser les enfants chercher un moment. Si rien ne se dégage, proposer de faire la somme des chiffres des différents nombres multiples de 3 et à partir de cela, demander de faire des remarques.

Pour chaque cas, proposer des nombres compris entre 0 et 1 000. Ne pas se limiter aux multiples de la table de multiplication (jusqu'à 10) apprise par les enfants.
– En parallèle, faire du calcul mental permettant de décomposer des nombres en fonction d'un multiple d'un autre nombre. Faire compléter des décompositions.

Prolongement
Préparation à la technique opératoire.
Exemple : décomposer les nombres suivants sous la forme a = (b × q) + r.
b, q, r : entiers avec b ≠ 0 et 0 ≤ r < b
57 = (× 7) +
816 = (×8) +
849 = (×8) +
Pour 816, on a intérêt à passer par les décompositions (écrites ou mentales).
816 = (800 + 16) = (8 × 100) + (2 × 8) = (8 × 102)
849 = 800 + 40 + 8 + 1
     = (8 × 100) + (8 × 5) + (8 × 1) + 1
     = (8 × 106) + 1

2) Technique opératoire de la division

ACTIVITÉ 74

Préparation à la technique de la division (CE2-CM)

Objectif : élaborer un algorithme de la division.

Déroulement de l'activité
Partir d'un problème simple et facilement compréhensible par les élèves. En CE2, on travaillera de petits problèmes que les élèves peuvent résoudre en utilisant l'addition ou la soustraction réitérée. On augmentera peu à peu la taille des nombres afin de les inciter à utiliser l'addition ou la soustraction de multiples pour parvenir au résultat.
Exemple : On veut ranger 84 œufs dans des boîtes de 6. Combien de boîtes va-t-on remplir complètement ?
Laisser les élèves chercher le problème en groupe.
Proposer ensuite de comparer les méthodes de résolution[30]. Au besoin chercher les erreurs et les faire corriger. Insister sur la mise en relation des opérations de soustraction avec le remplissage de boîtes.
Il est possible de faire :
84 – 6 = 78   on remplit une boîte
Reste 78 œufs :
78 – 6 = 72   on remplit une boîte
72 – 6 = 66   on remplit une boîte, etc.
ou on ajoute 6 + 6 + 6, etc. jusqu'à obtenir 84. On compte le nombre de 6 ajouté et on trouve le nombre de boîtes.

30. « Comment font-ils ? », Rencontres pédagogiques, INRP n° 4, 1984.

Si les nombres sont plus grands, cette méthode n'est plus utilisable.
Exemple : on veut ranger 420 œufs dans des boîtes de 6. Combien de boites va-t-on remplir complètement ?
Cette fois-ci, il faut ajouter ou soustraire des multiples de 6 pour conclure rapidement. On favorise alors la soustraction ou l'addition de multiples de 10, 100 ou 1 000. On peut aussi utiliser la table de multiplication de 6 et en tirer parti comme cela a été vu dans l'activité 71.
Donner ensuite des exemples de nombres comme 87, 425, pour lesquels le reste est différent de zéro, dans la division par 6.

En CM1-CM2

Proposer d'abord des problèmes du même genre que ceux donnés pour le CE2, mais très rapidement donner des problèmes dans lesquels la taille des nombres est suffisamment importante pour décourager les élèves de faire des additions ou des soustractions réitérées. Faire également chercher le problème en groupe et proposer ensuite de comparer les méthodes de résolution. Au besoin, chercher les erreurs et les faire corriger. Insister sur la mise en relation des opérations de soustraction avec la distribution de pièces à chaque pirate. Lorsqu'il y a un reste différent de zéro, faire remarquer aux élèves que l'on poursuit le partage jusqu'à ce qu'on ne puisse plus donner aucune pièce à chaque pirate.
Exemple : 8 pirates veulent se partager 2 696 pièces d'or en part égale. Combien chaque pirate recevra-t-il de pièces d'or ?
Penser à faire dresser la table du diviseur pour faciliter les calculs.

Procédé possible :

Nombre de pièces à partager	Part de chacun
2 696	
– 800	100
1 896	
– 800	100
1 096	
– 800	100
296	
– 240	30
56	
– 56	7
0	Total 337 pièces d'or

Chaque pirate recevra 337 pièces d'or.

Remarque :
Choisir au début des opérations pour lesquelles le reste est nul, et telles que le diviseur soit un nombre de un chiffre. Augmenter peu à peu la difficulté en proposant des opérations avec un reste différent de zéro et des diviseurs à deux chiffres.
Faire aussi chercher le nombre de parts, connaissant la valeur d'une part et non plus seulement la valeur d'une part connaissant le nombre de parts.
Exemple : il y avait 3 910 pièces d'or à se partager, chaque pirate a reçu 230 pièces d'or. Combien y avait-il de pirates ?

Technique opératoire de la division (CM1)

Objectif
Acquérir la technique opératoire.
Elle ne sera introduite qu'après un long travail préparatoire dont elle est l'aboutissement. Le calcul mental et les différentes activités proposées précédemment sont indispensables à la mise en place de cette technique.

Prérequis
Savoir dresser une table de multiplication vite et bien (comme il a été indiqué Activité 71), et en tirer parti.

Déroulement de l'activité
– Partir de la résolution d'un problème (le partage des pièces d'or peut être utilisé).
Lors d'une course sur un circuit de 21 km, une automobile parcourt 1 428 km. Combien de tours complets de ce circuit a-t-elle fait ? La technique la plus simple, et la plus sûre aussi, consiste à dresser la table de 21 comme ceci :

21 × 1 = 21
21 × 2 = 42
21 × 3 = 63   À partir de cette table, on peut trouver 21 × 10...
21 × 4 = 84   21 × 90... 21 × 100... 21 × 900, etc.
21 × 5 = 105   Le nombre de kilomètres parcourus est 1 428 ;
21 × 6 = 126   on a donc un encadrement de 1 428 :
21 × 7 = 147   1 260 < 1 428 < 1 470
21 × 8 = 168   21 × 60 < 1 428 < 21 × 70
21 × 9 = 189

De cet encadrement, on peut déduire que le quotient est un nombre de 2 chiffres et qu'il est compris entre 60 et 70.
Disposer ainsi la division :

```
 1428 | 21
-1260 | 60
  168 |+
- 168 | 8
    0 | 68
```

La voiture a donc parcouru 68 tours complets.
La technique comportant des soustractions est utilisée par les Suédois et par les Russes.
Proposer plusieurs problèmes utilisant la même table de multiplication afin de la rentabiliser. Les élèves peuvent ainsi travailler plus efficacement et plus spécifiquement l'encadrement et la technique opératoire, sans perdre de temps à construire la table.

– Conserver cette technique aussi longtemps que l'on veut. Elle a l'avantage de donner immédiatement un ordre de grandeur du résultat. De plus, les élèves en difficulté préfèrent cette méthode à celle de l'encadrement traditionnel :
21 × 10 < 1 428 < 21 × 100
Ici, la conclusion « *le quotient a deux chiffres* » n'est absolument pas évidente pour la plupart d'entre eux. L'encadrement n'est pas assez précis et cela les gêne beaucoup. De plus, 21 × 10 000 est aussi supérieur à 1 428 ; pourquoi choisir 21 × 100 ?

Cette méthode est utilisée pour la préparation de certains concours administratifs comprenant une épreuve de calcul de plusieurs divisions avec le même diviseur (le dividende ayant 6 ou 8 chiffres). En ce cas, dresser la table du diviseur est très rentable.

Cette méthode donne droit à l'*erreur.*

Exemple : si l'on n'a pas soustrait un nombre suffisamment grand la première fois, on peut réajuster son résultat par la suite.

```
 1428 | 21
-1050 | 50
  378 | +
 -210 | 10
  168 | +
 -168 | 8
    0 | 68
```

Étape 7 (CM2)

Passer à une technique « plus légère ».

Il faut faire la même chose mais en veillant à donner du sens aux calculs, en se référant à la numération.

Exemple : partager équitablement 2 700 pièces d'or entre 8 pirates, c'est partager 2 milliers en 8. Il n'est pas possible de partager 2 en 8, donc on convertit 2 milliers en centaines, ce qui fait 20 centaines auxquelles on ajoute les 7 centaines existantes. Il faut donc partager 27 centaines en 8 et chaque pirate aura 3 centaines de pièces d'or, etc.

Cela donne pour l'opération :

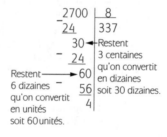

Quelques divisions amusantes (CM2)

Faire écrire 3 chiffres, deux fois, les uns à côté des autres. On a alors un nombre de 6 chiffres.

Exemple : 143 143.

Faire diviser successivement ce nombre par 7, 11 et 13.

On a, par exemple :

```
143 143 | 7
 03 1   | 20 449 | 11
   34   |    94  | 1 859 | 13
   63   |    64  |   55  | 143
    0   |    99  |   39
        |     0  |    0
```

On a, chaque fois, un reste 0, et le quotient final est égal au nombre de 3 chiffres que l'on a pris au départ et ce, quel que soit le nombre choisi. Demander aux enfants de trouver une explication à cela.

Certains enfants vont, sans doute, constater que $7 \times 11 \times 13 = 1\ 001$.

Si l'on multiplie un nombre de 3 chiffres par 1 001, on a :

soit $\overline{abc}$ ce nombre de 3 chiffres.

$$\begin{array}{r} \overline{abc} \\ \times\ 1\ 001 \\ \hline abc \\ abc\ 000 \\ \hline abc\ \ abc \end{array}$$ donc $\overline{abcabc}$ est divisible par 1 001.

Choisir 3 chiffres différents

– Écrire tous les nombres différents de 3 chiffres que l'on peut écrire avec les chiffres choisis (il y en a 6).

– Additionner ces 6 nombres.

– Diviser le résultat de cette addition par la somme des 3 chiffres du départ.

Exemple :

$$\left.\begin{array}{r} 146 \\ +\ 164 \\ +\ 461 \end{array}\right\}\ \text{1 fois}\ \text{la somme}$$

$$\left.\begin{array}{r} +\ 416 \\ +\ 641 \\ +\ 614 \end{array}\right\}\ \text{1 fois}\ \text{la somme}$$

$$2\ 442$$

$1 + 4 + 6 = 11$

$$\begin{array}{r|l} 2442 & \underline{11} \\ 240 & 222 \\ 22 & \\ 0 & \end{array}$$

Quels que soient les trois chiffres choisis au départ, on trouve toujours 222. Demander aux enfants de justifier cela.

Explication : quand on additionne les 6 nombres, on a, dans chaque colonne, deux fois la somme des chiffres. Lorsqu'on divise la somme des 6 nombres par la somme des chiffres, on obtient donc 222.

Les enfants de CM1 et de CM2 sont tout à fait capables de résoudre ce genre de problèmes. Les expériences faites dans diverses classes prouvent que ce ne sont pas toujours les meilleurs élèves qui trouvent, les premiers, les bonnes réponses. Les enfants éprouvant habituellement des difficultés peuvent beaucoup aimer ce genre de problèmes.

Calcul mental et calcul réfléchi

Il est fondamental de développer les compétences en calcul mental et réfléchi dès le CP. En effet l'habileté en calcul mental favorise la mise en place de stratégies adaptées lors de la résolution de problèmes.
Le calcul mental se fait sans utilisation d'un quelconque moyen écrit.
Le calcul réfléchi peut être fait avec l'aide d'un support écrit pour noter des résultats intermédiaires au cours du calcul.

En CP-CE1

On utilisera soit la récitation collective, soit le jeu du furet simple ou avec des « *chut* », soit le plouf dans l'eau, pour toutes les activités présentées ci-dessous.

Ajouter 1, retirer 1 à un nombre

Dès le début de l'année travailler « ajouter 1 à un nombre » et faire comprendre aux élèves que cela revient à donner le successeur de ce nombre. Ceci n'est pas une évidence pour beaucoup d'élèves. De même retirer 1 à un nombre revient à dire le prédécesseur de ce même nombre. Lors du comptage à l'envers, pour donner le départ de la fusée par exemple, faire remarquer cela, après quelques entraînements.

Ajouter 2, retirer 2 à un nombre

De la même façon, ajouter 2 à un nombre revient à réciter la suite des nombres à partir de ce nombre et à ne dire qu'un nombre sur deux. Il est nécessaire de faire compter régulièrement les élèves de 2 en 2, à partir de n'importe quel nombre.
La calculette programmée, comme cela a été indiqué dans l'activité 8, peut permettre de faire défiler la suite des nombres obtenue en ajoutant 2 au précédent et ainsi favoriser la mémorisation de telle suite.
Retirer 2 à un nombre revient à réciter la comptine numérique orale à l'envers et à ne dire qu'un nombre sur deux.

Ajouter 5, retirer 5 à un nombre

Faire compter régulièrement les élèves de 5 en 5 à partir de 0.
La calculette programmée comme suit (taper 0 puis +, puis 5, puis = = =) et la suite des nombres allant de 5 en 5 va défiler. Faire remarquer la

variation régulière du chiffre des unités dans chaque cas. Faire ensuite réaliser le comptage sans autre aide que la bande numérique horizontale. Faire la même chose à partir de 1 en utilisant la calculette et là encore faire observer la variation régulière du chiffre des unités, dans chaque cas, puis faire réaliser le comptage sans aide.

Faire de même en commençant par 2, 3 et 4, puis par n'importe quel autre nombre (CE1 et au-delà).

Faire décompter de 5 en 5 à partir de 10, puis de 20, etc. Là encore utiliser la calculette programmée pour commencer ces activités puis ensuite le faire réaliser oralement sans aide.

Faire également décompter de 5 en 5 à partir de n'importe quel nombre (CE1 et au-delà) en utilisant la calculette programmée avant de faire l'activité sans aide. À chaque fois, demander d'observer la variation du chiffre des unités dans chaque cas.

Ajouter 10, retirer 10 à un nombre

Utiliser d'abord la calculette programmée et faire observer cette fois la variation régulière du chiffre des dizaines du nombre dans les deux cas. Faire ensuite compter de 10 en 10 à partir de 0 puis à partir de n'importe quel nombre d'un chiffre, puis à partir de n'importe quel nombre de deux chiffres, puis de trois chiffres au CE1.

À partir du CE1 et au-delà

Ajouter 100, retirer 100 à un nombre. Ajouter 1 000, retirer 1 000 à un nombre. Procéder de la même manière que précédemment

Mémorisation des additions simples de nombres à un chiffre

Un des outils possibles pour travailler la mémorisation de résultats additifs est le collier de perles (voir activité 41).

Il permet de voir la décomposition des nombres supérieurs à 5, comme somme dont l'un des facteurs est 5 et ainsi facilite le calcul mental d'additions telles que $7 + 8$ vu immédiatement comme $5 + 2 + 5 + 3 = 10 + 2 + 3 = 15$.

Les activités avec le collier de perles pourront être reprises quel que soit le niveau de classe, si le besoin s'en fait sentir.

Décomposer un nombre de façon canonique

Faire travailler la décomposition des nombres jusqu'à 100 au CP et jusqu'à 1 000 au CE1. Pour cela, utiliser d'abord les cartons Montessori (activité 21) puis faire dire oralement les décompositions en évoquant la manipulation de ces mêmes cartons. Utiliser l'affichage de classe pour y inscrire les décompositions des nombres de 11 à 30, par exemple.

Exemple: 13 = 10 + 3 ; 134 = 100 + 30 + 4; 205 = 200 + 5, etc.
Faire ensuite ajouter un nombre d'un chiffre à 10, 20, 30... (CP), puis un nombre de un ou deux chiffres à 100, 200, 300, etc. (CE1 et au-delà) en utilisant toujours le matériel Montessori.

En cycle 3

Faire la même chose avec de plus grands nombres.
Le matériel Montessori permet dans tous les cas de se créer des images mentales qui favorisent la mémorisation.

Travailler les doubles et les presque doubles

Il est nécessaire que les élèves mémorisent les doubles jusqu'à 20 au moins ainsi que les presque doubles. Les doigts de main, pour les doubles inférieurs à 12 et le collier de perles pour tous les doubles, peuvent être utiles.
Les doubles : 1 + 1, 2 + 2, 3 + 3, 4 + 4, 5 + 5, 6 + 6, 7 + 7, 8 + 8, 9 + 9, 10 + 10.
Ne pas oublier de travailler également la décomposition des résultats comme par exemple « 8 est le double de 4 et 8 = 4 + 4 », etc.
Puis les presque double 1 + 2, 2 + 3, 3 + 4, 4 + 5, 5 + 6, 6 + 7, 7 + 8, 8 + 9, 9 + 10.
Il faut donc faire un entraînement systématique pour favoriser cette mémorisation **dès le CP** et entretenir cet apprentissage au-delà.

Ajouter 9, 8 ou 7 à un nombre

Faire chercher aux élèves un moyen facile d'ajouter 9, 8 ou 7 à un nombre. Si on a travaillé avec le boulier décimal (ou l'abaque à 9 places), le boulier chinois ou japonais, cela ne devrait pas poser de problème. Sinon les élèves vont découvrir qu'il est plus facile d'ajouter 10 que 9 et ensuite de retirer 1. Idem pour ajouter 8, cela revient à ajouter 10 et à retirer 2. Enfin, pour ajouter 7, on ajoute 10 et on retire 3.

Retirer 9, 8 ou 7 à un nombre

Faire chercher aux élèves un moyen facile de retirer 9, 8 ou 7 à un nombre. Même remarque pour l'utilisation des bouliers. Les élèves vont découvrir qu'il est plus facile de retirer 10 que 9 et d'ajouter 1 ensuite. Idem pour retirer 8, cela revient à retirer 10 et ajouter 2. Enfin pour retirer 7, on retire 10 et on ajoute 3.
On peut aussi étudier la façon d'ajouter ou de retirer simplement 11, 12, 13 à un nombre.

Multiplier un nombre par 2, 10, 100, 1 000

Pour multiplier par 2 un nombre de deux chiffres, il peut être utile d'utiliser la décomposition canonique de ce nombre et parfois d'avoir

recours à une trace écrite sur l'ardoise ou une feuille de brouillon.
Exemple: 27 × 2 . Décomposer 27 en 20 + 7 puis multiplier mentalement 20 par 2 soit 40, qu'on peut écrire sur l'ardoise, puis multiplier mentalement 7 par 2 soit 14, écrit également sur l'ardoise et donner enfin le résultat 54.

Diviser un nombre par 2. 10, 100, 1 000

Pour diviser par 2 un nombre pair de deux chiffres, on peut avoir besoin de recourir à la décomposition canonique ou à une autre décomposition. Faire observer que le nom de certains nombres qui ont parfois posé problème lors de l'apprentissage de la numération orale, peut cette fois-ci être d'une grande aide pour ce type de calcul.
Exemple: soixante-seize à diviser par 2.
76 = 60 + 16 (l'écriture chiffrée 76 est une gêne dans ce cas).
La moitié de 60 c'est 30, la moitié de 16 c'est 8, donc la moitié de 76 c'est 38.

Multiplier un nombre par 5

On peut avoir recours à la décomposition canonique du nombre ou utiliser une autre méthode par exemple multiplier ce nombre par 10 et en prendre la moitié. Ce n'est pas toujours facile à faire de tête. Dans les deux cas, l'aide d'un brouillon peut s'avérer utile pour y écrire les résultats intermédiaires.
Exemple: 37 × 5 = (30 × 5) + (7 × 5) = 150 + 35 = 185
Ou 37 × 10 = 370 = 300 + 70 puis la moitié de 300 c'est 150, la moitié de 70 (soixante-dix) c'est 35, d'où la moitié de 370 c'est 185.

Diviser un nombre par 5

Cela revient à diviser ce nombre par 10 et à le multiplier par 2. Là encore la décomposition canonique peut être utile et l'aide d'un brouillon peut s'avérer nécessaire.

Décomposer un multiple de 50 ou de 25 en produit contenant 50 ou 25

Proposer de chercher mentalement comment décomposer, 50 et 75 en fonction de 25 puis 100, 200, 300, 450, 625, etc. en fonction de 25 ou de 50 quand c'est possible.
Les égalités 50 = 2 × 25, 75 = 3 × 25 et 100 = 2 × 50 = 4 × 25 doivent être connues des élèves de cycles 3. À partir de cela, ils doivent pouvoir retrouver les autres décompositions. Ces décompositions seront très utiles aux élèves lorsqu'ils travailleront sur les nombres décimaux, et sur les fractions.
Pensez à utiliser le jeu du mille bornes.

3

Exploitation des données numériques

Cette partie offre une progression précise et détaillée sur la résolution de problèmes, sur l'étude des fonctions numériques et sur la proportionnalité.
La partie sur la résolution de problèmes propose des activités variées telles que des situations de recherche, des parcours mathématiques et elle précise comment mettre en place des défis mathématiques.

Résolution de problèmes

Pourquoi fait-on résoudre des problèmes aux enfants ? Les arguments le plus souvent avancés sont les suivants :
– pour que cela serve dans la vie courante ;
– pour les faire réfléchir et raisonner ;
– pour qu'ils utilisent les opérations ;
– pour qu'ils soient logiques.

Qu'est-ce qu'un problème ?

La définition du dictionnaire Larousse est la suivante : « *Question à résoudre par des procédés scientifiques.* »
D'après Guy Brousseau « il y a problème lorsqu'on peut apporter des réponses par des raisonnements. Il faut qu'il y ait quelque chose à chercher et qu'il ne soit pas possible d'utiliser la mémoire seule ».
En fait, il n'y a pas de problème en soi mais de problème pour soi.
Or, à l'école primaire, il s'agit pratiquement toujours de problèmes faisant appel à une pseudo-réalité, supposée connue des enfants. C'est ce que J. Adda appelle *les problèmes à habillages*.

Problèmes à habillages et problèmes abstraits

Pourquoi propose-t-on principalement des problèmes à habillages ? Sans doute parce que cela semble plus simple à résoudre et plus près de la réalité des élèves. Platon recommandait déjà « *les exercices sur des problèmes concrets de la logistique* » pour l'instruction des enfants « *en sorte qu'on les oblige, en les amusant, à recourir à la science des nombres* ».
On oublie trop souvent que les mathématiques peuvent aussi être un plaisir et un divertissement.
La résolution de problèmes peut également être un amusement.
À l'heure actuelle, les problèmes de mathématiques de la vie courante sont le plus souvent résolus par la machine. Cependant, il est nécessaire de réfléchir et d'avoir un sens critique développé pour sélectionner les différentes informations que nous recevons. La résolution de problèmes fait partie de la culture générale nécessaire à l'homme[31].
Aussi ne faut-il pas se limiter uniquement aux problèmes à habillages, mais également proposer des problèmes abstraits.

31. « Culture mathématique et enseignement », *Cahiers pédagogiques* , n° 299, décembre 1991.

Rappel historique

Dès l'Antiquité, les mathématiciens ont essayé de résoudre des problèmes. Au début, il s'agissait de problèmes réels pratiques. **Archimède**, à qui l'on avait demandé de découvrir si une couronne commandée par l'empereur était vraiment en or, inventa une méthode lui permettant de le savoir, sans avoir à la faire fondre. Il la plongea dans l'eau et put ainsi calculer son volume en observant la variation du niveau. Il compara le poids de la couronne à celui d'un volume d'or équivalent et constata qu'il y avait eu fraude : une partie de l'or avait été remplacée par un autre métal.

Dans les papyrus **égyptiens** de Rhind et de Moscou (vers 1700 avant J.-C.), on trouve une centaine de problèmes dont la plupart proviennent de la vie quotidienne et concernent la répartition de miches de pain, de grains ou d'animaux. Ils sont résolus généralement par la seule arithmétique ou avec l'aide d'équations du premier degré à une inconnue (sans notation littérale).

C'est aussi un problème pratique auquel fut confronté **Thalès** pour mesurer la hauteur d'une pyramide.

Les Babyloniens résolurent des problèmes beaucoup plus abstraits sur les nombres. Leurs solutions étaient exposées sans aucune notation symbolique, mais en mots et phrases, et faisaient appel à des équations du premier degré à une inconnue ou à des systèmes d'équations à deux inconnues.

Les célèbres problèmes abstraits qui occupèrent longtemps les mathématiciens furent ceux de la duplication du cube, de la trisection de l'angle et de la quadrature du cercle. Pour le premier, il s'agissait de trouver le côté x d'un cube dont le volume aurait été le double de celui d'un cube de côté a. Cela revenait à résoudre l'équation $x^3 = 2a^3$ et à trouver la racine cubique de 2 (ce qui posait problème à l'époque). De plus, cela ne pouvait pas se construire à la règle et au compas.

Le deuxième problème était le partage de l'angle en trois parties égales qui, lui aussi, ne pouvait se faire à la règle et au compas.

Le dernier problème de la quadrature du cercle est resté longtemps synonyme d'impossibilité. Il s'agissait, en effet, de construire à la règle et au compas un carré de même aire qu'un cercle donné. Or, si le carré avait un côté a et le cercle un rayon r, il fallait que $a^2 = \pi r^2$. Cela revenait donc à connaître la valeur de π avec exactitude ainsi que celle de sa racine et, de ce fait, ce carré ne pouvait se construire à la règle et au compas.

Avec **Diophante** (mathématicien du IIIe siècle après J.-C.), une nouvelle voie s'ouvrit pour la résolution d'équations et l'introduction de nouvelles notations.

L'essor des mathématiques arabes commença au VIIe siècle après J.-C. Elles allaient se développer à partir de nombreux problèmes posés par le commerce, l'architecture, l'astronomie, la géographie et l'optique. Elles allaient réaliser la synthèse entre la nécessité de résoudre des problèmes pratiques et le désir de théorisation. Au Xᵉ siècle, **Abu-l-Wafa** (en 976) écrivit un livre, *L'Arithmétique nécessaire aux scribes et aux marchands*.

Peu à peu, les outils mathématiques devinrent de plus en plus performants et les mathématiciens furent amenés à créer de nouveaux nombres et de nouvelles géométries ne mettant plus de limite à l'imaginaire. Ce fut le cas de **Rafaël Bombelli**, algébriste italien (1526-1572) qui, le premier, eut l'idée d'introduire le nombre imaginaire i affecté du signe + ou – et tel que $i^2 = -1$, ceci afin de résoudre des problèmes comportant la racine carrée de nombre négatif. Il aura fallu attendre le XIXᵉ siècle pour voir vraiment clarifié le statut des nombres imaginaires.

La création des outils a parfois précédé leur utilisation directe pour résoudre des problèmes pratiques de physique, par exemple.

On trouve des livres pour les élèves qui proposent divers problèmes de mathématiques abstraits et des problèmes de logique accessibles aux élèves du primaire[32].

Les difficultés des élèves

Certains élèves ont de grandes difficultés à résoudre un problème de mathématiques. Ils croient que le *contrat didactique*[33] est de découvrir l'opération à faire en combinant les nombres du texte. La vraisemblance du résultat n'a aucune importance pour eux. En fait, ils ne font pas le lien entre le texte du problème et la situation réelle, quand elle existe, à laquelle il se réfère.

Quelques difficultés sont également liées à la lecture du texte. En effet, certains mots ont une signification différente en mathématiques, et en français. Or, les élèves les comprennent pratiquement toujours avec leur sens en français. C'est le cas des mots *escompte*, *crédit*, *débit*, etc. De plus, la ponctuation peut être une difficulté supplémentaire. Pour bien comprendre un texte de problème, les élèves doivent connaître la signification de la virgule, du point, des deux points, etc. Par exemple, les deux points avec tiret à la ligne peuvent avoir plusieurs significations. Cela veut parfois dire *et*, d'autres fois **ou**, d'autres fois encore *puis avec succession*. Dans certains cas, il peut donc y avoir ambiguïté. Il y a également des mots qui semblent induire une opération.

Exemple: Pierre a 15 ans ; il a 3 ans de plus que Paul. Quel est l'âge de Paul ? Les élèves ajoutent souvent 15 et 3, alors qu'il faut les soustraire

---

32. Philippe Boulanger, *La Fête des petits matheux*, tomes 1 et 2, Belin, et les livres du japonais Akihiro Nozaki, *Jeux mathématiques*, tomes 1, 2, 3 : « Jeux de chapeaux », « Le Pot magique », « Le Loup, le crapaud » et « Les trois petits cochons », Flammarion, coll. « Père Castor », 1991.

33. Comme l'appelle G. Brousseau.

pour avoir l'âge de Paul. De même, l'expression *de moins que* dans un problème du même genre induira souvent une soustraction.

La question, elle-même, a un statut particulier en mathématiques. En effet, lorsque le maître pose une question sur un texte de français, la réponse se trouve pratiquement toujours dans le texte. Il suffit de bien le lire pour la trouver. En histoire, en géographie ou en biologie, la réponse à la question posée par l'enseignant se trouve dans un document ou dans la mémoire de l'élève. En mathématiques, la réponse à la question d'un problème ne se trouve ni dans le texte, ni dans la mémoire de l'élève, mais s'obtient généralement en faisant un raisonnement et/ou des calculs. Il faut que les élèves prennent très tôt conscience des statuts différents de ces divers questionnements.

Le texte des problèmes à habillages fait souvent appel à une réalité, mais est souvent très différent de cette réalité. De plus, la situation réelle peut parfois faire obstacle à la résolution. Citons le problème suivant posé dans une classe de CE2 : « *Deux classes vont à la piscine en autocar. La première a 32 élèves, la deuxième a 30 élèves. Le nombre de places assises dans le car est de 45. Combien de cars faudra-t-il pour transporter assis tous les élèves ?* »

La réponse attendue est : deux cars. Or, certains élèves ont répondu « *un autocar* », mettant 3 élèves pour deux places. Interrogés sur leur réponse, ils nous ont expliqué que lorsqu'ils allaient effectivement à la piscine, on mettait 3 élèves sur deux sièges.

Si les élèves n'avaient pu expliquer leur réponse, leurs calculs étaient incompréhensibles.

Enfin, on peut rencontrer une autre difficulté avec des problèmes à habillages utilisant les mots *maman*, *papa* ou le nom de membres de la famille. Comme l'a souligné J. Adda[34], cela peut perturber certains enfants ayant des difficultés familiales et les empêcher de résoudre convenablement le problème. Elle explique que *maman* n'est qu'une variable, et l'enfant doit comprendre qu'il ne s'agit pas de sa propre maman mais de *quelqu'un*. Pour un jeune enfant, cette gymnastique cérébrale est souvent difficile, voire impossible.

Nous allons proposer ici une progression pour aider les élèves à résoudre des problèmes. Il en existe bien d'autres et celle-ci est une voie possible au même titre que les autres. Elle repose sur le principe suivant : établir un lien dans les deux sens entre la situation réelle vécue et le texte de problème correspondant.

---

34. Quelques aspects de la relation aux mathématiques chez des enfants en situation d'échec scolaire dans l'enseignement élémentaire, colloque « Langage et acquisition du langage », septembre 1980, Mons (Belgique).

Comment travailler la résolution de problèmes ?

Établir le lien entre la situation vécue et le texte de problème

Lorsqu'on aborde, pour la première fois, les résolutions de problèmes au cours d'une année scolaire et ce, quel que soit le niveau de la classe, il est nécessaire de partir d'une situation réelle vécue par tous. Par exemple, au CE2, à l'occasion d'un anniversaire ou autre, on pourra proposer de partager (en parts égales ou pas) un paquet de gâteaux secs ou de bonbons. Ils seront réellement partagés, puis mangés par les élèves (voir, plus loin, la mise en place de l'activité). Parallèlement, faire rédiger le texte de problème que l'on vient de résoudre ainsi que sa ou ses solutions.

Il sera sans doute nécessaire de faire cela deux ou trois fois dans l'année pour être sûr que les élèves ont bien fait le lien entre la situation réelle et le texte de problème correspondant. La situation réelle crée la nécessité de la réussite. Par exemple, si l'on veut vraiment manger les bonbons ou les gâteaux, il faut les partager. De même, si l'on veut faire un voyage en train, il faut choisir l'horaire approprié.

Établir le lien entre le texte de problème et la situation réelle

Pour cela, partir d'un texte assez simple et proposer une simulation du problème avec du matériel de substitution apporté par le maître, dans un premier temps. Prévoir à cet effet un matériel le plus varié possible.

Exemple en CE2 : « On doit mettre 80 œufs dans des boîtes de 6. Combien de boîtes remplira-t-on complètement ? »

On utilisera pour l'exercice un tas de cubes, une boîte de 6 œufs et des feuilles de papier sur lesquelles 6 cases seront dessinées.

Si l'on propose ce genre de problème avant de s'être assuré de la bonne compréhension des élèves, c'est-à-dire sans faire de simulation, on obtient généralement des opérations combinant les nombres du texte comme $(80 - 6)$, $(80 + 6)$ ou (80×6)[35].

Ces opérations n'ont d'ailleurs aucune signification pour les élèves. Ils n'ont absolument pas visualisé la situation réelle dont on parle et encore moins une activité permettant de trouver une solution.

Imaginer la situation réelle

Pour donner du sens à une situation-problème quelconque, comme le dit A. de la Garanderie, il faut que les élèves imaginent la situation

---

35. Effet âge du capitaine, cité par Stella Baruck.

réelle afférente. Les simulations avec du matériel de substitution, parfois avec un mime ou avec la référence à un film ou à une émission de télévision, sont une aide à la visualisation. Naturellement, il faut choisir des problèmes clairs et sans ambiguïté de façon à ce que la simulation soit réalisable simplement.

Le matériel nécessaire à la simulation sera peu à peu préparé par les élèves eux-mêmes. Pour cela, mettre à leur disposition un matériel divers et varié qu'ils pourront utiliser chaque fois qu'ils en ressentiront le besoin. Les aider à se détacher peu à peu de ce matériel. Au bout d'un certain temps (différent pour chaque élève), les élèves en difficulté réussissent à visualiser le problème et donc à lui donner du sens, sans aucun matériel. À ce moment, on peut leur proposer de faire un dessin ou un schéma du problème pour remplacer la simulation, si nécessaire. Tout n'est cependant pas réglé et il faut mener toute une série d'activités permettant d'approfondir et d'affiner le travail sur les problèmes.

Mettre en évidence la représentation du problème des élèves

Commencer par faire rédiger des textes de problèmes aux élèves. Cela permet de mettre en évidence leur représentation du problème et l'idée qu'ils se font de la nature des questions d'un problème. En effet, les élèves posent souvent des questions dont la réponse se trouve directement dans le texte et ne nécessite pas de calcul. Parfois, il manque des données pour y répondre. La mise en commun des productions met en évidence tous ces points et permet de préciser ce qu'est un problème de mathématiques.

Proposer ensuite des problèmes sans question et demander aux élèves d'en rédiger de façon à ce que les données du texte permettent d'y répondre. Faire effectuer les calculs nécessaires à la résolution.

Donner des questions sans problème et faire construire par les élèves des problèmes qui pourraient permettre de répondre à ces questions. Faire également effectuer les calculs pour trouver une solution.

Donner des problèmes avec des données insuffisantes ou inutiles, et proposer aux élèves de trouver ce qui manque ou ce qui est en trop.

Éveiller la vigilance des élèves face au texte

Afin d'éviter que les élèves sélectionnent uniquement les nombres du texte et cherchent à les combiner, on pourra écrire tous les nombres du texte en lettre. Cela entraîne les élèves à être vigilants face à un texte de problème et à ne pas répondre mécaniquement.

Proposer une opération comme, par exemple, $7 + 5 = 12$ et demander de construire un problème dont la solution sera obtenue en faisant cette opération.

Après plusieurs exercices de ce genre, demander d'inventer un problème dont la solution sera obtenue en faisant une soustraction, par exemple, mais sans préciser les nombres de l'opération. Cette activité est un peu plus difficile que la précédente car l'élève doit également choisir les nombres. Faire chercher parmi plusieurs solutions numériques utilisant les mêmes nombres celle qui convient pour un problème donné.

Découvrir la structure opératoire[36]

Proposer des problèmes dans lesquels on a enlevé les nombres. Par exemple :

« *J'achète ... kilos de pommes de terre à ... le kilo. Combien ai-je dépensé ?* »

Les élèves ont à découvrir la structure opératoire permettant de résoudre le problème. Pour cela, ils seront obligés de choisir des nombres quelconques. Leur montrer que cette méthode peut être utilisée chaque fois que la nature des nombres est un obstacle à la résolution (nombres à virgule, grands nombres, etc.). Les élèves pourront alors enlever les nombres du texte et les remplacer par des nombres plus simples, leur permettant de trouver la structure opératoire de la solution.

Problèmes impossibles

On peut proposer des problèmes dont les questions sont sans rapport avec le problème (type *l'âge du capitaine*) ou des problèmes impossibles. Il est important que les élèves soient prévenus que de tels problèmes peuvent leur être posés afin que le contrat maître-élève soit clair.

La liste d'activités ci-dessus n'est naturellement pas exhaustive. Penser également à proposer des problèmes abstraits qui permettent de faire travailler le raisonnement et d'entraîner les élèves à la logique, en évitant tous les parasites extra-mathématiques signalés plus haut.

Dans les activités qui suivent, on propose aussi des problèmes sans habillage.

Défis mathématiques

Il est nécessaire que les élèves puissent chercher et résoudre des problèmes en ayant le temps de la réflexion et c'est rarement le cas dans le cadre scolaire habituel.

En effet les cruciverbistes et tous ceux qui font des mots fléchés ont vécu ce type d'expérience : il n'est pas rare qu'après avoir cherché un mot sans l'avoir trouvé, et avoir ensuite laissé reposer la recherche pendant quelques temps, on trouve immédiatement la solution dès qu'on reprend la grille. En mathématiques aussi on peut vivre le même phénomène. Il est donc nécessaire que les élèves puissent avoir ce genre d'expérience, il faut donc organiser des plages de résolution de problèmes, réparties

---

36. Voir l'ouvrage de H. Planchon, *Réapprendre les maths*, ESF.

dans la semaine, au cours desquelles seront proposés des problèmes de recherche, si possible à solutions multiples. On laissera par exemple trois plages d'un quart d'heure dans la semaine et on ne procédera à la mise en commun des solutions qu'à la fin de la période choisie, par exemple. Il faut prévoir des relances ou des aides, si nécessaire et des prolongements possibles, pour ceux qui vont très vite.

Lors de la synthèse, faire expliciter par les élèves les différentes solutions et les moyens d'y arriver. On proposera dans ce qui suit des activités qui peuvent être organisées sous forme de défi.

Contes et résolution de problèmes[37]

Dans un conte, la quête du héros possède de nombreuses ressemblances avec celle de l'élève tentant de résoudre un problème mathématique.

Le conte a aussi un aspect culturel. En effet, il permet de prendre en compte la culture des enfants issus de l'immigration par exemple. En Afrique, on utilise le conte comme moyen d'enseignement. Chez les Inuits[38] également le conte sert à transmettre les savoirs. On sait depuis longtemps que l'affectivité est l'une des composantes des difficultés psychologiques de la résolution de problèmes en classe. On le sait, bien entendu, par notre propre expérience, notre vécu, mais aussi, si l'on n'en était pas persuadé, par Freudenthal[39], Tobias[40] ou Nimier[41].

Proposer un problème situé dans un monde imaginaire permet une distanciation par rapport à la situation vécue, et par là, une sécurisation du jeune chercheur qui devient alors bien plus performant.

Autre avantage majeur, l'élève en difficulté dans la résolution de problème a une seconde chance. Le nouveau cadre proposé, celui du conte, lui permet de sortir du conditionnement négatif dans lequel il est enfermé, et peut-être alors aussi de quitter le cycle infernal des situations d'échec. La résolution de problèmes mathématiques présentée différemment, c'est une nouvelle chance pour les élèves en difficulté. Dans la classe, plusieurs pistes sont possibles.

1. Au travers de nouvelles, de contes, on peut faire sortir les représentations qu'ont les élèves de ce qu'est un problème.

---

37. Mathématiques et Contes, F. Cerquetti-Aberkane et Y. Aberkane, Atelier Colloque AMQ, mai 2006, Sherbrooke.

38. Louise Poirier, Conférence plénière, EMF, 2006, Sherbrooke : « L'enseignement des mathématiques à la communauté inuite ».

39. Hans Freudenthal, *Mathematics as an Educational Task*, Reidel Publishing company, Dordrecht, 1973.

40. Sheila Tobias, *Le Mythe des maths. Axes pratiques*, Paris, éditions Études vivantes, 1980.

41. Jacques Nimier, *Mathématique et affectivité*, Paris, Stock, coll. « Pernoud » 1976.

Le texte « Le problème » extrait des *Contes du chat perché* de Marcel Aymé[42] ainsi que « Le problème » de Christian Lamblin[43] sont de bons outils (voir activité 78).

2. On peut utiliser les problèmes et les énigmes figurant dans plusieurs ouvrages et présentés sous forme de nouvelles. C'est le cas des *Énigmes de Shéhérazade*[44] et du *Démon des maths*[45]. Le livre *Arithmétique appliquée et impertinente*[46] propose quant à lui des problèmes loufoques.

3. On peut aussi « détourner » un conte traditionnel.

4. On peut, si l'on se sent l'âme d'un conteur, créer soi-même un conte parsemé d'énigmes et de problèmes ou inventer « une histoire dont vous êtes le héros » comportant plusieurs problèmes à résoudre. Divers sites proposent également des problèmes de recherche et des énigmes que l'on peut incorporer à ces divers contes inventés ou détournés, ou que l'on peut associer à « des histoires dont vous êtes le héros ».

5. On peut aussi – et c'est beaucoup plus amusant – faire créer un conte par les enfants à partir d'un thème donné et demander aux élèves d'y incorporer plusieurs énigmes et problèmes de mathématiques. Plusieurs outils de création de contes sont disponibles dans la littérature.

6. On peut utiliser des albums existants pour travailler différentes notions.[47]

7. On peut aussi détourner des bandes dessinées et utiliser ses personnages célèbres pour mettre en scène un problème.

On proposera dans les activités qui suivent quelques pistes pour travailler la résolution de problèmes à partir de contes.

Activités

1) Progression sur la résolution de problèmes

42. Marcel Aymé, *Les Contes du Chat Perché*, (« Le Problème »), Gallimard, 1937.

43. Dominique Chauvel, *Pièces et saynettes pour les enfants*, (« Le problème » de Christian Lamblin), Paris, Retz, 1999.

44. Raymond Smullyan, *Les énigmes de Shéhérazade*, Paris, Flammarion, 1998.

45. Hans Magnus Enzensberger, *Le Démon des maths*, Paris, Seuil, 1998.

46. Jean-Louis Fournier, *Arithmétique appliquée et impertinente*, Paris, édition Payot et Rivages, 1993.

47. Akihiro Nozaki, *Le Pot magique*, Paris, Père Castor, 1991 ; *Jeux de chapeaux*, Paris, Père Castor, 1991 ; *Le Loup, le crapaud et les trois petits cochons*, Paris, Père castor, 1991.

Partir d'une situation réelle (CP-CE1)

Étape 1

Objectif
Établir le lien entre la situation réelle et le texte de problème.

Matériel
Un sachet de bonbons par groupe ou un paquet de biscuits, une affiche, un gros feutre (on peut aussi prendre des cartes à jouer, mais il est alors nécessaire de jouer aux cartes après la distribution).

Activité
Les élèves sont par groupes de 4.
– Demander de partager les bonbons ou les biscuits entre les élèves du groupe. On peut demander de le faire en parts égales ou ne pas le préciser. Cette dernière possibilité est plus intéressante car la mise en commun sera l'occasion de parler des différentes possibilités de partage et permettra d'insister sur la nécessité de préciser le type de partage dans le texte. Demander aux élèves de noter sur l'affiche la façon dont ils procèdent pour faire la distribution. Ils peuvent faire des dessins. Après un certain temps, mettre en commun les différents partages. La plupart fait des partages équitables, même si cela n'a pas été précisé. Certains auront fait la distribution 1 à 1 ou 2 à 2. D'autres auront effectué un calcul (à faire préciser aux élèves) permettant de donner un certain nombre de gâteaux ou de bonbons immédiatement, puis auront fini la distribution 1 à 1. D'autres auront donné un nombre quelconque de gâteaux à chacun et réajusté ensuite le partage.
– Après la mise en commun des méthodes de distribution (qui ne sont pas la préoccupation principale ici), faire formuler par oral et/ou par écrit le texte de problème que l'on vient de résoudre, puis la solution trouvée par le groupe. Mettre à nouveau en commun les productions. Insister sur la précision du texte et sur le questionnement.
Exemples de textes possibles : « On a 30 biscuits. On veut les distribuer en parts égales entre 5 enfants. Combien chaque enfant aura-t-il de biscuits ? »
Solution : $6 + 6 + 6 + 6 + 6 = 30$. Chaque enfant a reçu 6 biscuits.
« On avait un sachet de bonbons. On a distribué 7 bonbons à chacun des 4 enfants du groupe. Combien de bonbons y avait-il dans le sachet ? »
Solution : $7 + 7 + 7 + 7 = 28$. Il y avait 28 bonbons dans le sachet.
L'essentiel est que le texte de problème corresponde à ce que les élèves ont fait. Il faut, de plus, leur faire comprendre que la solution ne doit pas être directement dans le texte, mais être obtenue par un calcul à partir des données du texte.
En profiter pour faire trouver une phrase expliquant ce que l'on a calculé. Elle peut précéder ou suivre le calcul et ce, quel que soit le problème.
– Refaire ce type d'activité deux ou trois fois avant d'aborder l'étape 2.
On peut refaire exactement la même activité avec des élèves du cycle 3. Choisir une situation adaptée à ce cycle. Elle peut être d'ailleurs proposée par les élèves eux-mêmes.
Les situations réelles que proposent les élèves sont en général assez complexe et de ce fait il n'est souvent pas nécessaire de refaire plusieurs fois ce type d'activité.

Simulation de problème (CE2)

Étape 2

Objectif
Établir le lien entre le texte de problème et la situation réelle.

Matériel
Petits cubes, une boîte de 6 œufs (de 10 ou de 12 si l'on veut), des feuilles de papier blanc représentant les boîtes. Tout ce matériel est posé sur une table un peu à l'écart.

Activité
Exemple de problème : on a 80 œufs à mettre dans des boîtes de 6 (ou 10, ou 12). Combien de boîtes remplira-t-on complètement ?
– Écrire ce problème au tableau et proposer aux élèves en difficulté de venir autour de la table de simulation sur laquelle le maître aura préparé un tas de 80 cubes, une boîte de 6 œufs et une pile de feuilles (partagées en 6 ou non) pour remplacer les boîtes à œufs. Expliquer que les cubes représentent les œufs et les feuilles les boîtes.
– Faire lire le texte à haute voix par un ou deux élèves, puis leur demander d'effectuer l'activité indiquée dans le problème. Lorsque les élèves ont commencé à faire ou à expliquer ce qu'ils vont faire, leur proposer de retourner à leur place pour écrire la solution suggérée par la manipulation. Dans la situation telle qu'elle a été décrite ici, un certain nombre d'élèves en difficulté engagent le calcul suivant :
$80 - 6 = 74$; $74 - 6 = 68$; $68 - 6 = 62$, etc.
puis comptent les boîtes de 6 remplies ainsi.
Quelques élèves enlèvent directement un multiple de 6 à 80, par exemple 12 ou 30. La plupart éprouve le besoin de venir vérifier leur résultat à la table de simulation. Quelques élèves n'ayant pas de difficulté particulière ont aussi envie de manipuler. Il est important de les laisser faire, mais, en ce cas, prévoir une autre table afin qu'ils ne perturbent pas la recherche des élèves en difficulté. Très rapidement, les enfants réussissant bien les problèmes n'ont plus envie de manipuler, et seuls ceux qui en ont réellement besoin le font.
– Donner plusieurs problèmes du même genre et faire préparer le matériel par les élèves. Ils se contentent très vite d'un tas de cubes (par exemple) n'ayant pas le même nombre d'éléments que le tas d'œufs du problème, montrant ainsi qu'ils ont compris le principe de la simulation. Cela les aide simplement à visualiser le problème et à imaginer une solution. Ils ne peuvent plus alors venir la valider avec le matériel de substitution.
– Mener, en parallèle, de nombreuses activités de calcul mental permettant aux élèves de résoudre plus facilement les problèmes de partages équitables, en utilisant une approximation par des multiples[48] (*Cf.* chapitre calcul mental et réfléchi).

---

48. Revue INRP, « Comment font-ils ? », *Rencontres pédagogiques*, n° 4, 1984.

- Faire comparer et expliquer différentes solutions d'un même problème, produites par les élèves
- Enfin, terminer l'activité par la simulation, en proposant peu à peu de la remplacer, si nécessaire, par un schéma ou un dessin. Cette étape n'est pas obligatoire. Certains élèves, en difficulté au départ, réussissent à résoudre les problèmes grâce à la simulation et, une fois qu'ils ont abandonné cette aide, n'ont même plus besoin d'un dessin pour visualiser le problème.

Activité pluridisciplinaire (Cycle 3)

Étape 3

Objectif
Clarifier le contrat maître-élève vis-à-vis du problème de mathématiques.

Matériel
Deux textes peuvent être utilisés, au choix ou l'un après l'autre.
- Le premier texte est « Le Problème » de Marcel Aymé, extrait des *Contes du chat perché* (il est toutefois un peu long).
- Le deuxième est « Le Problème » de Christian Lamblin.

Activité
- Faire lire un des textes aux élèves, puis, si l'on veut, le leur faire jouer.
- Laisser les élèves réagir au texte, puis les amener à mettre en relation ce qu'attend le maître ou la maîtresse, par rapport au problème, avec ce qu'ils en ont eux-mêmes compris. Dans les deux textes, l'attente du maître et la compréhension qu'ont les élèves du problème ne coïncident pas. La réalité sous-jacente à laquelle fait référence le problème est une difficulté supplémentaire pour eux. Ils ne réussissent pas à en faire abstraction pour résoudre le problème.
- Exemple du problème de Marcel Aymé
« Les bois de la commune ont une étendue de seize hectares. Sachant qu'un are est planté de trois chênes, de deux hêtres et d'un bouleau. Combien les bois de la commune contiennent-ils d'arbres de chaque espèce ? »
Delphine et Marinette comprennent qu'il s'agit réellement des bois de leur commune et vont donc, effectivement, compter les arbres de chaque espèce. De plus, elles sont persuadées que c'est ce que désire la maîtresse. Or, l'attente de l'institutrice est tout autre. Elle veut simplement que les élèves convertissent seize hectares en ares et qu'ils utilisent la proportionnalité pour faire les calculs, en pensant à des bois fictifs, plantés très régulièrement. Cette attente n'est jamais explicitée. Il s'agit d'un non-dit évident pour le bon élève, mais totalement incompréhensible pour un élève en difficulté.

– Exemple du «problème» de Christian Lamblin
« *Mon papa achète une grosse tarte aux fraises. Il la partage en 4. Sachant que la tarte pèse 800 g, quel va être le poids de chaque part?* »
Là encore, les difficultés rencontrées par les élèves (du texte) sont liées à la situation réelle à laquelle fait appel le problème.
À partir des mots « *mon papa* », faisant référence à la famille de l'enfant, sont évoqués quelques problèmes abordés dans la partie *situation théorique*.
– S'agit-il de « *mon papa* » ou de celui du maître?
– Les élèves font allusion aux enfants de familles divorcées qui vivent avec le père ou la mère.
– Ils soulèvent le problème du père qui est allergique aux fraises.
– Ils se réfèrent au nombre réel de personnes dans leur famille.
– Ils abordent également le problème du partage équitable ou non, et de la politesse qui consiste à donner la plus grosse part à l'invité.
Le maître essaie de modifier le texte à partir des remarques des élèves afin qu'ils ne puissent plus faire d'objections. Il fabrique ainsi un nouveau texte de problème qui n'a plus aucun rapport avec la réalité :
« *J'achète une petite tarte aux pommes et je la partage en 23. Sachant que la tarte pèse 80 g, quel sera le poids de chaque part?* »
Le maître n'explicite jamais son attente. D'une part, il suppose que le partage est équitable, sans toutefois le préciser ; de plus, il veut que les élèves fassent une division. Le fait que le problème soit plausible ou non, n'a aucune importance.
Ces deux textes permettent de mettre en évidence les représentations des élèves à propos d'un problème de mathématiques.
Et l'utilisation d'une nouvelle permet aux élèves de ne pas se sentir directement pris pour cible. Ce sont les personnages des deux textes qui n'ont pas compris ce que voulait l'enseignant et non eux-mêmes. Ils peuvent ainsi mettre en évidence, de façon plus sereine, les quiproquos.
Il est intéressant de faire rédiger les solutions de ces deux problèmes par les élèves de la classe et de confronter les solutions.

ACTIVITÉ 80

Textes de problèmes sans question (CP-CE1-CE2)

Étape 4

Objectif
Comprendre le statut d'une question de problèmes mathématiques.

Matériel
Des textes de problèmes sans question (voir productions d'élèves ci-jointes).

Activité

Le travail présenté ici a été mené dans une classe de CE2[49].

– La maîtresse a mis les élèves par deux ou les a laissés travailler seuls, au choix. Ils ont trouvé seuls ce qu'il fallait faire. Elle leur a donné les textes de problèmes (10 au total), au fur et à mesure, suivant le rythme des enfants. Les textes donnés étaient fonction du niveau des élèves, et la progression était différente d'un groupe à l'autre. Les élèves n'ont pas fait les 10 problèmes, mais seulement quelques-uns. Dès qu'ils pensaient avoir fini, ils apportaient leur travail à la maîtresse qui le vérifiait. Elle les aidait à trouver d'autres questions quand celles proposées ne convenaient pas.

Dans les productions jointes, il y a un, deux ou trois essais suivant le cas. à chaque fois, les élèves ont répondu aux questions qu'ils avaient posées. Quelques élèves ont eu du mal à se représenter le problème n° 3. Ils ne comprenaient pas pourquoi il y avait moins de cyclistes à l'arrivée qu'au départ. La maîtresse a fait allusion aux reportages de courses cyclistes à la télévision et cela a permis aux élèves de comprendre le problème. Ils ont réussi (deuxième et troisième essais) à trouver des questions correspondant au texte.

Le problème n° 10 est beaucoup plus difficile qu'il n'y paraît[50]. Il s'agit, en fait, de trouver un nombre x tel que $(x - 8) - 5 = 24$; résoudre cette équation revient à ajouter à 24 le nombre de billes perdues. Ces quelques exemples montrent que les élèves ont des difficultés à trouver les questions des problèmes et les solutions correspondantes.

Il est important de faire simultanément des simulations de problèmes afin que les élèves comprennent vraiment la situation décrite dans le texte.

> 3. 56 cyclistes ont pris le départ d'une course.
> On compte 45 cyclistes à l'arrivée.
>
> ———
>
> Combien y a-t-il de cyclistes à l'arrivée ?
>
> 56
> – 45
> ——
> 1 1
>
> Il y en a 11 cyclistes à l'arrivée

---

49. Classe de F. Bas, école Romain Rolland à Brou-sur-Chantereine, Seine-et-Marne.

50. *Cf.* travaux de Vergnaud sur la soustraction.

2ᵉ essai. Pourquoi s' y a 45 cyclistes à l'arrivée ?
peut-être il s'en eu un accident 45

```
  5 6
- 1 1
─────
  4 5
```

3ᵉ essai. Il y a ne 11 qui a abandonné la course.

```
  5 6
- 4 5
─────
  1 1
```

10- Hier, un garçon a perdu 8 billes le matin à la récréation
et 5 billes l'après midi.
Il lui reste encore 24 billes.

Combien de billes a-t-il perdue?

```
    1 8
+     5
+ 2 4
─────
= 3 7
```

il a perdu 37 billes.

2ᵉ essai

il avait 37 billes au départ

Construire un problème à partir d'une opération précise (Cycle 3)

Étape 5

Objectif
Inventer un problème ayant comme solution une opération donnée.

Matériel
Une opération écrite au tableau. Ici, on a $20 - 3 - 7 = 10$

Activité
Le travail présenté ici a été fait dans une classe de CE[51].

La maîtresse a proposé aux élèves d'inventer un problème dont la solution serait donnée par l'opération $20 - 3 - 7 = 10$. Elle n'avait pas beaucoup travaillé la résolution de problèmes auparavant.

Voici les productions d'une partie de la classe qui a travaillé sur cette opération. L'invention de textes de problèmes a permis aux élèves de donner libre cours à leur imagination. Peu de problèmes ressemblent à ceux qu'ils ont l'habitude de traiter. Les sujets sont parfois inattendus ! Tous, pourtant, ont pour solution l'opération proposée.

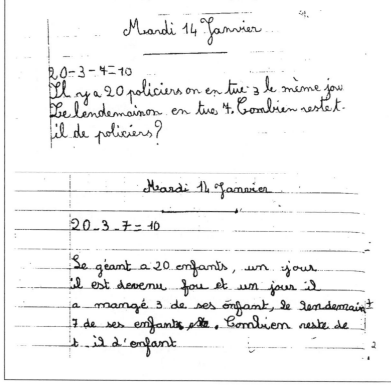

Mardi 14 Janvier

$20 - 3 - 4 = 10$
Il y a 20 policiers on en tue 3 le même jour. Le lendemain on en tue 4. Combien reste-t-il de policiers ?

Mardi 14 Janvier

$20 - 3 - 7 = 10$

Le géant a 20 enfants, un jour il est devenu fou et un jour il a mangé 3 de ses enfants, le lendemain 7 de ses enfants etc. Combien reste-t-il d'enfant

---

51. Classe de I. Cerquetti, école primaire Les Romains, Trélissac, Dordogne.

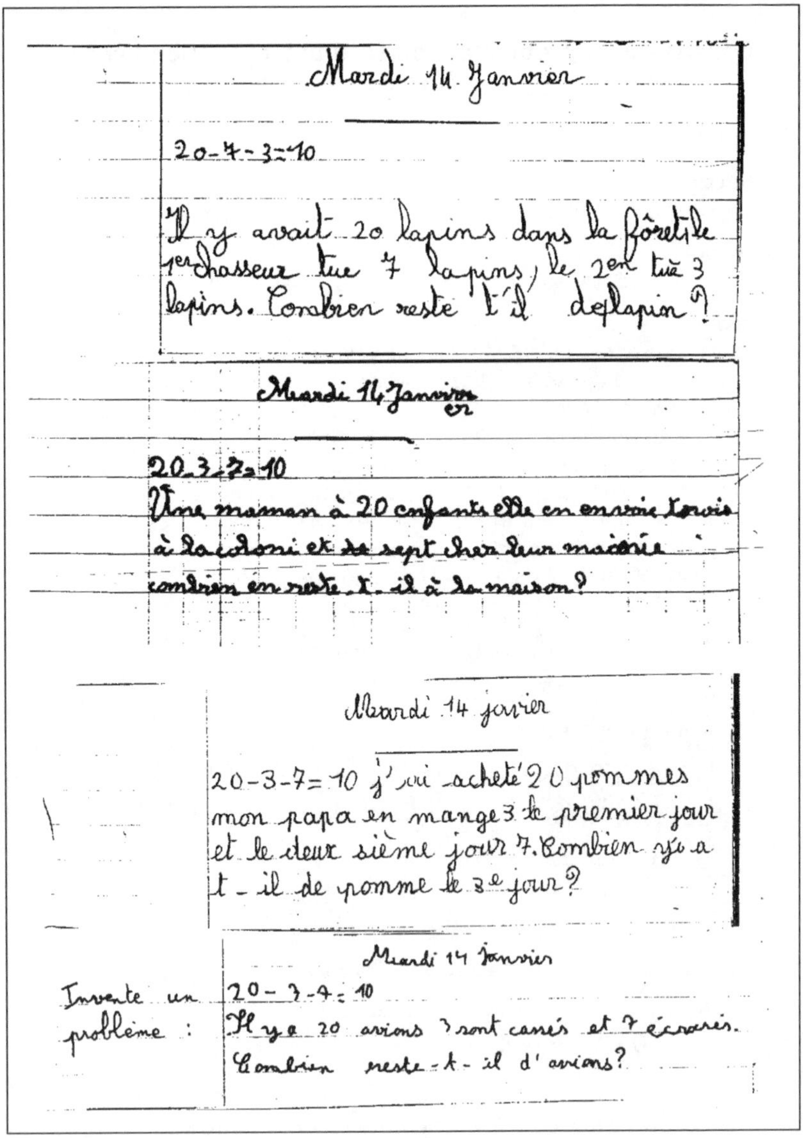

> *Mardi 14 Janvier*
>
> 20 - 7 - 3 = 10
>
> Il y avait 20 lapins dans la forêt. Le 1er chasseur tue 7 lapins, le 2ème tue 3 lapins. Combien reste t'il de lapin ?

> *Mardi 14 Janvier*
>
> 20 - 3 - 7 = 10
>
> Une maman a 20 enfants elle en envoie trois à la colonie et sa sept chez leur mamie combien en reste t il à la maison ?

> *Mardi 14 janvier*
>
> 20 - 3 - 7 = 10 j'ai acheté 20 pommes mon papa en mange 3 le premier jour et le deux sième jour 7. Combien y a t - il de pomme le 3e jour?

Invente un problème :

> *Mardi 14 Janvier*
>
> 20 - 3 - 7 = 10
>
> Il y a 20 avions 3 sont cassés et 7 écrasés. Combien reste-t-il d'avions?

2) Défis et problèmes de recherche

Problèmes sans habillage pouvant être proposés en défi (tous niveaux)

Objectif
Utiliser un raisonnement hypothético-déductif.

Matériel

La marelle suivante est surtout pour le cycle 2 ; prévoir des pions avec les nombres de 1 à 8 écrits dessus.

En cycle 3, laisser les élèves s'organiser seuls et proposer des jetons pour ceux qui seront en difficulté.

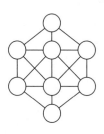

Texte du problème : placer les nombres de 1 à 8 dans la marelle suivante afin que deux nombres consécutifs ne soient pas reliés par un trait.

Activité

Travail individuel.

Ce problème demande très peu de prérequis, mais permet de mettre en œuvre un raisonnement hypothético-déductif.

– Laisser les élèves chercher librement, puis, au bout de quelque temps, faire une synthèse permettant de rassembler les premières observations. Ils vont constater que les cases du milieu sont les plus difficiles à remplir car elles sont reliées à 6 autres cases.

Une première relance est possible à ce moment. Demander aux élèves de mettre en parallèle ces deux cases avec les deux nombres de la liste qui n'ont qu'un seul successeur ou prédécesseur, c'est-à-dire 1 et 8.

Cette seule information permet souvent aux enfants de résoudre le problème. Tout n'est cependant pas terminé et il sera nécessaire de faire une deuxième confrontation des résultats. Les élèves réussissent souvent à remplir convenablement les 4 cases verticales du milieu, mais se trompent pour les 4 autres et effacent tout, ne tenant pas compte de leurs premières remarques. Lors de la synthèse, les aider à ne pas repartir du début, mais à utiliser leurs premières recherches.

Quand les élèves constatent qu'il y a une impossibilité, leur faire remarquer qu'on peut remonter le raisonnement à l'envers et s'arrêter lorsqu'on avait deux choix possibles. à ce moment, il est nécessaire d'essayer le deuxième choix avant de reprendre le raisonnement à l'envers.

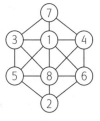

Voici la solution (il n'y en a qu'une, les autres étant obtenues par symétrie à partir de celle-ci) :

ACTIVITÉ 83

Une progression possible sur plusieurs problèmes de recherche (du CP au CM)

Tous niveaux

Objectifs

Mettre en place un raisonnement hypothético-déductif, acquérir une méthode de résolution, réinvestir ces méthodes de recherche.

Formulation pour le cycle 3
Placer les nombres de 1 à 9 dans la marelle ci-contre pour que la somme des nombres sur chaque branche soit la même. (Ne pas donner la valeur de ces sommes et ne pas donner le nombre de solutions possibles.)

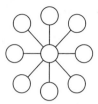

Formulation pour le cycle 2
Donner les sommes possibles et des pions sur lesquels seront écrits les nombres de 1 à 9. Les sommes possibles sont 12, 15 et 18.
Laisser les élèves chercher librement. Au bout d'un certain temps, faire une synthèse pour relancer la recherche. Écrire au tableau la suite des nombres et suggérer aux élèves de la faire « parler », c'est-à-dire de bien l'observer et de faire des constatations. En cycle 3, il est important que les élèves puissent rechercher plusieurs solutions.
L'observation de la suite des nombres de 1 à 9 met en évidence le nombre 5 au milieu de la suite. De part et d'autre de ce nombre, on en trouve d'autres dont la somme fait chaque fois 10, comme ceci :

Voici l'unique solution avec 15. On en trouve d'autres, mais en changeant simplement la place des branches.
Mais si on isole l'un des nombres se situant aux

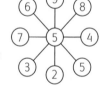

extrémités, il reste des nombres qui pris deux à deux font la même somme. Si on isole 1, cette somme est 11.

On peut donc réaliser une somme de 12 sur chaque branche.
Si on isole 9, cette somme est 9.

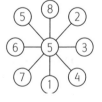

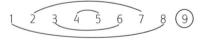

On peut donc réaliser une somme de 18 sur chaque branche.

En cycle 3, demander aux élèves s'ils sont sûrs qu'il n'y a pas d'autre solution.

La justification attendue peut être la suivante :
Si on isole un autre nombre, comme 2 par exemple, on ne peut pas

réaliser suffisamment de sommes égales pour mettre dans les différentes branches de la marelle, donc il n'y a pas d'autres solutions.

Comme prolongement possible au cycle 3, proposer de compléter le carré magique ci-dessous pour que la somme sur chaque ligne, chaque colonne, chaque diagonale soit la même.

Il y a trois recherches à faire si l'on ne donne pas la valeur de la somme. Avec la somme de 15, les élèves vont utiliser la recherche précédente et penser à mettre le 5 au milieu, mais il y a des contraintes supplémentaires et ils vont se rendre compte que le 9 ne peut pas être dans un coin car il n'y a que deux façons de faire 15 avec 9 et les autres nombres de 1 à 9. Ce sont : 9 + 5 + 1 et 9 + 2 + 4. On ne peut donc mettre 9 qu'au milieu d'une ligne.

Voici la solution :

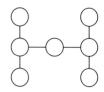

Avec la somme de 12, les élèves vont essayer de mettre 1 au milieu, mais avec 9 il n'y a qu'une possibilité de faire 12, c'est 9 + 1 + 2. Or chaque nombre sert au moins deux fois, donc il n'y a pas de possibilité avec une somme de 12 de remplir le carré magique.

Avec la somme de 18, on fait le même type de raisonnement en mettant 9 au milieu. Or il n'y a qu'une possibilité de faire 18 avec 9 c'est 9 + 1 + 8, donc il n'y a pas de solution.

– Autre marelle :
Dans la marelle suivante, placer les nombres de 1 à 7, pris chacun une seule fois, pour que la somme sur chaque ligne soit la même.

Au cycle 2, donner les sommes. On peut réaliser 11, 12, 13.

Au cycle 3, ne pas les donner et laisser les élèves les trouver en raisonnant.

Les élèves peuvent d'abord chercher la somme minimum et la somme maximum qu'on peut obtenir en combinant trois des nombres de la suite.

La somme minimum est 1 + 2 + 3 = 6
La somme maximum est 5 + 6 + 7 = 18

C'est deux sommes ne peuvent être faites qu'une seule fois, il faut chercher à réaliser des sommes comprises entre 6 et 18.

Les élèves peuvent avoir l'idée de chercher une somme « intermédiaire », c'est-à-dire 12, puis en réutilisant les recherches faites sur les précédentes marelles, avoir l'idée de mettre 4 au milieu et ainsi de trouver les 3 solutions possibles avec 12.

Il y a d'autres raisonnements possibles.
À tâtons, ils peuvent avoir l'idée de chercher à réaliser des sommes proches de 12, c'est-à-dire 11 et 13. Faire remarquer qu'en augmentant le nombre du milieu, on trouve une somme plus petite et inversement en diminuant ce nombre on trouve une somme plus grande.

Voici les solutions[52], page suivante.

52. On trouvera une façon détaillée de conduire ce type de séquence dans JDI, n° 3, novembre 1991, Nathan, *Fiches mathématiques*.

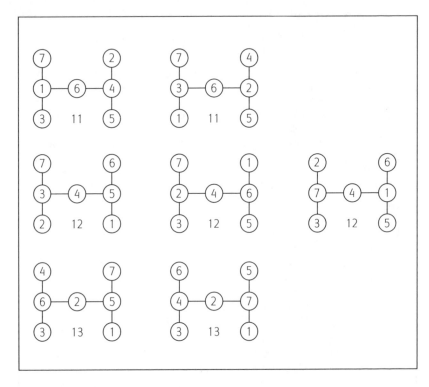

Les figures magiques. (CE1 et CE2)

Objectif

Utiliser les décompositions de nombres dans des situations adaptées.

Voici un exemple de cercles magiques :

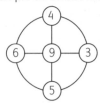
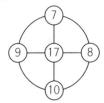

Faire découvrir aux élèves les propriétés de figures déjà réalisées, puis leur demander d'en compléter ou d'en fabriquer d'autres.

La somme des nombres placés sur la verticale est égale à la somme des nombres placés sur l'horizontale. Cette somme est égale à deux fois le nombre situé au milieu. La somme des 4 nombres situés sur le cercle est égale à deux fois le nombre du milieu. La somme des 2 nombres situés sur le cercle et, en même temps, sur une même ligne droite est égale au nombre du milieu.

L'observation de ces propriétés permet de compléter les figures suivantes :

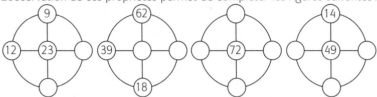

Proposer ensuite aux élèves de chercher à fabriquer des cercles magiques en leur donnant seulement la valeur du nombre central, puis sans donner aucun nombre.

Réutiliser les acquis (CM)

Objectif
Mettre en place une stratégie personnelle pour résoudre un problème de recherche.

On compte sur les doigts de la main gauche, comme ceci :

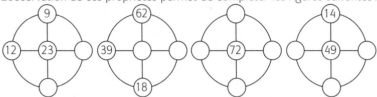

1 pouce	$(5n + 1)$
2 index	$(5n + 2)$
3 majeur	$(5n + 3)$
4 annulaire	$(5n + 4)$
5 auriculaire	$(5n)$
6 pouce	$(5n + 1)$
7 index	$(5n + 2)$
8 majeur, etc.	$(5n + 3)$, etc.

Si l'on compte jusqu'à 100, sur quel doigt va-t-on tomber ? Même question si l'on compte jusqu'à 1 012, puis 1 218. Il s'agit, pour résoudre ce problème, de situer ces différents nombres par rapport aux multiples de 5 (voir notation entre parenthèses pour la solution).

– Laisser les élèves chercher seuls.
En décomposant les différents nombres, on a :
$100 = 20 \times 5$ auriculaire
$1\,012 = 1\,010 + 2$ index
$1\,218 = 1\,215 + 3$ majeur
En fait, la seule chose prise en compte est le reste de la division par 5 de ces nombres.

3) Parcours mathématiques

Parcours mathématiques. (Cycles 2 et 3)

Objectifs
– Poser et résoudre divers problèmes en situation réelle ou vécue.
– Prendre plaisir à la résolution de problèmes.

Matériel
Pour chaque groupe, prévoir, lors du parcours, calculatrice, feuilles de brouillon, règle graduée, ciseaux si nécessaire, mètre-ruban, chaîne d'arpenteur, etc.
Remarque : choisir un parcours proche de l'école afin d'y retourner facilement.
Deux types de parcours sont utilisables : les parcours réels et les parcours reconstitués.

Activité
Parcours réel préparé par l'enseignant :
– Effectuer, seul, la visite et préparer le parcours mathématique en fonction des objectifs que l'on se fixe.
– Les élèves effectuent, à leur tour, le parcours, tout en répondant aux questions posées.
– Faire une synthèse et une analyse collective des réponses, en classe. Faire réfléchir les élèves sur les méthodes de mesures choisies, sur le mode de résolution, etc. Retourner sur le terrain, si nécessaire.
Les élèves élaborent le parcours :
– Le trajet est effectué, une première fois, par les élèves qui élaborent des questionnaires mathématiques avec l'aide de l'enseignant.
– Reprendre les questionnaires en classe et rechercher (collectivement ou en petits groupes) les données nécessaires pour répondre aux questions. Discuter également des questions auxquelles il n'est pas possible de répondre, soit par manque de connaissances mathématiques, soit faute de recueillir les données nécessaires à la résolution.
– Retourner sur le terrain afin d'effectuer le relevé des données utiles à la résolution des différents problèmes.
– Résoudre les problèmes.
Les réponses sont travaillées en groupes.
Chaque groupe produit une affiche qui sera utilisée pour faire une synthèse collective du travail.

Parcours reconstitué :
On n'effectue pas le parcours, mais on utilise des documents sur un parcours ou sur un site donné. (Exemples : documents-photos sur l'Alhambra de Grenade en Espagne ou sur Notre-Dame de Paris, etc.)

Quelques idées pour un circuit dans un parc ou sur un terrain de sport. Géométrie et mesure.

– Mesurer approximativement les dimensions d'un parc ou d'une aire de jeu (en utilisant une chaîne d'arpenteur, la mesure moyenne d'un pas, le temps mis pour le parcourir connaissant le temps moyen mis pour faire 500 mètres, ou tout autre moyen).

– Calculer le périmètre puis l'aire du parc (travail avec le plan du parc, connaissant l'échelle).

– Calculer la hauteur d'un arbre ou d'une construction par un système de visée ou par mesure de la longueur de l'ombre du bâtiment et de celle d'un objet étalon. Ceci permet d'utiliser la proportionnalité (*cf. Les Maths ont une histoire, activités au cycle 3*, Hachette, 1997).

– Réaliser un plan à l'échelle, de la classe, d'une aire de jeu, etc.

– Évaluer le volume d'eau d'un bassin.

– Rechercher la présence de formes géométriques imposées.

– Donner le nom des différentes formes géométriques rencontrées lors du parcours.

– Estimer la hauteur d'une marche puis celle d'un escalier (mesure corporelle).

– Estimer la hauteur et la longueur d'un banc en utilisant différents moyens. Puis comparer les méthodes de mesure.

Champ numérique :

– écrire, en chiffres et en lettres, le nombre de bancs, corbeilles à papier, fontaines, etc. rencontrés.

– Trouver les diviseurs, multiples, l'année d'inauguration du parc.

– Trouver le nombre de personnes qu'on peut faire asseoir sur tous les bancs du parc, après avoir fait une estimation du nombre de personnes qu'on place sur un banc.

– Estimer le nombre de personnes qu'on peut mettre sous chaque abri, puis le nombre total de personnes qu'on peut abriter dans le parc.

– Quelle longueur atteindrait-on si l'on mettait, bout à bout, toutes les planches ayant permis de réaliser les bancs ?

Faire expliciter les méthodes de calcul utilisées dans chaque cas.

Idées pour la visite d'un monument ou pour l'étude de documents sur un monument.

Géométrie :

– Trouver une méthode géométrique pour reproduire une fenêtre en ogive, une rosace, une porte ou toute autre partie du monument (constructions géométriques) (Réf. *Récréations mathématiques, « Les couleurs de l'école »*, sept. 1994, Hachette, F. Cerquetti-Aberkane.).

– Répertorier les différentes formes géométriques planes ou autres, rencontrées lors de la visite.

– Faire reproduire différents pavages (du mur, du carrelage, du plancher). Cela permettra de travailler les transformations géométriques.

– Faire des calculs sur le plan, si on en dispose, ou en faire réaliser un sans respecter l'échelle, dans un premier temps, puis à l'échelle si on dispose facilement de données.

Numération :
– Reprendre les différents calculs des nombres de bancs, marches, etc. proposés dans le parc.
– Opérations à partir des dates de début de construction et de fin de construction, etc. Calcul de durée.
– S'il y a un droit d'entrée à acquitter, effectuer les différents calculs du coût de la visite pour la classe ainsi que les réductions, etc.
– S'il y a un distributeur de boissons ou autres, faire faire un travail sur la monnaie.

Les différentes expériences menées en cycle 3 montrent que ce type d'activité est très stimulant pour les élèves peu enclins à la résolution de problèmes.

Les parcours mathématiques permettent aux élèves en difficulté de se créer une image mentale du problème, leur facilitant ainsi la résolution. Ne pas hésiter à introduire une forme de compétition comme dans une course au trésor. On peut d'ailleurs profiter d'un parcours mathématique pour introduire d'autres questions de type historique ou scientifique. Faire preuve d'humour et proposer aussi des situations imprévues, cocasses et amusantes.

Si les élèves préparent eux-mêmes le parcours, leur suggérer de faire preuve d'imagination et d'originalité. Ils proposeront alors des problèmes plus variés et parfois même délirants, du genre de ceux de J.-L. Fourrier dans *Arithmétique appliquée et impertinente* (Payot).

Fonctions numériques, proportionnalité, pourcentages

Il est important que les notions de rationnels et les calculs sur les fractions aient déjà été vus avant d'aborder les fonctions numériques.

Fonctions numériques

Définition

La fonction f définie d'un ensemble A dans un ensemble B est une relation qui, à un quelconque élément a de A, fait correspondre un élément b de B, image de a par la fonction f.

$$f : A \to B$$
$$a \mapsto b = f(a)$$

Si A et B sont des ensembles de nombres, on dit que *la fonction est numérique.*

Exemple : $f : \mathbb{N} \to \mathbb{N}$ $\qquad$ $g : \mathbb{R} \to \mathbb{R}$

$\qquad x \mapsto x + 1$ $\qquad x \mapsto \dfrac{x}{3} - 2$

$\qquad h : \mathbb{N} \to \mathbb{N}$ $\qquad$ $j : \mathbb{N} \to \mathbb{N}$

$\qquad x \mapsto 4x$ $\qquad x \mapsto x^2$

Composition de fonctions

Soit deux fonctions :

$\qquad f : \mathbb{R} \to \mathbb{R}$ $\qquad g : \mathbb{R} \to \mathbb{R}$
$\qquad x \mapsto f(x)$ $\qquad x \mapsto g(x)$

La fonction h, composée de f puis de g, aura pour définition :

$\qquad h : \mathbb{R} \to \mathbb{R}$ $\qquad$ h est notée g o f
$\qquad x \mapsto g\,(f(x))$

Généralement, la composée de f puis de g est différente de la composée de g puis de f (notée f o g).

L'opération *composition de fonctions* n'est pas commutative.

Rappel historique

Dans l'Antiquité, existait déjà l'idée de fonction. **Les Babyloniens** utilisaient abondamment, en astronomie, des tables sexagésimales, des carrés, des racines carrées, cubes et racines cubiques. **Les Grecs** firent également des tentatives pour déterminer des lois simples de l'acoustique. Ils cherchaient une interdépendance numérique entre diverses quantités physiques. Les tables astronomiques étaient davantage conçues comme des relations entre ensembles finis de nombres pris isolément, dans un but pratique, que comme des fonctions.

à la fin du XIIe siècle de notre ère, **les géomètres algébristes arabes** introduisirent toutes les lignes trigonométriques. Leur mode d'étude se diversifia et les tables se perfectionnèrent. Sharaf Al Din Al Tun progressa aussi dans l'étude de certaines courbes du troisième degré utilisant une expression correspondant à la dérivée première des polynômes.

Au XIIIe et XIVe siècles, les écoles de philosophie naturelle d'**Oxford** et de **Paris** eurent le mérite de chercher à quantifier certains phénomènes physiques, par exemple la vitesse et le temps. **Nicole Oresme** (1320-1382) utilisa une représentation graphique de la relation fonctionnelle liant le temps et la vitesse.

John Napier (1550-1617) (Neper) introduisit la fonction logarithme. **Leibniz**, en 1694, introduisit le mot *fonction* pour désigner une courbe. Il fallut attendre le XVIIIe siècle pour voir vraiment se développer le concept de fonction, au sens où nous l'entendons actuellement. C'est **Euler** (1707-1783), en 1734, qui introduisit la notation fx pour désigner l'image de x par la fonction f. **Euler** et **Daniel Bernoulli** allaient vraiment donner son essor à la notion de fonction.

Fonctions en escalier

C'est le mode de représentation de ces fonctions qui leur a donné ce nom. Elles sont définies par morceau, sur l'ensemble de départ. C'est le cas des tarifs postaux.

Exemple : de 0 g à 20 g :   affranchissement à 0,54 € ?
de 20 g à 50 g :   affranchissement à 0,86 € ?
de 50 g à 100 g : affranchissement à 1,30 € ?

Représentation graphique :

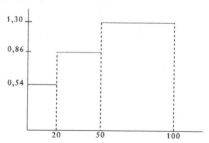

Fonction linéaire

✓ **Définition**

Une fonction f est linéaire si l'image de x par la fonction f est obtenue en multipliant x par un nombre réel quelconque.

$$f : \mathbb{R} \to \mathbb{R}$$
$$x \mapsto ax \qquad \forall\, a \in \mathbb{R}, \text{ a est le coefficient de linéarité.}$$

Contre-exemples :
$$f : \mathbb{R} \to \mathbb{R} \qquad\qquad g : \mathbb{R} \to \mathbb{R}$$
$$x \mapsto 3x + 1 \qquad\qquad x \mapsto x^2$$

La représentation graphique d'une fonction linéaire définie de $\mathbb{R}$ dans $\mathbb{R}$ est une droite qui passe par l'origine.

Exemple : $f(x) = 2x$

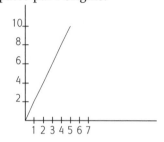

✓ **Propriétés de linéarité**

$$f : \mathbb{R} \to \mathbb{R}$$
$$x \mapsto f(x)$$

L'image d'un élément y = kx, avec k un nombre réel quelconque, est égale à k fois l'image de x.

$$f(kx) = kf(x)$$

L'image de x + y est égale à la somme des images de x et de y.

$$f(x + y) = f(x) + f(y)$$

Fonction affine

✓ **Définition**

Une fonction f définie de $\mathbb{R}$ dans $\mathbb{R}$ est affine si l'image de x par f est égale à ax + b, avec a et b éléments de $\mathbb{R}$.

Exemple :
$$f : \mathbb{R} \to \mathbb{R}$$
$$x \mapsto 7x + 4$$

La représentation graphique d'une fonction affine est une droite ne passant pas par l'origine, sauf lorsque b = 0.

Exemple : $f(x) = 7x + 4$

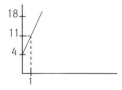

Les fonctions linéaires sont des cas particuliers des fonctions affines.

Proportionnalité

Suites proportionnelles

✓ Définition

Deux suites A et B sont proportionnelles si chaque terme de la deuxième suite B est obtenu en multipliant chaque terme correspondant de la première suite A par un même nombre k fixé, pour deux suites données.

Exemple :

A	1	3	2	7	5	
B	7	21	14	49	35	) × 7

k = 7, k s'appelle *le coefficient de proportionnalité.*

Il n'est pas nécessaire de donner les termes des suites dans un ordre croissant ou décroissant, ni de fournir tous les termes de chaque suite. En revanche, il faut que les termes des deux suites se correspondent exactement comme ceci :

A	B
1	$7 \times 1 = 7$
3	$7 \times 3 = 21$, etc.

Il ne faut pas confondre *être proportionnel* et *être multiple*. Par exemple, on ne doit pas dire que 9 *est proportionnel* à 3, mais que 9 *est multiple* de 3.

Il ne faut pas mélanger non plus croissance et proportionnalité de deux grandeurs. Par exemple, la taille et le poids ne sont pas proportionnels, cependant les deux croissent souvent en même temps mais pas dans les mêmes proportions.

✓ Propriétés

Soit deux suites proportionnelles A et B :

A $a_1\ a_2\ a_3 \ldots\ldots a_n$
B $b_1\ b_2\ b_3 \ldots\ldots b_n$

Si un des termes de la suite A est obtenu en additionnant ou en soustrayant deux termes de cette même suite, le terme correspondant de la suite B est égal à la somme ou à la différence des images de ces deux termes (propriétés de linéarité : $f(x) + f(y) = f(x + y)$, quels que soient x et y).

Exemple :

			+	
1	3	4	2	5
4	12	16	8	20

5 est égal à 2 + 3. L'image de 5 est 12 + 8 = 20.

Si un terme a_1 de la suite A est obtenu en multipliant un autre terme a_2 de la suite A par un nombre réel quelconque k, le terme correspondant de la suite B est égal au produit de k par l'image de a_2.

f(kx) = kf(x) (propriétés de linéarité)

Exemple :

$$1 \quad 3 \quad 4 \quad 2 \overset{\times 5}{\nearrow} 10 \quad 5$$

$$4 \quad 12 \quad 16 \quad 8 \overset{\times 5}{\nearrow} 40 \quad 20$$

10 est égal à 2 × 5. L'image de 10 est égale à l'image de 2 multiplié par 5, c'est-à-dire 8 × 5 = 40.

On constate que l'image de 10 n'est pas égale au produit des images de 2 et de 5.

– Produit en croix

Si deux suites sont proportionnelles et si on isole 2 couples quelconques de nombres correspondants, on a toujours :

$a_1 \quad a_2 \quad\quad a_1 \times b_2 = a_2 \times b_1$
$b_1 \quad b_2$

Exemple :

$$1 \quad\quad 3 \quad\quad 4 \quad\quad 2 \quad\quad 5$$
$$4 \quad\quad 12 \quad\quad 16 \quad\quad 8 \quad\quad 20$$

on a 4 × 20 = 5 × 16.

Cette propriété permet de reconnaître que deux suites sont proportionnelles. Il ne faut pas utiliser cette propriété au cours moyen car elle n'est plus au programme au cycle 3, mais favoriser davantage l'utilisation des deux autres propriétés ou de la recherche du coefficient de proportionnalité (lorsqu'il est simple) dans les problèmes, ou l'utilisation du retour à l'unité.

✓ Représentation graphique

Si on représente dans un repère quelconque les couples correspondants de deux suites proportionnelles, on obtient des points alignés sur une droite passant par l'origine.

Il n'est pas nécessaire d'avoir la droite complète (ni de la tracer) pour conclure qu'il y a proportionnalité, il suffit de vérifier l'alignement.

Représentation graphique des deux suites proportionnelles de l'exemple précédent :

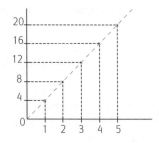

Ici, les autres points de la droite ne sont pas définis et n'ont donc pas de signification. C'est encore plus net lorsqu'il s'agit de certains exercices pratiques.

Il faut seulement s'assurer que les points sont sur une droite passant par l'origine.

L'utilisation de la courbe peut permettre de trouver un terme inconnu de deux suites proportionnelles.

Rappel historique

Au IIIe siècle avant notre ère, **Euclide** expose la théorie des proportions dans son *livre V*. Il en déduit 25 théorèmes établissant les propriétés des grandeurs et rapports de grandeurs utilisés encore aujourd'hui. Cette théorie servira de base à **Karl Weierstrass** qui reprendra une des définitions d'Euclide pour définir l'égalité de deux nombres.

✓ Retour à l'unité ou règle de trois

Dans certains problèmes, le retour à l'unité ou règle de trois peut être utile et même pratique.

Exemple: 2 petits pains coûtent 1,60 €. Quel est le prix de 15 petits pains ?

Nombre de petits pains	2	15
Prix en €	1,60	?

On cherche d'abord le prix d'un petit pain en divisant le prix de 2 petits pains par 2:
soit $1,60 : 2 = 0,80$.

Puis on multiplie ce prix par 15. Cela donne $0,80 \times 15 = 12$

On appelle cela règle de trois parce qu'il y a trois nombres en jeu et qu'on peut écrire directement: $\dfrac{1,60 \times 15}{2} = 12$

Mais l'utilisation de cette méthode peut poser de réelles difficultés à certains élèves dans des cas où le retour à l'unité n'a pas de sens effectif.

Exemple: une mousse au chocolat pour 9 personnes nécessite 6 œufs. Combien d'œufs faudra-t-il pour faire une mousse au chocolat destinée à 15 personnes ?

Le retour à l'unité (une personne ici) va fournir un résultat difficilement compréhensible par un enfant. Il faut, en effet, $\dfrac{2}{3}$ d'œuf par personne.

C'est naturellement impossible à réaliser dans la vie courante. Si l'on veut effectivement faire une mousse au chocolat pour une personne, on prendra un œuf entier. Pour résoudre un tel problème, il vaut mieux avoir recours aux propriétés de linéarité.

Ici, cela donne :

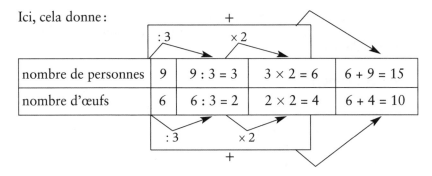

| nombre de personnes | 9 | 9 : 3 = 3 | 3 × 2 = 6 | 6 + 9 = 15 |
| nombre d'œufs | 6 | 6 : 3 = 2 | 2 × 2 = 4 | 6 + 4 = 10 |

Pourcentages

La notion de pourcentage comprend deux aspects :
– aspect proportion : le tout est ramené à 100 et l'on cherche la proportion de chaque partie par rapport à 100 ;
– aspect fonction dans des situations où l'on ajoute ou retranche le pourcentage d'un tout.

Aspect proportion

C'est le cas lorsqu'on exprime les résultats d'élections. On part d'une situation quelconque, par exemple : soit la commune A, 3 652 inscrits et 3 200 votants, et la commune B, 4 750 inscrits et 4 230 votants.
Pour comparer les proportions de votants dans ces deux communes, on ramène les calculs à 100 inscrits pour simplifier.
On cherche ce qui se passerait s'il n'y avait que 100 inscrits, en sous-entendant que les électeurs votent dans les mêmes proportions.
On fabrique deux suites proportionnelles (inscrits, votants) pour la commune A puis pour la commune B.

Commune A		
inscrits	3 652	100
votants	3 200	?

Commune B		
inscrits	4 750	100
votants	4 230	?

Ici, le produit en croix fournit la réponse simplement, mais n'est plus au programme de primaire.
$3\,652 \times p = 100 \times 3\,200$
$p = 87{,}62$
Il y aurait 87,62 personnes votantes pour 100 inscrites. On dit qu'il y a 87,62 % de votants dans la commune A.
De même pour B : $4\,750 \times p = 4\,230 \times 100$
$$p = 89{,}05$$
Dans la commune B, il y a 89,05 % de votants.

Si l'on se ramène au problème concret, les chiffres après la virgule n'ont pas de signification. Ils sont seulement le résultat de calculs. Cela gêne souvent les élèves qui n'en comprennent pas la signification. Il faut donc expliquer qu'ils servent seulement à faire des comparaisons, mais n'ont pas de sens effectif.

Aspect fonction

C'est le cas lorsqu'on achète un produit avec 15 % de réduction ou 5 % d'augmentation.

– Un produit coûtait x. On fait une remise de 15 % sur ce produit. Quel est son nouveau prix ?

On définit, en fait, la fonction ainsi :

$$\mathbb{R} \to \mathbb{R}$$
$$f : x \mapsto x - \frac{15}{100} x$$

On suppose que chaque fois que l'on doit payer 100 € , on accorde une remise de 15 €. On paie donc 85 € à la place de 100 €, soit les $\frac{85}{100}$ du prix.

– Un produit coûtait x. Il subit une hausse de 5 %. Quel est son nouveau prix ?

On définit la fonction suivante :

$$\mathbb{R} \to \mathbb{R}$$
$$f : x \mapsto x + \frac{5}{100} x$$

On suppose que chaque fois que l'on doit payer 100 €, on paie alors 105 €, soit les $\frac{105}{100}$ du prix.

En ramenant le problème à la définition d'une fonction, on calcule facilement le nouveau prix de plusieurs produits concernés par les modifications.

Activités

Les fonctions numériques sont au programme du cours moyen. Nous avons choisi de présenter d'abord les fonctions numériques en général, puis la proportionnalité et les pourcentages comme des cas particuliers des fonctions numériques, pour que les élèves ne croient pas qu'il n'existe que des fonctions linéaires.

1) Fonctions numériques

Manipulation de fonctions : le jeu du magicien (CE1-CM1)

Étape 1

Objectifs
– Trouver l'image de nombres par des fonctions simples.
– Trouver l'antécédent d'un élément, connaissant son image par une fonction simple.

Déroulement de l'activité
– Au début, le maître est le meneur de jeu.
Pour commencer, choisir une fonction numérique simple, définie dans les entiers. Demander aux élèves de choisir un nombre entier quelconque et de lui ajouter 3.
Donner le résultat au maître qui doit retrouver le nombre auquel l'élève a pensé.
Quand quelqu'un croit avoir compris comment procéder, il peut essayer de devenir meneur de jeu.
Conseiller aux élèves d'écrire, dans un tableau, le nombre choisi et le nombre obtenu après l'opération indiquée.
– Après manipulation de chacune des fonctions proposées, faire chercher par les élèves comment les noter. Finalement, utiliser des marqueurs de place à la façon de Bourbaki. Cela facilite beaucoup la compréhension. Ce sont des marqueurs (vides) dans lesquels on peut écrire des nombres.
Exemple :
$f : \mathbb{N} \to \mathbb{N}$
$\quad \Delta \mapsto \Delta + 3$
On pourra proposer les fonctions suivantes au cours du jeu :
$g : \mathbb{N} \to \mathbb{N}$ $\qquad\qquad$ $h : \mathbb{N} \to \mathbb{N}$
$\quad \Delta \mapsto 2 \times \Delta$ $\qquad\qquad$ $\quad \Delta \mapsto 2\Delta - 1$
$i : \mathbb{N} \to \mathbb{N}$
$\quad \Delta \mapsto \Delta \times \Delta$
h n'est définie dans $\mathbb{N}$ que pour des nombres supérieurs ou égaux à 1.
Noter les résultats dans un tableau, pour chaque fonction, de façon à pouvoir les utiliser dans l'étape suivante. Au besoin, les compléter en utilisant des valeurs simples (nombres inférieurs à 20).

Représentation graphique (CM1-CM2)

Étape 2

Objectif
Tracer les représentations graphiques de fonctions numériques simples.

Matériel
– Papier quadrillé et/ou millimétré, Papier calque.
– Tableaux de nombres établis dans l'étape précédente.

Activité

Si l'on n'a pas déjà travaillé l'utilisation de repères orthogonaux ou quelconques, en profiter pour le faire à cette occasion.

– Mettre les élèves par groupes de 4 et leur demander, si nécessaire, de compléter des tableaux établis lors de la première étape de l'activité 87. Faire placer les points correspondants à chacune des fonctions (f, g, h, j) dans un repère différent pour chaque fonction. Lors de la mise en commun, constater que pour les trois premières fonctions, les points sont alignés. Pour la fonction h, la droite qui porte ces points passe par l'origine. Si l'on a défini ces fonctions dans l'ensemble des nombres entiers, les représentations graphiques ne seront que quelques points de chaque droite (voir partie théorique), les autres n'ayant pas de signification puisqu'ils ne correspondent pas à des couples de nombres entiers. Il ne faut donc pas tracer la droite en entier. En revanche, si l'on définit les fonctions dans l'ensemble des nombres réels, la représentation graphique sera la droite complète puisque chaque couple aura une signification pour la fonction.

Exemple : $h(x) = 2x$

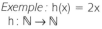

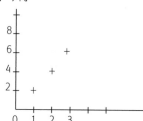
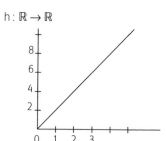

Pour la fonction j, les points ne sont pas sur une droite mais sur une autre courbe. C'est une demi-parabole passant par l'origine. Si l'on définit la fonction dans l'ensemble des entiers naturels, on n'aura que quelques points de cette courbe. Si on la définit dans les réels positifs, on aura la demi-courbe complète.

Proposer ensuite de trouver l'image d'un nombre, pour une des fonctions, en utilisant la représentation graphique. On pourra, pour faciliter le travail, faire tracer la courbe sur un papier calque posé sur le dessin. Cela permet d'avoir le résultat plus facilement.

Exemple : $h : \mathbb{N} \to \mathbb{N}$ $h(x) = 2x$

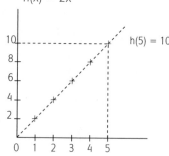

– Proposer ensuite, par exemple, le fameux problème de l'échiquier. L'inventeur du jeu d'échecs demanda comme récompense des grains de riz dont le nombre devait être calculé ainsi : sur la première case 1 grain, sur la deuxième 2 grains, sur la troisième 4 grains, sur la quatrième 8 grains, et ainsi de suite, en doublant à chaque fois le nombre de grains de riz de la case précédente. Les points seront situés sur une courbe appelée *fonction exponentielle*. Elle croît très vite.

– Dans toutes les situations exposées, il n'est pas nécessaire de donner le nom des différentes courbes aux élèves. L'important est qu'ils sachent qu'elles existent et que les diverses fonctions n'ont pas obligatoirement des droites comme représentation graphique.

Fonctions en escalier (CM1-CM2)

Étape 3

Objectif
Tracer une représentation graphique d'une fonction en escalier.

Déroulement de l'activité
Donner un problème de tarifs postaux.
Demander aux élèves de chercher comment représenter graphiquement une telle situation. C'est un problème assez difficile car il faut choisir différents poids de lettres dans chaque intervalle et extrapoler pour les autres, pour comprendre comment cela fonctionne. Il s'agit de segments de droite dont la longueur est différente pour chaque intervalle. Tous les points de chaque segment ont une signification car, quel que soit le poids d'une lettre compris, par exemple, entre 0 et 20 g, il faudra l'affranchir à 0,54 €.
Le graphique peut également servir à trouver l'affranchissement d'une lettre dont on connaît le poids.

2) Proportionnalité

Suites proportionnelles (CM1-CM2)

Étape 1

Objectif
Notion de suites proportionnelles.

Activité
– Reprendre des tableaux (type marche régulière sur la droite graduée, vus dans le chapitre fractions) et les compléter. Tenter de faire trouver, par les élèves, une définition de ce type de suites numériques (mode de fabrication).
– Donner ensuite la définition de deux suites proportionnelles et faire découvrir leurs propriétés (voir partie théorique).

- Faire représenter, dans un repère, des points dont les coordonnées seront les éléments correspondants des deux suites proportionnelles. Faire constater l'analogie avec les fonctions linéaires vues précédemment. Proposer ensuite des tableaux de nombres et demander aux élèves de reconnaître s'il s'agit de tableau de proportionnalité, en justifiant leur réponse. Présenter les tableaux horizontalement et verticalement afin que les élèves ne croient pas que la présentation du tableau a de l'importance. Proposer ensuite de petits exercices et demander aux élèves de reconnaître s'il s'agit de situation de proportionnalité.

Exemples :
1. Chez le boulanger 4 baguettes coûtent 3,40 €, et 8 baguettes coûtent 6,80 €. Est-ce une situation de proportionnalité ?
Une fois cette vérification faite, demander de calculer le prix de 12 baguettes, puis de 6 baguettes puis de 2 baguettes.
2. Pour réaliser 6 litres de potion magique, on doit mettre 3 litres d'eau de pluie, 1 litre de rosée et 2 litres d'extrait de rose. Combien d'eau de pluie, de rosée et d'extrait de rose faudra-t-il pour réaliser 3 litres de potion magique ? Explique pourquoi il s'agit d'une situation de proportionnalité et fais les calculs.

La disposition en tableau peut être une aide pour résoudre les problèmes mais elle n'est pas obligatoire.
On peut aussi avoir recours à un graphique. Proposer de vérifier par le graphique qu'on trouve le même résultat que par le calcul. Choisir des problèmes avec des nombres entiers, au début surtout.
Proposer ensuite de compléter des tableaux de proportionnalité après avoir bien vérifié et justifié qu'il s'agit de tableaux de proportionnalité. Demander également de corriger des tableaux pour qu'ils soient des tableaux de proportionnalité.

ACTIVITÉ 91

Agrandissement de figures (CM1-CM2)

Étape 2

Objectif
En utilisant la proportionnalité, être capable d'agrandir une figure.

Activité
- Partir du puzzle ci-dessous (d'après une idée de G. Brousseau) qu'il faudra agrandir en respectant la règle suivante : ce qui mesure 2 cm sur le dessin de départ devra mesurer 3 cm sur le dessin agrandi. Cette situation permet de vérifier si la notion de proportionnalité a été comprise. De plus, elle a l'avantage de fournir une validation immédiate du travail par les élèves. En effet, si la construction est convenable, les pièces du puzzle agrandi s'emboîtent exactement.

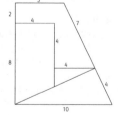

Déroulement de l'activité

Certains élèves ont parfois tendance à ajouter 1 cm à toutes les mesures. Il est important de les laisser aller jusqu'au bout de leur travail car les pièces du puzzle ne pourront pas s'emboîter convenablement avec les mesures qu'ils auront prises, ou alors, si elles s'emboîtent, elles ne respecteront pas toutes la règle qu'ils auront établie. L'agrandissement choisi permet de faire les calculs de tête en utilisant les propriétés des suites proportionnelles. Voici le tableau auquel on peut arriver :

Mesures de départ	2	4	1	5	7	8	10
Mesures agrandies	3	6	1,5	7,5	10,5	12	15

Notion d'échelle (CM1-CM2)

Étape 3

Objectifs
– Tracer un plan à l'échelle.
– Utiliser une échelle pour lire un dessin.

Activité
– Faire tracer le plan de la classe en utilisant l'échelle suivante : 3 cm pour 1 m.
– Mettre les élèves par groupes de 4, puis faire mesurer la classe, les portes, les fenêtres, le tableau. Mesurer ensuite les meubles de la classe, si on le souhaite. Pour réaliser le plan, faire établir un tableau de proportionnalité liant les mesures réelles et les mesures à l'échelle.
Faire des vérifications en mesurant certaines distances dans la classe et sur le plan.
– Dans un deuxième temps, donner un plan de la ville aux élèves et leur demander d'évaluer, en utilisant l'échelle donnée, la distance à vol d'oiseau, puis par la route, séparant l'école de la mairie ou de la poste, puis de leur habitation. Mettre à leur disposition bandes de papier, ficelles, etc. pour leur permettre d'effectuer les mesures.

Problèmes concernant la vitesse (CM1-CM2)

Étape 4

Objectif
Utilisation de la proportionnalité dans des problèmes de vitesse.

Activité
Dans ce type de problème, on considère que le véhicule roule à vitesse constante. Ceci n'est naturellement jamais le cas dans la réalité.
On donne généralement des vitesses moyennes et il faut calculer la distance parcourue pendant un temps donné ou le temps mis pour parcourir une distance donnée. Il est nécessaire de revenir sur la signification de vitesse moyenne égale à 90 km/h, à savoir 90 km faits en une heure. Comme la mesure des durées n'utilise pas un système décimal, il faut se servir d'un tableau de proportionnalité pour connaître la distance parcourue pendant une heure et 20 minutes, par exemple. Toutes ces difficultés sont donc à gérer simultanément.
Exemple :

Temps	1 h	20 min	1 h 20 min
Distance	90 km	$\dfrac{90}{3} = 30$ km	20 km

Il faut faire du calcul mental pour entraîner les élèves à trouver rapidement les proportions entre un nombre quelconque de minutes et une heure.
20 minutes représentent $\dfrac{1}{3}$ d'heure, 40 minutes valent $\dfrac{2}{3}$ d'heure, 15 minutes, c'est $\dfrac{1}{4}$ d'heure, etc. Faire de même pour 1 minute, 5 minutes et 10 minutes.

Les pourcentages (CM1-CM2)

Étape 5

Comme cela a été exposé dans la partie théorique, il faudra séparer les deux aspects, proportion et fonction.
Pour l'aspect proportion, on aura intérêt à choisir, surtout au début, des situations où les calculs se font mentalement ou simplement en utilisant les propriétés de la proportionnalité.

Exemple : sur 32 élèves, 28 ont réussi leur examen. Quel est le pourcentage de réussite ?

Effectifs	32	16	8	4	28 = 16 + 4 + 8
%	100	50	25	12,5	87,5

Entraîner les élèves à chercher d'abord une méthode mentale (donnant souvent un résultat approché) avant de se lancer dans des calculs.

Reprenons l'exemple de la partie théorique pour illustrer cela.

Effectifs	3 652	1 826	913	456,5	3 195,5
%	100	50	25	12,5	87,5

3 200 correspondent à peu près à 87,5 %.

Effectifs	4 750	475	47,5	4 275	4 227,5
%	100	10	1	90	89

4 230 correspondent à peu près à 89 %.

En ne faisant que des divisions par 2 et par 10, et des additions et des soustractions, on retrouve approximativement les résultats provenant de la règle de trois.

 – Utiliser des repères quelconques, au départ, lorsqu'on qu'on représente graphiquement des fonctions, *afin d'éviter le type d'erreur due à l'introduction trop tardive de tels repères :*

A (2 ; 3)

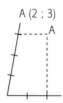

En effet, si l'on commence par présenter les repères orthonormés, les élèves ne retiennent pas que les droites de construction doivent être parallèles aux axes, mais seulement qu'elles sont verticales et horizontales.

– Ne pas donner de recettes pour les calculs sur les fonctions et les proportions. *Favoriser le plus possible le calcul mental dans toutes ces situations. Cela permet aux enfants d'avoir une méthode de calcul approché évitant les erreurs dues à une mauvaise utilisation de formules mal comprises. De plus, cela aide beaucoup à comprendre ce qu'on fait et à raisonner.*

4

Espace et géométrie

Dans cette partie, on aborde les notions de points, droites, plans, espaces, aux cycles 2 et 3, ainsi que les figures planes, les notions de secteur angulaire, de périmètre et de surface. Là encore, de nombreuses fiches et jeux permettent de présenter ces notions de façon plus attrayante.

On trouvera également un chapitre concernant les constructions géométriques et la reproduction de figures ainsi qu'une progression sur ce thème pour le cycle 3.

Les solides ainsi que les transformations géométriques planes sont également abordés.

Points, droites, plans, espaces

Ce chapitre a pour objet de préciser les différentes définitions de la géométrie et de situer les diverses activités géométriques par rapport aux géométries définies actuellement.

On propose des activités de tracés adaptées aux cycles 2 et 3.

Pour tenter de préciser les éléments des différents espaces, on va s'appuyer sur les définitions données par Euclide lui-même. Il bâtit la géométrie euclidienne sur une série de définitions, axiomes et postulats permettant de faire des démonstrations et d'aboutir à des théorèmes. Ses définitions sont très intuitives. Donnons ici quelques explications sur les définitions, les axiomes et les postulats.

Les **définitions** sont des énoncés propres d'un objet.

Les **axiomes** sont des évidences qu'il est, selon Aristote, « *indispensable de connaître pour apprendre quelque chose* ».

Les **postulats** sont des principes que l'on demande d'accepter, mais qui ne sont ni évidents, ni axiomatiques. Ce sont de simples hypothèses (ou règles du jeu) non démontrables.

Les **théorèmes** sont des propositions mathématiques démontrées en utilisant axiomes, postulats, définitions et parfois d'autres théorèmes.

Pour faire de la géométrie, il faut définir les objets mathématiques utilisés. Il est donc nécessaire de partir d'éléments de base et de construire les autres à partir de ceux-là.

Points et droites

Les points

Définition 1 d'Euclide, *livre I* : « *Le point est ce qui n'a aucune partie.* » C'est l'élément de base. Il n'a ni longueur, ni largeur, ni épaisseur.

Rappel historique

Le mot *géométrie* vient du grec. *Géo* veut dire terre et *métrie* signifie mesure. La géométrie était donc conçue comme la science de la mesure de la terre.

L'origine de la géométrie semble être liée directement aux exigences de la vie pratique : calcul d'aires de champs, constructions d'habitations, de monuments, etc. On a retrouvé des **tablettes babyloniennes** et des **papyrus égyptiens** l'attestant. Les écoles de Thalès (640-546 avant J.-C.) et de **Pythagore** (première moitié du VIe siècle avant J.-C.), tous deux mathématiciens grecs, furent les premières à se préoccuper plus sérieusement de la géométrie. C'est dans l'Académie platonicienne (**Platon**, 427-347 avant J.-C.) qu'apparurent les premiers éléments de géométrie. Les platoniciens distinguaient nettement les objets géométriques abstraits et parfaits des objets du monde réel. La figure géométrique parfaite appartient au domaine des idées. Sa représentation, sur le sable ou ailleurs, est forcément imparfaite. Enfin, au IIIe siècle avant J.-C., **Euclide** rédigea 15 livres, *Les Éléments*, dont les quatre premiers sont consacrés à la géométrique plane. Ils étudient les propriétés fondamentales des figures rectilignes et des cercles. Ils n'abordent que des problèmes dont la solution est obtenue par construction à la règle et au compas.

Au IXe siècle, les **mathématiciens arabes** traduisirent les traités grecs, les commentèrent et les enrichirent. Ils développèrent des méthodes de calcul d'aire et de volume, et la géométrie de la sphère pour les besoins de l'astronomie. Ils simplifièrent également des méthodes de construction. **Abu-l-Wafa** traita des constructions fondamentales (perpendiculaires, parallèles, partage de segments) à l'aide d'une règle et d'un compas à ouverture constante.

Entre l'an 800 et le milieu du XIIIe siècle, les mathématiciens arabes se sont appropriés les connaissances des géomètres grecs et les ont améliorées. Il n'en est pas de même du monde occidental de l'époque qui ignorait tout de la géométrie grecque jusqu'à la Renaissance. Au XVIe siècle, l'Occident découvrit avec enthousiasme l'héritage grec et les compléments qu'y avaient apportés les Arabes.

Actuellement, il n'y a plus *une* géométrie, mais *des* géométries. Une géométrie est constituée d'un **ensemble** et d'un groupe de **transformations** agissant sur cet ensemble. Pour un même ensemble, on peut définir plusieurs groupes différents de transformations. Chaque géométrie sera repérée par les éléments restant invariants et par les transformations définies sur l'ensemble.

Dans l'espace topologique, on définit des déformations qui conservent aux éléments de l'ensemble les notions d'intérieur, d'extérieur, d'ouvert, de fermé, de voisinage, qui gardent le même nombre de trous d'un élément ainsi que le nombre de points d'intersection entre deux lignes. C'est la **topologie**.

Dans l'espace projectif, on définit des transformations qui déforment les éléments en conservant l'alignement des points. C'est la **géométrie projective**.

Dans l'espace affine, on définit des transformations qui étirent, compressent les éléments, mais conservent le parallélisme des droites et le rapport de longueur des segments découpés par des parallèles sur des droites sécantes (axiome de Thalès). C'est la **géométrie affine**.

Dans l'espace euclidien, on définit des similitudes qui agrandissent ou rétrécissent les éléments en conservant les formes, les angles et les rapports de longueur des segments. C'est la **géométrie des similitudes**.

Dans l'espace cartésien, on définit des isométries qui conservent les formes et les mesures, C'est la **géométrie métrique**.

La géométrie est de l'imaginaire pur.

Dès que l'on représente un point sur une feuille, on lui donne forcément une largeur et une longueur. Le point géométrique n'existe que dans l'esprit. Il en est de même de tous les éléments de la géométrie.

Représentation d'un point : cette représentation varie suivant qu'il s'agit d'un point isolé A ou B, des extrémités d'un segment, C ou D ou d'un point repéré sur une droite, le point E ici.

$+_A$ C ├————┤ D

         • B(représentation utilisée abusivement en primaire)

E

 Les élèves de l'école élémentaire et du début de collège confondent souvent signifiant et signifié. En effet, ils utilisent parfois la lettre qui indique le nom du point, à la place de la représentation de celui-ci, ce qui pose problème lorsqu'il s'agit d'effectuer une mesure d'un segment car ils mesurent alors la distance qui sépare les lettres, nommant les points au lieu de mesurer la distance entre les deux points. S'il s'agit de joindre deux points, ils joignent les lettres qui désignent ces points.

Les droites

Définition 2 d'Euclide, *livre I* : « *Une ligne est une longueur sans largeur.* »

Définition 4 : « *Une ligne droite est celle qui est également placée entre ses points.* »

La notion de droite ne se définit pas, elle est intuitive. La droite possède deux propriétés fondamentales :

– c'est le plus court chemin d'un point à un autre ;

– on ne peut mener qu'une ligne droite entre deux points quelconques.

On peut aussi dire à l'école élémentaire, que c'est un ensemble infini de points alignés en suivant toujours la même direction. Pour faire un tracé, le bord d'une règle ou de tout autre objet rectiligne permet de conserver une direction donnée et de représenter une droite.

Lorsqu'on trace une droite sur une feuille, elle a obligatoirement une épaisseur et n'est pas infinie. Il est donc indispensable, comme on le verra plus loin, de savoir que la droite se poursuit à l'infini, et de pouvoir l'imaginer, à partir de sa représentation.

Représentation d'une droite :

(d)

✓ La demi-droite

En repérant un point sur une droite, on définit deux demi-droites à partir de ce point : la demi-droite notée [Bx) et la demi-droite notée [By)

Représentation des deux demi-droites

Le mot demi-droite est ambigu car il laisse penser qu'il s'agit de la moitié d'une droite, or il ne peut s'agir de moitié de droite puisque la droite est infinie.

✓ Le segment de droite

C'est une portion de droite limitée à chaque extrémité par un point.
Représentation du segment AB, notation [AB] :

✓ Les droites sécantes

Deux droites sont sécantes si elles se coupent en un point, et un seul.
Représentation :

(d)
(d')

A

Lorsqu'on représente deux droites sécantes, le point d'intersection peut être extérieur à la feuille.
Exemple : les droites (d) et (d') se coupent en dehors de la feuille.

Ces deux droites sont sécantes car si on les prolonge, elles vont se couper en un point. Il est donc nécessaire de savoir que les droites sont infinies et que le dessin n'est qu'une représentation d'un morceau des droites.

Les droites sécantes déterminent des secteurs angulaires opposés et égaux deux à deux.

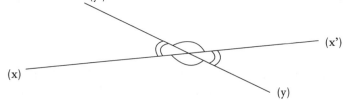

✓ Les droites perpendiculaires

Deux droites sont perpendiculaires si elles se coupent en formant 4 angles droits.

Pour vérifier cela, il est nécessaire d'utiliser un outil (équerre, rapporteur, calibre d'angle).

Représentation et notation : (d) ⊥ (d')

Éviter de représenter les droites perpendiculaires en ne prenant que des droites verticales et horizontales, sinon les enfants ne reconnaîtront les perpendiculaires que dans ce cas unique.

✓ Les droites parallèles

Deux droites sont parallèles si elles ne se rencontrent jamais, c'est-à-dire si elles n'ont aucun point d'intersection. La distance qui les sépare reste constante.

Représentation et notation : (d) // (d')

```
                                              ——— (d)
      ————————————————————————————————  (d')
```

Propriétés

Si deux droites sont parallèles, toute droite sécante à l'une est sécante à l'autre.

De plus, une droite sécante coupant des parallèles détermine sur celles-ci des paires d'angles égaux.

Si deux droites sont parallèles, toute perpendiculaire à l'une est perpendiculaire à l'autre.

Distance d'un point à une droite

La distance d'un point A à une droite (d) est la plus courte des distances du point A à un point de la droite (d). C'est la distance entre le point A et le point A', pied de la perpendiculaire abaissée de A sur (d).

Représentation :

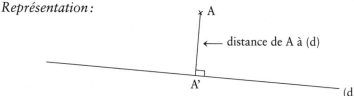

En français, ce mot a une tout autre signification, et cela peut faire obstacle à la compréhension. Il faut bien préciser qu'il s'agit de distance au sens mathématique du terme.

Distance entre deux droites parallèles

C'est la distance entre les extrémités du segment situé sur une droite perpendiculaire commune aux deux droites parallèles et compris entre ces deux droites parallèles.

Représentation :

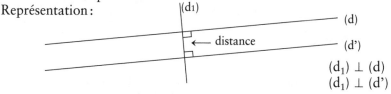

Plan

Définition

Le plan est une surface telle que toute droite joignant 2 points quelconques de cette surface s'y trouve contenue entièrement.

Il est défini par deux droites sécantes. C'est l'ensemble des points de ces deux droites et des points compris entre ces deux droites.

Représentation :

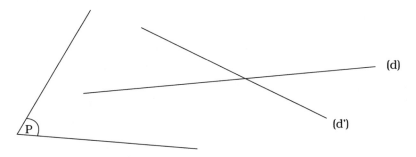

Demi-plan

Une droite (d) d'un plan P partage ce plan en deux demi-plans.
Représentation :

demi-plan n° 2

(d)

demi-plan n° 1

P

La droite est la frontière entre les deux demi-plans. Comme pour la demi-droite, le vocabulaire utilisé prête à confusion.

Activités

Nous proposons des activités sur les droites et les points, et sur les repérages aux cycles 2 et 3. Elles peuvent très bien être traitées après les activités du chapitre sur les figures géométriques. Nous avons préféré commencer par les éléments de base.

1) Topologie

Déplacements sur quadrillage (Cycle 2)
(géométrie des similitudes)

Objectifs
– Travailler l'orientation droite/gauche.
– Décodage et codage d'un message notant un déplacement sur quadrillage.

Matériel
– Un grand quadrillage dans la cour ou dans le préau (réalisé avec de l'adhésif de couleur, par exemple).
– De grandes bandes de papier lisibles par tous et sur lesquelles seront écrits les messages.
– Des bandes de papier plus petites pour écrire les messages individuels.

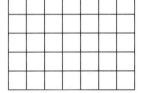

– Une flèche de la grandeur d'un des côtés d'un carreau du quadrillage, dessinée sur du carton.

Activité

Elle se déroule dans la cour ou sous le préau.

⊗ ⟵ point de départ (un cerceau)

– Établir un code : la flèche indique une direction de déplacement et un déplacement d'un carreau. Les déplacements se font le long des lignes du quadrillage.

Le maître pose la flèche au sol de façon à ce que le message et le déplacement s'effectuent dans un même plan.
Les uns après les autres, les élèves vont effectuer un trajet sur le quadrillage en respectant un message fléché par le maître, au fur et à mesure. Si nécessaire, on posera la flèche sur le quadrillage.

Demander aux élèves de donner la direction de la flèche (vers la droite, vers la gauche, devant, derrière).
– Quand on s'est assuré que tous les élèves suivent un message pas à pas, en proposer un, écrit sur une grande bande de papier. L'élève devra se déplacer sur le quadrillage et aura en main une copie du message. La grande bande sera posée sur le sol afin que le reste du groupe puisse vérifier le trajet.
Exemple : ↑ ↑ → → → ↑ →
– Faire ensuite coder un autre trajet réellement effectué par les élèves. Si on propose un travail écrit, commencer par le décodage d'un message (le trajet sera tracé par les élèves sur un quadrillage donné), puis le codage d'un chemin déjà tracé par le maître sur une feuille.

 *– **Au cycle 2,** ne jamais commencer un travail écrit sur les différents repérages avant d'avoir abordé ces notions en motricité. L'écrit n'est pas obligatoire en maternelle.*

*– **Disposer des objets sur le bord du quadrillage.** Les enfants effectuent leur trajet et peuvent prendre l'objet qui se trouve à l'arrivée. Éviter toutefois de prendre des objets trop chargés affectivement car cela peut être un élément parasite. Les enfants peuvent avoir envie d'un objet précis et se diriger vers celui-là, sans respecter le code du chemin.*

*– **Si on travaille avec un modèle au tableau,** on peut rencontrer certaines difficultés liées au passage du plan vertical du tableau au plan horizontal du cahier. Faire, en ce cas, un passage progressif du plan horizontal au plan vertical en partant d'une feuille de papier posée sur le sol et redressée peu à peu sur le tableau.*

*– **À l'écrit,** éviter de dessiner des personnages ou des animaux pour lesquels la position de la tête peut créer des ambiguïtés. Représenter l'être qui doit se déplacer par une croix, par exemple.*

*– **Bien s'assurer de la maîtrise du code flèches par les enfants :** ↑ avance de 1 carreau, → tourne à droite et avance de 1 carreau, ← tourne à gauche et avance de 1 carreau, → recule de ↓ carreau.*

*– **À l'écrit,** lorsque les élèves ont des difficultés à représenter un trajet pour lequel le personnage qui se déplace n'est pas en face d'eux, suggérer de tourner la feuille de façon à avoir la grille en face, dans le sens du déplacement.*

Lignes ouvertes et fermées (topologie) (Cycle 2)

Objectif
Notions d'ouvert et de fermé.
Ces notions sont d'abord travaillées en motricité et, seulement ensuite, exploitées par écrit en CP et en maternelle.

Déroulement de l'activité
Faire tracer des lignes courbes puis brisées, ouvertes et fermées, des spirales, etc. (il sera sans doute nécessaire d'expliquer auparavant la signification de ces mots, si cela n'a pas encore été fait).
En partant de ces nouvelles productions, renforcer le travail de motricité par un travail sur papier concernant les diverses notions.
Faire suivre avec le doigt, par exemple, des lignes ouvertes puis fermées.
On peut à cette occasion vérifier ce que les élèves savent déjà de la notion d'intérieur et d'extérieur.

Intérieur et extérieur d'une courbe (topologie) (Cycle 2)

Objectif
Notions d'intérieur et d'extérieur.

Matériel
Des courbes ouvertes ou fermées dessinées au tableau en CE1 et sur le sol en grande section de maternelle et en CP.

Déroulement de l'activité
Vérifier que les élèves savent reconnaître si une courbe est ouverte ou fermée.
Pour la grande section et le CP, travailler d'abord ces notions en motricité et n'utiliser le support écrit qu'en dernier lieu pour vérifier les acquis.
Utilisez des activités ludiques.
Pour le CE1, on peut n'utiliser que les schémas du tableau pour vérifier si tous les élèves différencient bien ces deux notions puis proposer un travail écrit permettant d'évaluer les compétences de chacun.

Approche de la notion de cercle (Cycle 2)

Objectif
Découvrir la propriété des points situés sur un cercle.

Matériel
– De grandes feuilles de papier d'emballage (ou se mettre à même le sol).
– De gros feutres ou de la craie.
– De la ficelle, des pots ou des bouteilles lestés.

– Des règles compas. Il s'agit de petits morceaux de plastique dans lesquels sont percés des trous afin de pouvoir y introduire un crayon et permettant de fixer l'une des extrémités qui pourra pivoter (matériel Celda).

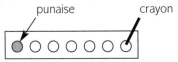

punaise   crayon

Déroulement de l'activité

L'activité se déroule dans la cour ou sous le préau. Proposer aux élèves le matériel ci-dessous et les laisser chercher ce qu'on peut tracer avec un tel matériel.

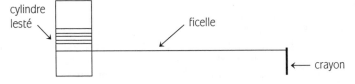

cylindre lesté   ficelle   crayon

Prévoir des cylindres pour lesquels la ficelle peut coulisser autour du cylindre lesté et d'autres pour lesquels la ficelle ne peut pas coulisser.

Si les élèves enroulent la corde autour du cylindre lesté, tout en la laissant bien tendue, ils vont construire une spirale, si au contraire ils tendent bien la ficelle et la font tourner sans l'enrouler autour du cylindre, ils vont tracer un cercle.

Tous les cas de tracés intermédiaires sont possibles.

Laisser faire les différents tracés, puis mettre en commun les productions et demander aux élèves d'expliquer ou de montrer comment ils s'y sont pris pour faire les différents tracés.

Terminer la mise en commun en faisant noter que le cercle est tracé en conservant toujours la même distance au centre.

De retour en classe, proposer de faire des tracés de cercles en utilisant les règles compas.

Ces deux activités ont l'avantage de mettre en évidence le rayon des cercles, matérialisé soit par la ficelle soit par le morceau de plastique, ce qui n'est pas le cas avec un compas pour lequel le rayon n'est pas matérialisé.

2) Activités au cycle 3

Au cycle 3, droites et points sont des notions qui permettent de suggérer l'infini et de travailler la distinction entre les objets géométriques et leurs représentations.

Points, droites, demi-droites, segments
(géométrie projective) (Cycle 3)

Étape 1

Il est indispensable de partir des représentations des élèves pour travailler ces notions.

Objectifs

– Affiner et préciser les notions de points, droites, demi-droites et segments.
– Travailler les représentations mentales de ces éléments géométriques.

Matériel

Papier non ligné, règle plate non graduée, crayon bien taillé.

Activité

– Sur une feuille non lignée, demander aux élèves de tracer successivement une droite, une demi-droite, un segment de droite, et de marquer un point sur la feuille en dehors des tracés précédents. À partir des productions des élèves, demander oralement ce que sont, pour eux, ces différents éléments. Demander, ensuite, si une droite, une demi-droite, un segment de droite sont mesurables.

– Donner la façon habituelle de représenter ces éléments de géométrie en insistant bien sur le fait qu'une droite et une demi-droite sont infinies, sans épaisseur et donc non mesurables. Les élèves doivent comprendre que ce qui est représenté sur une feuille ou au tableau n'est pas vraiment une droite mathématique car elle est limitée et a une épaisseur. Le tracé permet de s'imaginer une droite, mais elle n'existe justement que dans l'imaginaire.

Comme nous l'avons dit dans la partie théorique, les élèves définissent une demi-droite comme *la moitié d'une droite* et ont tendance à placer le point qui sépare la droite en deux demi-droites au milieu du trait représentant la droite. Revenir sur la signification du mot *demi* dans ce cas précis.

– Marquer un point au tableau. Demander aux élèves de tracer sur une feuille une droite et de l'orienter (en bougeant la feuille) de façon à ce qu'elle passe par le point marqué au tableau. Ceci permet de faire travailler les élèves sur leur représentation mentale de la droite.

Droites sécantes, perpendiculaires (géométrie des similitudes) et parallèles (géométrie affine) (Cycle 3)

Étape 2

Objectif

Notions de droites sécantes, perpendiculaires et parallèles.

Matériel
– Calibre d'angles, équerre du commerce ou fabriquée.
– Papier calque.

Réalisation d'un calibre d'angles[53]
Prendre du *Rhodoïd* transparent et y découper un angle droit comme ceci :

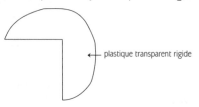

← plastique transparent rigide

Cela permet de vérifier qu'un angle est droit en plaçant le calibre d'angle à l'extérieur. L'équerre, ayant trois angles différents, est parfois difficile à utiliser pour certains élèves. Il est donc préférable d'en fabriquer une en prenant une feuille de papier que l'on pliera en deux (le pli sera en travers, de préférence), puis à nouveau en deux, de façon à superposer les deux morceaux du pli précédent, comme ceci :

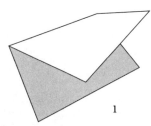 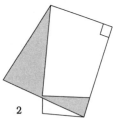

1   2

Activité
– Demander aux élèves ce que sont deux droites sécantes pour eux.
Tracer ensuite, au bord du tableau, deux droites sécantes dont le point d'intersection se situe en dehors du tableau. Placer une grande feuille de papier à côté du tableau comme indiqué ci-dessous :

tableau   papier

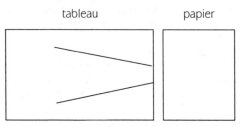

Demander aux élèves si ces deux droites sont sécantes. Certains élèves répondent non car « les droites ne se coupent pas », confondant la

---

53. Barataud et Brunelle, *Maths en fête*, CE1, Colin Bourrelier, 1984.

représentation de la droite avec la droite évoquée. En effet, ils pensent que si le point d'intersection de deux droites n'est pas représenté, les deux droites ne se coupent pas et en concluent même parfois qu'elles sont donc parallèles, comme le prouvent les résultats aux évaluations de début de CE2.

Demander aux élèves de bien regarder les deux représentations de droites dessinées au tableau puis de les prolonger mentalement afin de « voir » leur point d'intersection sur la feuille placée à côté du tableau. Demander à un élève de venir indiquer avec le doigt ce point d'intersection. Puis le marquer avec un feutre. Faire ensuite prolonger les deux droites sur cette feuille et vérifier ainsi la place du point d'intersection.

Ce travail mental permet aux élèves de mettre en place une stratégie pour vérifier si deux droites sont sécantes, même dans le cas où le point d'intersection ne se situe pas sur la feuille sur laquelle les droites sont représentées.

– Demander aux élèves de tracer sur une feuille deux droites sécantes avec un point d'intersection sur cette feuille. Faire la même chose au tableau et numéroter les secteurs angulaires comme ceci :

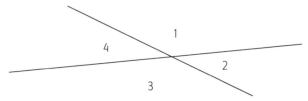

– Demander de faire des constatations sur les secteurs angulaires et donner du papier calque afin de vérifier ce qu'ils ont trouvé. Mettre en commun les remarques. Ils constatent, le plus souvent, que les secteurs 1 et 3 ainsi que 2 et 4 sont égaux.

– Faire chercher aux élèves s'il est possible de tracer deux droites sécantes telles que les quatre secteurs angulaires soient égaux. Ils sentent généralement que c'est possible, mais réussissent rarement à les tracer.

Expliquer que de telles droites sont perpendiculaires et qu'elles forment 4 secteurs angulaires droits qu'il est possible de tracer avec une équerre ou un calibre d'angles. Faire remarquer que les secteurs angulaires droits ne sont pas nécessairement obtenus en faisant l'intersection de droites verticales et horizontales.

– Demander aux élèves de tracer deux droites parallèles et en donner la définition, si nécessaire. Les élèves ont parfois du mal à admettre que deux droites sont parallèles car ils disent que l'on ne peut pas savoir si elles se coupent jamais, puisqu'on ne peut pas le vérifier. Proposer, alors, la propriété des droites parallèles : *« Si deux droites sont parallèles, toute perpendiculaire à l'une est perpendiculaire à l'autre. »* Cela donne une méthode pour tracer deux droites parallèles.

Dire aussi que la distance entre deux droites parallèles reste constante. C'est également un moyen de tracer des parallèles. Terminer l'activité en proposant une évaluation pour vérifier l'acquisition des notions par les élèves.

– Quand sont proposées aux élèves des activités de ce genre, on ne sait pas toujours ce qu'il faut faire noter sur le cahier. Il est tout à fait possible de partir des productions exactes qui seront collées sur le cahier et sous lesquelles les définitions, par exemple, ou des explications fournies par le maître, seront notées. Mettre, à la suite, l'évaluation donnée en fin de séance.

Repérage dans le plan (CE2-CM1)

Objectif
Apprendre à se repérer dans un plan défini par un repère quelconque.

Matériel
Divers quadrillages individuels comme ceux proposés ci-dessous. Prévoir de grands quadrillages identiques pour le tableau.

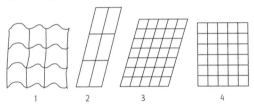

Activité
– Distribuer une feuille avec les divers quadrillages et demander aux élèves comment on peut se repérer sur de tels quadrillages. Une solution est de numéroter soit les lignes, soit les cases. Pour situer un objet, on choisit de donner d'abord le numéro de la ligne ou de la case qui est horizontale, puis celui de la ligne ou de la case verticale.
Partir ensuite du jeu de la bataille navale. Les bateaux peuvent être des points situés au nœud du quadrillage ou occuper des cases. Le maître dispose en secret un certain nombre de bateaux sur un quadrillage personnel non visible par les élèves qui doivent essayer de couler ces bateaux. Commencer par le quadrillage n° 1. Chaque élève aura en sa possession un quadrillage identique à celui du maître pour qu'il puisse se situer. La classe joue contre l'enseignant. Chaque élève, à son tour, propose un couple de coordonnées et va inscrire sur le quadrillage du tableau ce qu'il vient de proposer. Il fait la même chose sur son quadrillage personnel chaque fois qu'une proposition est faite. Le gagnant est celui qui a coulé le plus de bateaux et qui n'a pas donné des coordonnées déjà proposées (attribuer des points de pénalité pour cela.) Refaire le même genre d'activités avec les quadrillages 2, 3 et 4 (on peut, cette fois, utiliser les nœuds si l'on a déjà pris les cases, et réciproquement). Il est important de ne pas commencer directement par le quadrillage 4, qui est régulier, afin que les élèves comprennent le principe du repérage dans les cas les plus variés.

– Au CM2, on pourra proposer de placer des points dans un plan muni d'un repère quelconque, comme ceci :

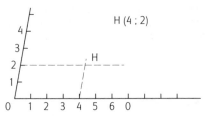

Le quadrillage, cette fois, n'est pas donné, mais il est suggéré. Placer quelques points et faire trouver aux élèves leurs coordonnées. Demander ensuite de placer les points suivants : A (0 ; 2), B (4 ; 0), C (3 ; 5), etc. On peut également proposer un jeu semblable à celui de la bataille navale, mais uniquement avec des points. On pourra imaginer que ce sont des trésors sous-marins, par exemple. Le gagnant est celui qui a trouvé le plus de trésors et qui n'a pas proposé de coordonnées déjà données par un autre élève. Cela permet de placer rapidement une grande quantité de points dans un repère, tout en s'amusant. Le fait de partir d'un repère quelconque permet aux élèves de comprendre le principe du repérage, à savoir tracer des droites parallèles aux axes. Cela évite l'erreur qui consiste à ne repérer des points qu'avec des verticales et des horizontales, quel que soit le repère donné.

Figures planes, notion de secteur angulaire

Les figures géométriques planes font partie du domaine de l'imaginaire pur. Les représentations sur papier de ces figures sont imparfaites puisque les lignes qui les délimitent ont une épaisseur.

Figures planes

Le cercle

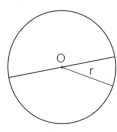

– On appelle cercle de centre O et de rayon r l'ensemble des points du plan situés à la distance r du point O.
On le note : cercle C (O, r).
– Un segment qui a pour extrémité le centre O et un point du cercle est un rayon.
– Le segment ayant ses extrémités sur le cercle et qui a pour milieu le centre du cercle est un diamètre.

Le disque

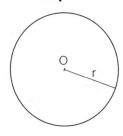

C'est la seule figure plane pour laquelle on distingue la surface (disque) et la ligne formant le pourtour de cette surface (cercle).
Définition : on appelle disque de centre O et de rayon r l'ensemble de tous les points du plan situés à une distance inférieure ou égale à r.
On le note : disque D (O, r).

Rappels historiques

Comme nous l'avons vu, c'est **Euclide** qui rassembla les connaissances géométriques de son époque dans *Les Éléments*. Le premier livre débute par un chapitre contenant 55 définitions dont celles d'angle, d'angle obtus, de cercle, de demi-cercle, de triangle, de quadrilatère, etc. Le livre 3 est entièrement consacré à la géométrie du cercle.

Au xixe siècle, le mathématicien **Legendre**, dans une œuvre de 1823 (12e édition des *Éléments de géométrie*), reprit de nombreuses définitions d'Euclide en ne les modifiant que très légèrement. Nous allons mettre en parallèle quelques définitions d'Euclide et de Legendre.

Définition des angles

Celle d'Euclide est qualitative :
« *L'angle plan est l'inclinaison mutuelle de deux lignes.* »
Celle de Legendre est quantitative :
« *L'angle est la quantité dont sont écartées deux droites.* »
Tous les deux donnent à peu près la même définition de l'angle droit. Legendre l'exprime ainsi :
« *Lorsque la ligne droite AB rencontre une autre ligne droite CD en O, de telle sorte que les angles adjacents $\widehat{BOC}$, $\widehat{BOD}$ soient égaux entre eux, chacun de ces angles s'appelle un angle droit.* »
Euclide donne comme axiome que « *les angles droits sont tous égaux entre eux* ».

Définition du cercle par Euclide

« *Un cercle est une figure plane, entourée par une seule ligne, appelée circonférence, et telle que toutes les droites, appelées rayons, menées à cette circonférence, d'un certain point situé à l'intérieur de la figure, sont égales entre elles. Ce point se nomme le centre du cercle.* »
Jusqu'au début du xixe siècle, la géométrie utilisée était à peu de chose près celle d'Euclide. Mais, peu à peu, s'imposèrent d'autres géométries non euclidiennes. En 1827, **Gauss** publia des *Recherches sur les surfaces courbes*. **Riemann** et **Klein** montrèrent la multiplicité des géométries.

Historique du mot triangle

Dans le manuel égyptien d'**Ahmès** (2000 ans avant J.-C.), la base d'un triangle s'appelle *tepro* (bouche) et le côté *merit* (le large).
Les Grecs appelaient le triangle *trigone* (3 angles) ou *tripleur* (3 côtés). Ils donnaient le nom d'*isopleur* (jambes égales) au triangle équilatéral, d'*isocèle* au triangle qui a deux côtés égaux, de *scalène* au triangle dont les 3 côtés sont inégaux, d'*orthogone* au triangle rectangle, et d'*oxygone* au triangle ayant 3 angles aigus. Ces noms furent conservés jusqu'au Moyen Âge et à la Renaissance.
Les Romains appelaient les triangles *triangulum* ou *trigonum* ou *triquetrum*.

Le polygone

C'est une figure plane, fermée, à plusieurs côtés. Ce mot vient du grec (*poly* : plusieurs ; *gone* : angles).

Le triangle

Définition : c'est une figure plane, fermée, à trois côtés rectilignes.
Propriété : la somme des secteurs angulaires d'un triangle est égale à 180°°.

✓ Le triangle isocèle

Un triangle est isocèle s'il a au moins deux côtés égaux (ou deux secteurs angulaires égaux).
Il a au moins un axe de symétrie.
Un triangle équilatéral est un cas particulier de triangle isocèle.

✓ Le triangle équilatéral

Un triangle est équilatéral s'il a trois côtés égaux (ou trois secteurs angulaires égaux).
Il a trois axes de symétrie.
S'il a trois côtés égaux, il en a *a fortiori* deux égaux, donc il est isocèle également.

✓ Le triangle rectangle

Un triangle rectangle est un triangle qui a un angle droit. Il ne peut en avoir plus d'un car sinon, la figure serait ouverte.
Un triangle rectangle est la moitié d'un rectangle qui a été coupé par une diagonale.

✓ Le triangle rectangle isocèle

C'est un triangle à la fois rectangle et isocèle. C'est la moitié d'un carré qui a été coupé suivant une diagonale.

✓ Arbre de rangement des triangles

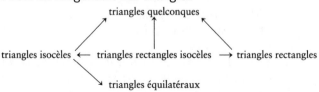

La flèche signifie « sont des ».
Exemple : les triangles équilatéraux sont aussi isocèles.

✓ Tableau récapitulatif

Ce tableau résume ce qui a été défini précédemment. Certaines cases sont complétées avec « *peut-être* ». Cela indique que les triangles correspondants peuvent vérifier ces propriétés, mais que ce n'est pas une condition nécessaire.

Les cases complétées avec « non » indiquent qu'il y a une impossibilité géométrique. Par exemple, un triangle équilatéral ne peut pas être en même temps rectangle car il aurait alors trois secteurs angulaires droits, ce qui est impossible.

	3 côtés	2 côtés égaux au moins	3 côtés égaux	un angle droit
Triangle quelconque	oui	peut-être	peut-être	peut-être
Triangle isocèle	oui	oui	peut-être	peut-être
Triangle rectangle	oui	peut-être	non	oui
Triangle rect. isocèle	oui	oui	non	oui
Triangle équilatéral	oui	oui	oui	non

✓ Spécificité du langage mathématique

En mathématiques, lorsqu'on parle d'un triangle quelconque, il s'agit, en fait, de n'importe quel triangle appartenant à l'ensemble des triangles. Il peut donc être question d'un triangle rectangle, ou isocèle, ou équilatéral ou d'un triangle sans particularité.

En français, un triangle quelconque désigne un triangle qui n'a aucune particularité.

En mathématiques, lorsqu'on veut faire trouver un triangle sans aucune particularité aux élèves, il vaut mieux le dire explicitement et ne pas employer le mot *quelconque* dans ce sens, afin d'éviter les confusions. On peut cependant expliquer aux élèves que lorsqu'un maître demande de « *dessiner une figure quelconque* », il attend, en réalité, une figure sans particularité. Mais, du point de vue mathématique, une figure particulière est une figure quelconque prise dans l'ensemble des figures.

Lorsqu'on donne la définition d'un triangle rectangle comme suit : « Un triangle est rectangle s'il a un angle droit », certains élèves concluent qu'un triangle est un rectangle. En effet, ils prennent le mot rectangle, employé ici comme adjectif, pour un nom, perdant de vue ce qu'est un triangle, tout court. Il est préférable de donner une définition qui ne prête pas à confusion (comme celle donnée dans la partie théorique).

Le quadrilatère

C'est une figure plane, fermée, à 4 côtés rectilignes.
Le mot quadrilatère vient du latin (*quadri*: quatre; *latère*: côté). Il existe aussi des quadrilatères croisés.
Exemple: ABCD est un quadrilatère. Il a 4 côtés: AB, BC, CD, DA.
Les côtés BC et DA se coupent:

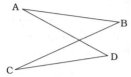

Si l'on prend le point de vue de considérer le quadrilatère ABCD, on ne prend pas en compte le point d'intersection des deux côtés qui n'est qu'un point comme un autre de chacun des côtés.

En revanche, si l'on décide de considérer deux triangles opposés par le sommet, le point d'intersection a une pertinence particulière puisqu'il est le sommet des deux triangles. C'est un autre point de vue.
Il est important de savoir que de tels quadrilatères existent, car on comprend l'intérêt de nommer les sommets des quadrilatères dans un ordre particulier.

Le trapèze

Tout quadrilatère qui a au moins deux côtés parallèles est un trapèze. Il peut être croisé.

✓ Le trapèze rectangle

Tout trapèze qui a au moins un angle droit est un trapèze rectangle.

Il peut être croisé.

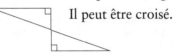

✓ Le trapèze isocèle

Tout trapèze qui a au moins un axe de symétrie passant par le milieu des deux bases est un trapèze isocèle. $\widehat{DAB} = \widehat{ABC}$. Il a au moins deux côtés opposés égaux.

$\widehat{ADC} = \widehat{DCB}$

Le parallélogramme

Les quatre définitions qui suivent sont équivalentes.
1. Tout quadrilatère non croisé qui a ses côtés opposés parallèles deux à deux est un parallélogramme.

2. Tout quadrilatère non croisé qui a ses côtés opposés égaux deux à deux est un parallélogramme.

3. Tout quadrilatère non croisé qui a deux côtés opposés parallèles et égaux est un parallélogramme.

4. Tout quadrilatère non croisé dont les diagonales se coupent en leur milieu est un parallélogramme (les diagonales ont même milieu). Le milieu des diagonales est centre de symétrie de la figure.

Certains élèves croient alors que les diagonales ont même moitié et donc qu'elles sont égales. Cette situation est possible mais non nécessaire. Bien s'assurer de la compréhension de la définition par les élèves.

Dessin d'un
parallélogramme

Remarque : un carré, un losange et un rectangle sont des parallélogrammes particuliers.

Un parallélogramme est un trapèze puisqu'il a au moins 2 côtés opposés parallèles, mais ce n'est pas un trapèze isocèle.

✓ Le losange

Tout parallélogramme qui a ses quatre côtés égaux est un losange. Les diagonales d'un losange sont perpendiculaires. Cela n'est cependant pas une condition suffisante ; il faut, de plus, qu'elles se coupent en leur milieu pour que le quadrilatère soit un losange. Un carré est un losange particulier.

Dessins de quadrilatères ayant les diagonales perpendiculaires, mais ne se coupant pas en leur milieu.

Dessin d'un losange sans particularité supplémentaire

✓ Le rectangle

Tout parallélogramme qui a au moins un angle droit est un rectangle.
Propriété : ses diagonales sont égales. Les médiatrices des côtés du rectangle sont les axes de symétrie de la figure.
Dessin d'un rectangle sans particularité supplémentaire.

Remarque : un carré est un rectangle particulier.
Un rectangle est un trapèze. C'est même un trapèze rectangle isocèle.

✓ Le carré

Les définitions suivantes sont équivalentes.
– Tout rectangle qui a ses quatre côtés égaux est un carré.
– Tout losange qui a un angle droit est un carré.

Propriété : les diagonales du carré sont égales et se coupent à angle droit. Elles sont des axes de symétrie de la figure. C'est également le cas des médiatrices des côtés. Le carré a 4 axes de symétrie.

Un carré est aussi un trapèze rectangle isocèle et un rectangle.

✓ Arbre de rangement des quadrilatères

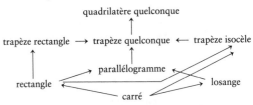

La flèche signifie « *est un* ».

✓ Tableau récapitulatif des quadrilatères

	4 côtés	2 côtés opposés // au moins	2 autres côtés opp. //	2 côtés opposés égaux au moins	2 autres côtés opp. égaux	4 côtés égaux	1 angle droit au moins
Quadrilatère	oui	peut-être	peut-être	peut-être	peut-être	peut-être	peut-être
Trapèze	oui	oui	peut-être	peut-être	peut-être	peut-être	peut-être
Trapèze isocèle	oui	oui	peut-être	oui	peut-être	peut-être	peut-être
Trapèze rectangle	oui	oui	peut-être	peut-être	peut-être	peut-être	oui
Parallélogramme	oui	oui	oui	oui	oui	peut-être	peut-être
Losange	oui	oui	oui	oui	oui	oui	peut-être
Rectangle	oui	oui	oui	oui	oui	peut-être	oui
Carré	oui	oui	oui	oui	oui	oui	oui

Autres polygones

Pentagone : c'est une figure fermée à cinq côtés.
Hexagone : c'est une figure fermée à six côtés.
Heptagone : c'est une figure fermée à sept côtés.
Octogone : c'est une figure fermée à huit côtés.
etc.

II n'est pas nécessaire que les côtés soient égaux. On dit qu'un polygone est convexe si, lorsqu'on prolonge n'importe lequel de ses côtés, la figure est située d'un même côté de cette droite. Dans le cas contraire, le polygone est non convexe (on dit parfois *étoilé*). Les étoiles sont des polygones non convexes.

Exemples :

Un polygone dont les côtés et les angles sont égaux est un polygone régulier.

Notion de secteur angulaire

Un secteur angulaire est la partie de plan comprise entre deux demi-droites sécantes en un point O.

Il y a deux secteurs angulaires : l'un est saillant (n° 1), l'autre est rentrant (n° 2).

L'angle est l'ensemble des couples isométriques de demi-droites.

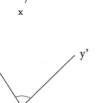

$\widehat{xoy}$ et $\widehat{x'o'y'}$ sont des secteurs angulaires distincts, mais il s'agit du même angle.

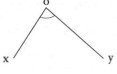

Ils ont même mesure.

Secteur angulaire plat, secteur angulaire droit

Définition : si les deux demi-droites sont opposées, le secteur angulaire qu'elles définissent est plat. Il mesure 180°.

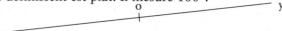

La moitié d'un secteur angulaire plat est un secteur angulaire droit. Il mesure 90°.

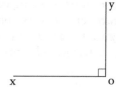

Secteur angulaire obtus et aigu

Un secteur angulaire est obtus s'il est plus grand qu'un secteur angulaire droit. Dans le cas contraire, on dit qu'il est aigu.

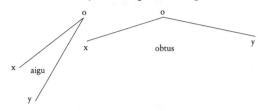

Activités

Nous présentons ici des activités sur les notions de figures simples planes et de secteurs angulaires. Ceci correspond aux cycles 2 et 3. On proposera des séances et des jeux adaptés à chacun de ces niveaux.

ACTIVITÉ 102

Reconnaissance des différents polygones. (Cycle 2)

Étape 1 : tracé des lignes droites

Objectifs
– Apprendre à faire des tracés à la règle.
– Apprendre à reconnaître une ligne droite d'une ligne courbe ou brisée.
– Pour le CP et CE1, mise en place du vocabulaire : droites sécantes et parallèles.

Matériel
– Crayon à papier bien taillé.
– Feuille circulaire de papier non ligné pour ne pas imposer de direction privilégiée.
– Différents morceaux de bois ou de plastique rectilignes non gradués, pour servir de règle, ceci afin de ne pas mélanger mesure et tracés.

Déroulement de l'activité
Laisser les élèves choisir une « règle » et leur dire qu'ils pourront en prendre une autre quand ils auront fait quelques tracés avec celle-ci. Leur demander de tracer des lignes droites en utilisant cette règle.
Il est préférable de faire faire les tracés sur des feuilles posées sur des chevalets (ou des tables inclinées) ou accrochées sur un mur recouvert de bois. De cette manière, les élèves sont contraints de tenir fermement la règle pour ne pas qu'elle tombe. Ils sont obligés de trouver une stratégie efficace pour cela.
Laisser les élèves faire quelques essais, puis mettre en commun les productions et les méthodes utilisées pour tracer.

Cette première activité permet de voir si les élèves ont compris ce qu'est une ligne droite. Dans les premières productions, on observe souvent des tracés avec la marque des doigts, comme ceci :

ou ayant dérapé au bout de la règle, comme cela :

Certains élèves n'ont tracé que des droites verticales et/ou horizontales. Ils n'admettent pas les droites obliques car « *elles ne sont pas droites mais penchées* ». Il sera donc nécessaire de bien distinguer le vocabulaire courant du vocabulaire mathématique et ce, le plus tôt possible.

De même, il peut y avoir confusion de notions entre la droite géométrique et « la droite » indiquant une direction (par rapport à la gauche). Il est donc essentiel de bien vérifier le niveau de compréhension des élèves.

– Demander aux élèves dont les productions répondent à la consigne d'expliquer comment ils s'y sont pris, quelle règle ils ont choisie et pourquoi (penser à questionner les droitiers et les gauchers). Proposer alors aux autres élèves d'utiliser une des méthodes permettant la réussite. Laisser tracer à nouveau des lignes droites. Demander également de tracer des lignes qui ne sont pas des droites et donner le vocabulaire lignes courbes ou brisées.

Étape 2 : prolonger des lignes droites

Objectif
Comprendre qu'on peut toujours prolonger une ligne droite si l'on dispose d'une feuille suffisamment grande.

Matériel
– Une feuille circulaire sur laquelle trois ou quatre droites sécantes auront été tracées par l'enseignant. Cette feuille sera collée sur une feuille plus grande.
– De grandes règles non graduées.

Déroulement de l'activité
Mettre les élèves par deux et leur demander de continuer à tracer les lignes droites sur la grande feuille de papier. Les laisser s'organiser pour réaliser ce tracé. En général, un élève maintient la règle et l'autre trace. La plupart du temps, ils ne prolongent pas le trait mais refont un trait par-dessus le trait existant. À la fin de l'activité, insister sur le fait qu'on peut toujours poursuivre le tracé d'une ligne droite si l'on dispose de feuilles de papier assez grandes. Cette situation pourra servir de référence chaque fois qu'il s'agira de vérifier si deux droites sont sécantes, même dans le cas où le point d'intersection n'est pas représenté sur la feuille.

Étape 3 : reconnaître différents polygones

Objectifs
– Différenciation des figures planes en fonction de leur nombre de côtés.
– Acquisition du vocabulaire triangle, quadrilatère, côtés, sommets.

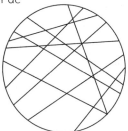

Matériel
Une feuille circulaire par élève, sur laquelle des droites sécantes ont été tracées, comme indiqué ci-contre. Une grande feuille semblable pour le tableau.

Déroulement de l'activité

Afficher la grande feuille au tableau, puis demander aux élèves ce qu'ils reconnaissent sur ces tracés. Certains vont parler de lignes droites qui se coupent, d'autres vont dire qu'ils reconnaissent des triangles, des « carrés et des rectangles ». Les carrés et les rectangles identifiés en sont rarement mais y ressemblent.

Expliquer que ces figures sont des quadrilatères (figures à quatre côtés) et pas vraiment des carrés ou des rectangles. Au cours d'une autre séance en CP, ou en CE1 on apportera les précisions nécessaires permettant d'identifier des carrés et des rectangles.

– Faire préciser ce qui permet de reconnaître un triangle et amener les enfants à compter les droites servant à les construire. Ils vont constater qu'un triangle est constitué de trois droites qui se coupent deux à deux. Les côtés sont les morceaux de droites qui délimitent le triangle. Les repasser au tableau à la craie de couleur. Donner le vocabulaire *sommet* : *point d'intersection de 2 côtés d'une figure*, et faire constater qu'un triangle a 3 sommets.

Donner ensuite les feuilles aux élèves et leur demander de colorier des triangles d'une couleur et des quadrilatères d'une autre couleur. Terminer en faisant noter qu'un triangle est une figure fermée à trois côtés rectilignes et qu'un quadrilatère est une figure fermée à 4 côtés rectilignes.

Étape 4

Objectif
Reconnaître des triangles.

Matériel
De grands triangles de toutes sortes, découpés dans du carton léger d'une même couleur, des quadrilatères, des figures avec des bords curvilignes et des quadrilatères avec un angle rentrant comme ci-contre (une vingtaine de figures environ).
Le même matériel pour les élèves, des feuilles de carton léger de couleur.

Déroulement de l'activité

Montrer à toute la classe les différentes figures et demander aux élèves de dire s'il s'agit de triangles ou pas. À chaque fois, demander de justifier la réponse. Pour cela, faire compter le nombre de côtés des figures et vérifier que les côtés sont bien rectilignes en prenant une règle si nécessaire.

Une fois cela fait, distribuer aux élèves une enveloppe dans laquelle on aura placé une vingtaine de figures (voir plus haut le matériel) découpées dans du papier d'une même couleur. Demander aux élèves de trier les triangles et de remettre les autres figures dans l'enveloppe. Faire mettre le nom de l'élève sur l'enveloppe afin d'évaluer le travail fait.

Ramasser les enveloppes puis distribuer une feuille de carton léger de couleur et demander aux élèves de réaliser, avec les triangles, un personnage fantastique, un animal ou autre chose.

Ne pas dire, avant que le tri ne soit effectué, qu'on veut réaliser un personnage avec les triangles car sinon les élèves pensent uniquement à la réalisation et oublient la consigne qui est de trier les triangles.

Afficher les différentes productions au tableau et vérifier avec les élèves que seuls les triangles ont bien été collés.

Exemple de production :

Cette activité permet aux élèves de manipuler des triangles de toutes sortes et de les placer dans des positions non stéréotypées, c'est-à-dire pas seulement sur leur base.

On procédera de la même manière pour effectuer le tri des quadrilatères.

Tracer des triangles et des quadrilatères à la règle (CP-CE1)

Objectif

Apprendre à tracer des triangles et des quadrilatères à la règle.

Matériel

Papier non ligné, règle plate, non graduée, crayon.

Déroulement de l'activité

– Proposer aux enfants de tracer sur une feuille un triangle. Laisser quelques minutes et demander aux élèves comment ils s'y sont pris. On obtient souvent des tracés de ce genre :

Les élèves ont fermé la figure à la main, surtout lorsque les deux droites formant les côtés sont sécantes en dehors de la feuille. Partir de ces tracés que l'on affichera au tableau. Demander l'opinion de la classe sur ces réalisations.

Si certains tracés sont corrects, leurs auteurs seront invités à expliquer leur mode de construction. Il peut cependant s'agir du hasard, et les élèves ne seront pas toujours capables de les refaire.

– Mettre au point avec les élèves une méthode permettant de réaliser à coup sûr un triangle. Les deux premières droites sécantes seront tracées comme on veut. Pour la troisième, poser la règle de façon à ce qu'elle coupe les deux autres déjà tracées.

Exemple :

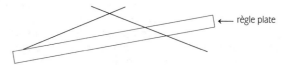

← règle plate

La construction du triangle dans laquelle on voit les trois droites sécantes est très intéressante pour la classe de cours moyen. Pour tracer les hauteurs d'un triangle, cela facilite les choses. En effet, quand la hauteur est extérieure au triangle, les élèves ont énormément de difficultés à la tracer si les côtés ne sont pas déjà prolongés, car ils ont rarement l'idée de le faire. Avec le tracé décrit plus haut, cela devient évident.

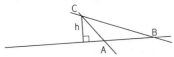

– Procéder de la même manière pour faire tracer un quadrilatère.

Carrés et rectangles (CE1 et au-delà)

Objectif

Différencier les carrés et les rectangles d'autres quadrilatères.

Matériel

– Découper, dans du papier de la même couleur, 3 carrés différents, 3 rectangles différents et 3 losanges non carrés différents, 1 ou 2 trapèzes isocèles différents, 1 ou 2 trapèzes rectangles différents, 1 ou 2 trapèzes sans particularité, 3 ou 4 quadrilatères sans particularité, tous différents. Des quadrilatères avec des angles rentrants et des cerfs-volants.

Ajouter un quadrilatère presque carré, c'est-à-dire dont deux des côtés sont très légèrement différents des deux autres (un demi-centimètre de différence suffit), et un quadrilatère presque rectangulaire, c'est-à-dire avec deux des angles différents d'un angle droit (là encore il suffit de modifier d'un demi-centimètre la mesure d'une des longueurs).

Toutes les figures doivent avoir sensiblement la même taille (carré d'au moins 10 × 10, etc.).

– Du papier-affiche et de la gomme fixe.

Déroulement de l'activité

– Mettre les élèves par 2 ou par 4. Chaque groupe reçoit une enveloppe avec les différentes figures.

Leur demander d'organiser ces figures. À partir des organisations proposées par les élèves, faire une synthèse pendant laquelle chaque groupe explicitera ses critères d'organisation. Généralement, les élèves font un tas avec les carrés et la figure presque carrée, un tas avec les rectangles et la figure presque rectangle, un tas avec les losanges non carrés (parfois rangés avec les carrés) et un tas avec les autres.

Faire préciser ce qui permet de reconnaître un carré ou un rectangle non carré, ainsi que les ressemblances entre ces deux types de figures. Le bilan doit faire ressortir que les secteurs angulaires de ces figures sont particuliers et superposables. Ce sont des secteurs angulaires droits. Vérifier leur mesure avec le calibre d'angle droit.

– Amener les élèves à décrire ces figures. Dégager aussi le fait que les côtés d'un carré sont égaux. Le vérifier en utilisant une bande de papier ou en pliant le carré suivant les 2 diagonales, puis suivant les 2 médiatrices des côtés afin de superposer les côtés. Faire remarquer que ces droites sont les axes de symétrie du carré. Faire la même chose pour le rectangle et observer les différences. Certains enfants auront peut-être eu l'idée de plier spontanément.

Exemple :

Là encore, les côtés des figures presque carrées et presque rectangles ne se superposeront pas par pliage le long de la diagonale ou même par pliage le long de la médiane.

Il est important de faire prendre conscience aux élèves que l'œil nu n'est pas suffisamment précis et sûr pour conclure sans erreur possible. Il permet seulement d'effectuer un premier tri. Il faut ensuite utiliser des outils précis pour vérifier les propriétés que l'on a cru discerner.

– Conclure en disant aux enfants qu'un carré fait partie de la même famille que les rectangles et qu'il n'en est qu'un cas particulier. Il a quelques propriétés en plus (4 côtés égaux, 4 axes de symétrie au lieu de 2). Faire le rapprochement entre les différentes familles en biologie, comme cela a été fait pour les triangles. Cela permet d'envisager autrement le rangement des figures planes. Dire aussi que dans la vie courante, on appelle rectangle une figure non carrée. En mathématiques, ce n'est pas la même chose.

La famille des rectangles contient la famille des carrés.

Différenciation des quadrilatères

Prolongement pour le CM

Objectifs
– Reconnaître différents quadrilatères.
– Organiser des quadrilatères.

Prérequis
Avoir déjà travaillé sur les notions de droites parallèles et perpendiculaires.

Matériel
Le même que précédemment.

Déroulement de l'activité
– Procéder comme précédemment. Cette fois, on attend des élèves, dans la phase de synthèse, qu'ils expliquent leur arrangement en se référant aux propriétés géométriques des figures (longueur des côtés, parallélisme, secteur angulaire droit, axes de symétrie).
Dans la mise en commun, quand un critère a été proposé, par exemple « *avoir deux côtés parallèles* », bien faire préciser ce que cela veut dire du point de vue mathématique. Insister sur le fait qu'une figure qui a ses 4 côtés parallèles, deux à deux, en a au moins deux parallèles et vérifie donc le critère choisi. Comme précédemment, les figures vérifiant presque une propriété serviront de prétexte pour inciter les élèves à s'assurer des propriétés réelles d'une figure.
– Terminer en faisant compléter par les élèves un arbre et un tableau résumant les propriétés des quadrilatères, comme ceux proposés dans la partie théorique. Ces tableaux et ces arbres seront mis dans le cahier de classe ainsi que les dessins des différentes figures. Comme pour le cycle 2, penser à faire dessiner des carrés, des rectangles, etc. dans la famille trapèzes, par exemple.
Il sera sans doute nécessaire de faire noter sur le cahier qu'en géométrie, lorsqu'on dit qu'une figure a un angle droit, par exemple, ou deux côtés parallèles, etc., cela veut toujours dire *au moins un angle droit* ou a*u moins deux côtés parallèles*, etc., sauf précision contraire ou impossibilité géométrique (voir partie théorique). Au début, il sera préférable de le dire explicitement jusqu'à ce que l'habitude soit prise.
Remarque : Ce tri de figures n'est qu'un prétexte permettant la révision des différentes propriétés des droites. Cette activité permet aussi de travailler les propriétés des figures qui seront reprises en 6e et au-delà. Il n'est pas nécessaire d'exiger des élèves qu'ils mémorisent toutes ces propriétés. Ils se seront seulement familiarisés avec ces figures en les manipulant et en les organisant.
– Dans une autre séance, proposer un jeu de portrait concernant les polygones.

Règle du jeu

Un élève sort de la classe pendant que les autres choisissent un polygone à découvrir en posant le moins de questions possibles sur les propriétés géométriques de la figure. On ne peut répondre aux questions que par *oui* ou par *non*. Le joueur n'a droit qu'à une seule proposition pour le nom de cette figure. Bien insister sur ce fait car, souvent, les élèves préfèrent tenter leur chance en disant : « *Est-ce un carré ?* » plutôt que de poser des questions sur les propriétés.

Laisser afficher l'arbre et le tableau de propriétés si nécessaire. Proposer également le jeu du portrait comme évaluation.

Exemple : « Je suis un quadrilatère non croisé. J'ai un angle droit au moins, et seulement deux côtés parallèles. Qui suis-je ? »

(Réponse : *Un trapèze rectangle*.)

Reconnaître des disques (CE2 et cycle 3)

Étape 1

Objectifs
– Reconnaître des disques parmi d'autres figures qui leur ressemblent.
– Acquérir le vocabulaire centre, rayon, diamètre, cercle, disque.

Matériel
Photocopier des disques de différentes tailles et des figures du genre de celles dessinées ci-dessous. Faire des figures qui sont presque des disques et telles qu'à l'œil nu, on puisse croire que ce sont des disques (fiche 14 du cédérom).

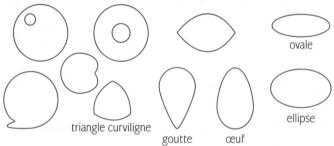

ovale

triangle curviligne   goutte   œuf   ellipse

Déroulement de l'activité
– Mettre les élèves par groupes de 2 ou de 4. Chaque groupe reçoit une feuille avec les dessins des figures décrites dans le matériel.

Ils doivent trier les disques et expliquer ce qui leur a permis de les distinguer des autres figures.

Souvent, les élèves se fient à leur impression visuelle, comme dans toutes les activités de tri. Ils mettent donc les figures *presque disque* avec les disques.

Parfois, les élèves mettent les disques avec un trou dans l'ensemble des disques, confondant sans doute le disque géométrique et le disque objet de la vie courante. Il faudra alors apporter les informations nécessaires permettant de faire la distinction entre les deux choses.

– Amener les élèves à formuler le plus précisément possible ce qu'est un disque. Si aucun élève n'en a eu l'idée, proposer des pliages pour s'assurer que la courbure du pourtour du disque est constante.

Exemple : plier les disques en deux parties égales, plusieurs fois de suite. Les bords de la figure doivent se superposer exactement à chaque fois. Les plis sont alors des axes de symétrie. Dans le cas du cercle, les plis sont les diamètres et ils se coupent au centre du disque.

Bien insister sur le fait que le pliage suivant deux axes perpendiculaires n'est pas suffisant pour conclure qu'il s'agit d'un disque. Donner l'exemple de l'ellipse ou d'autres figures ayant deux axes de symétrie seulement et qui ne sont donc pas des cercles.

– Donner les définitions de *cercle*, *disque*, *diamètre* et *rayon*.

Prolongement pour le CM : faire réaliser un disque par pliage et découpage en se servant du fait qu'un disque a une infinité d'axes de symétrie, ses diamètres.

Matériel

Des feuilles de brouillon, des ciseaux.

Dire aux élèves ce qu'on veut réaliser, à savoir un disque par pliage et découpage. Leur demander ensuite de plier la feuille en deux, comme ils le souhaitent. Leur demander ce qu'il faudrait faire pour que ce pli soit un axe de symétrie de la feuille telle qu'ils l'ont pliée. Certains élèves auront plié la feuille bord à bord, en ce cas le pli est déjà un axe de symétrie, sinon il faut découper tout ce qui dépasse des deux côtés pour que le pli soit un axe de symétrie.

Exemple :   À découper

Une fois le découpage fait, faire ouvrir la feuille et demander de faire un nouveau pli comme on le souhaite. Demander à nouveau de découper tout ce qui dépasse afin que le nouveau pli soit lui-même un axe de symétrie de la feuille.

Une fois le nouveau découpage fait, faire à nouveau ouvrir la feuille et demander aux élèves ce que va représenter le point d'intersection des deux axes de symétrie pour le disque qu'on veut réaliser. Ils vont trouver qu'il s'agit du centre du disque. Dire qu'on peut faire un nouveau pli qui sera un autre axe de symétrie et demander comment faire ce nouveau pli. Les élèves vont découvrir qu'il faut faire passer ce nouveau pli par le centre du disque, défini précédemment. Faire plier puis découper comme précédemment. Laisser les élèves refaire l'opération jusqu'à ce que le disque leur convienne. Il faut en général recommencer ce travail encore deux ou trois fois pour avoir une figure qui ressemble beaucoup à un disque.

Faire coller la production sur le cahier en faisant repasser sur les plis pour matérialiser les diamètres. On écrira en dessous qu'un disque a une infinité d'axes de symétrie qui sont ses diamètres.

Reconstituer un disque (CE2 et cycle 3)

Étape 2

Objectifs
– Reconstituer des disques à partir de morceaux divers.
– Compléter des disques dont il manque un morceau.

Matériel
– Des disques de différents diamètres dessinés sur du bristol et découpés en morceaux.
– Des disques dessinés sur du bristol et dont il manque un morceau.
– Du papier calque, du bristol, du papier blanc (fiche 15 du cédérom).

Activité
– Donner aux élèves une enveloppe contenant les morceaux mélangés de deux disques de diamètres légèrement différents. Ils doivent les reconstituer et dessiner les disques sur une feuille en marquant la place des pièces ayant servi à les fabriquer. Si on le désire, proposer une activité semblable avec des couronnes circulaires.

– Sur du carton, faire construire par les élèves le morceau de disque manquant en s'aidant de papier calque. Lors de la synthèse, mettre en commun les méthodes utilisées. Certains peuvent avoir fait le tracé à main levée, d'autres auront décalqué la partie existante et dessiné le morceau manquant en faisant tourner le calque de façon à recouvrir la pièce manquante.

Dans tous les cas, lors du bilan, s'assurer que les morceaux ont été bien placés en utilisant les axes de symétrie.

– En prolongement, proposer de reconstituer le célèbre puzzle du disque ou d'autres moins connus dont voici les schémas :

 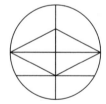

Les morceaux de chaque puzzle seront donnés mélangés. Ils seront reconstitués sans modèle.

Reconstituer un cercle (CE2 et cycle 3)

Étape 3

Objectif
Notion de courbure du cercle.

Matériel
– Des arcs de différents cercles dessinés sur une feuille comme ceci (les arcs donnés doivent permettre de réaliser les cercles complets) (voir fiche 16 du cédérom) :

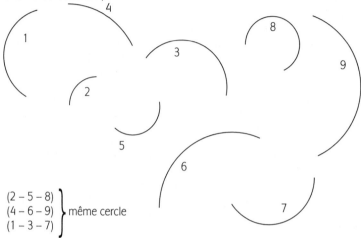

$(2 - 5 - 8)$
$(4 - 6 - 9)$ } même cercle
$(1 - 3 - 7)$

– Du papier calque.

Activité
Travail individuel ou à deux.
Les élèves doivent assembler les arcs de cercle qui ont été mélangés pour reconstituer des cercles complets en s'aidant du papier calque.
Ils dessineront ensuite ces cercles complets sur le calque en notant le nom des arcs utilisés.
Lors de la synthèse, les élèves expliqueront les méthodes utilisées pour réaliser ce travail. Si certains élèves n'ont pas réussi, leur demander de refaire ce travail en utilisant l'une des méthodes qui s'est avérée efficace.

Tracer des cercles (cycle 3)

Étape 4

Objectifs
- Apprendre à tracer un cercle sans compas.
- Apprendre à utiliser un compas.

Matériel
Ficelle, gros feutre, grande feuille de papier, feuille de papier ordinaire, double-décimètre, règle-compas, compas (voir activité 98).

Activité
- Si on en a la possibilité, mettre les élèves par groupes de 4, par terre, dans la classe, le couloir, le préau ou la cour. Leur donner une grande feuille de papier, un gros feutre et un morceau de ficelle. Leur demander de tracer un cercle. Les laisser chercher et expérimenter quelques minutes, puis ramener les productions en classe où elles seront analysées et critiquées par les élèves. Faire expliquer les méthodes utilisées et en mettre une au point ensemble. La faire essayer à nouveau par les différents groupes. Confronter les productions.
- Au cours d'une autre séquence, donner des règles-compas aux élèves. Leur faire tracer des cercles de rayon quelconque sur papier non ligné. Lors de la synthèse, faire l'inventaire des façons d'utiliser les règles-compas. En choisir une qui permette de tracer convenablement un cercle. Faire ensuite réaliser des rosaces et d'autres figures utilisant des cercles. Terminer par le tracé de cercles dont on donne la mesure du rayon puis du diamètre. Faire la même chose avec les compas.

Constructions géométriques et reproduction de figures

Quelques définitions

Diagonale

On appelle diagonale d'un polygone la droite qui joint deux sommets non consécutifs. Elle peut être extérieure au polygone.

Exemple :

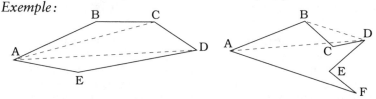

AC et AD sont des diagonales du polygone ABCDE.
AD et BD sont des diagonales du polygone ABCDEF.

Hauteur

On appelle hauteur d'un polygone toute droite issue d'un sommet et perpendiculaire à un côté opposé à ce sommet. Une hauteur peut être extérieure au polygone.

Exemple :

AH est une hauteur du polygone ABCD. CH est une hauteur du triangle ABC.

Médiane

Dans un triangle, on appelle médiane toute droite issue d'un sommet et passant par le milieu du côté opposé à ce sommet.
AM est une médiane du triangle ABC.

Rappels historiques

À propos des constructions géométriques, on attribue à **Thalès** (640-546 avant J.-C.) le théorème qui dit que l'angle inscrit dans un demi-cercle est un angle droit. Cela permet de construire facilement un triangle rectangle.

Euclide, dans son livre *Les Éléments*, n'aborde que les problèmes de géométrie dont les solutions se construisent à l'aide de la règle et du compas.

Au IXe siècle de notre ère, les frères **Banu Musa** publièrent des traités qui allaient exercer une grande influence sur l'évolution de la géométrie à Bagdad. Ils utilisaient aussi les constructions géométriques pour résoudre des problèmes d'arithmétique. Ils se contentaient souvent de constructions approximatives. Les besoins de l'arpentage, de l'architecture et l'évolution des techniques poussèrent les mathématiciens arabes à simplifier considérablement les méthodes de construction. Sur le terrain, il était souvent difficile de tracer des cercles de rayons différents. Les géomètres tentèrent donc de réaliser les constructions en utilisant un compas à ouverture constante.

Au Xe siècle, **Abu-l-Wafa**, dans un ouvrage sur la géométrie appliquée, *Le Livre des constructions géométriques nécessaires à l'artisan*, traita des constructions fondamentales (droites perpendiculaires, parallèles, partages de segments...) avec une règle et un compas à ouverture constante. Ces recherches devinrent très populaires au XVIe siècle, en Italie. Elles furent alors reprises par les mathématiciens de la Renaissance comme **Léonard de Vinci**, **Tartaglia**, **Cardan**...

Médiatrice

On parle de médiatrice d'un segment.
On appelle médiatrice d'un segment une droite perpendiculaire au milieu de ce segment.
Propriété : tout point de la médiatrice d'un segment est situé à égale distance des extrémités de ce segment. On dit que tout point de la médiatrice est équidistant des extrémités du segment.
Tout point P de (x, y) est tel que PA = PB.
AM = MB, AMB sont alignés

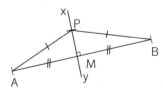

xy est la médiatrice du segment AB.

Bissectrice

On parle de bissectrice d'un secteur angulaire.
On appelle bissectrice d'un secteur angulaire
une demi-droite qui le partage en deux secteurs
angulaires égaux.
Oz est la bissectrice de l'angle xOy.

Propriétés des triangles

On peut démontrer que :
– les 3 médiatrices se coupent en un même point qui est le centre du
cercle circonscrit au triangle ;
– les 3 médianes se coupent en un autre point qui est le centre de gravité
du triangle. Il est situé aux deux tiers de chaque médiane, à partir du
sommet ;
– les 3 bissectrices des angles intérieurs concourent en un autre point
qui est le centre du cercle inscrit dans le triangle ;
– les 3 hauteurs sont concourantes en un autre point appelé ortho-
centre du triangle. Il peut être extérieur au triangle.

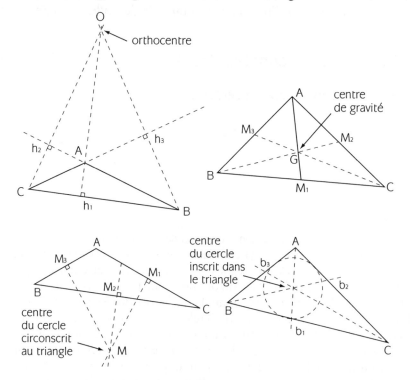

Dans le cas d'un triangle équilatéral, les 4 points sont confondus.

Propriétés des triangles isocèles

Dans un triangle isocèle, la médiatrice relative au côté non égal aux deux autres est, en même temps, hauteur, médiane et bissectrice du secteur angulaire opposé à ce côté.

La médiatrice passe par le sommet A puisque ce sommet est équidistant des extrémités du segment.

AM est donc médiane du côté BC et aussi médiatrice.

AM est également hauteur puisqu'elle passe par le sommet et est perpendiculaire au côté opposé.

AM est bissectrice du secteur angulaire $\widehat{BAC}$ car AM est axe de symétrie de la figure et les deux secteurs angulaires sont égaux. C'est cette propriété qu'on va utiliser pour tracer un triangle isocèle.

Dans un triangle équilatéral, les trois médiatrices sont, en même temps, hauteurs, médianes et bissectrices.

Cette propriété des triangles isocèles est la clef permettant de découvrir et de comprendre les constructions à la règle et au compas des principales lignes géométriques du triangle. Ces constructions ne sont pas au programme de l'école élémentaire, cependant elles sont utilisées parfois sans en connaître la justification. Pour illustrer cela, nous allons donner ici une méthode de construction de la bissectrice d'un secteur angulaire puis d'une hauteur d'un triangle, en les justifiant.

Exemples de constructions

Construction d'une bissectrice

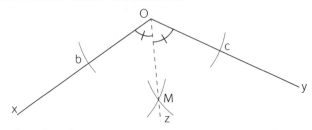

On se place dans la situation d'un triangle isocèle. Pour cela, piquer le compas au sommet O et, en gardant la même ouverture, tracer sur chacun des côtés un arc de cercle. Les segments Ob et Oc sont égaux et le triangle Obc est isocèle. Le point O est un des points de la bissectrice. Il en faut un autre. On l'obtient en construisant la médiatrice du segment bc. Piquer le compas en b et tracer un arc de cercle à l'intérieur de l'angle saillant $\widehat{xOy}$. Sans modifier l'ouverture du compas, piquer le compas en c et tracer un deuxième arc de cercle qui coupe le premier en M. Ce point est équidistant de b et de c; il appartient donc à la médiatrice de bc. En joignant O et M, on a la bissectrice du secteur angulaire $\widehat{bOc}$.

Construction de la hauteur relative au côté BC

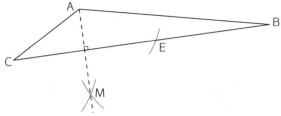

Il s'agit, là encore, de se ramener au cas d'un triangle isocèle. Pour cela, piquer le compas en A et l'ouvrir à la mesure du côté AC. Sans modifier l'ouverture du compas, tracer un arc de cercle qui coupe le côté BC en E. Le triangle AEC est isocèle. Il suffit maintenant de tracer la médiatrice du côté EC. Pour cela, piquer successivement le compas en C puis en E, en conservant une ouverture constante. Tracer les deux arcs de cercle qui se coupent en un point M. Joindre les points A et M. Cette droite, médiatrice du côté CE, est perpendiculaire au côté BC et passe par le sommet A. C'est donc la hauteur du triangle, relative au côté BC. Pour construire des droites parallèles et perpendiculaires à la règle et au compas, il faut toujours se ramener à la construction de la médiatrice d'un segment.

Activités

Les constructions géométriques de figures simples à la règle, à l'équerre et au compas sont au programme du cours moyen. Pour que les élèves les retiennent, il est fondamental de les leur faire découvrir afin qu'ils les comprennent et qu'ils soient capables, au besoin, de les retrouver. Il faut aussi qu'ils soient capables de choisir l'outil le mieux adapté à chaque construction. Ils ont à leur disposition règle, équerre du commerce ou fabriquée en pliant un papier, calibre d'angle droit, calque et compas. Il est essentiel de montrer aux élèves que **le compas ne sert pas uniquement à tracer des cercles, mais aussi à reporter des longueurs égales.** Toutes les constructions seront faites sur du **papier non ligné**, sinon les élèves ne comprendront pas l'utilité de l'équerre et du compas.

Construction de la médiatrice d'un segment (CM)

Étape 1

Objectif
Utilisation des propriétés de la médiatrice d'un segment pour trouver un méthode de construction.

ACTIVITÉ 110

Matériel

Règle, compas, équerre ou calibre d'angle droit, papier non ligné.

Activité

Après avoir fait rappeler par les élèves la définition de la médiatrice d'un segment ainsi que ses propriétés, leur demander de trouver un moyen pour la construire. Les laisser chercher quelques minutes, puis mettre en commun les différentes constructions. On peut avoir les deux types de constructions suivantes :

Avec équerre et règle graduée

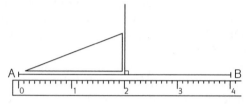

Repérage du milieu avec la règle puis utilisation de l'équerre ou du calibre d'angle droit.

Par pliage

Plier le segment de façon à amener le point A sur le point, B. On trouve à la fois le milieu du segment et le pli représente la droite perpendiculaire au milieu du segment. On peut vérifier avec l'équerre ou le calibre d'angle droit, que la droite tracée est bien perpendiculaire au milieu du segment.

Construction d'un triangle isocèle puis équilatéral (CM2)

Étape 2

Objectif

Utilisation des constructions précédentes pour tracer un triangle isocèle puis équilatéral.

Matériel

Règle équerre, calibre d'angle droit, papier non ligné.

Activité

Après avoir donné les définitions des triangles isocèles et équilatéraux aux enfants, leur demander d'en construire en utilisant ce qui a été vu précédemment. Au départ, ne pas fixer les mesures des côtés, puis faire tracer un triangle isocèle dont on connaît les mesures des trois côtés.

Les élèves vont utiliser la construction de la médiatrice à la règle et à l'équerre.

Quelques élèves peuvent d'abord tracer un côté du triangle, par pliage marquer la médiatrice de ce segment et enfin joindre un point de cette médiatrice aux extrémités du segment.

Certains vont essayer de réaliser les côtés égaux, à tâtons, avec la règle. Cette méthode convient, mais est souvent approximative. Insister sur l'avantage de la construction au compas.
Pour le triangle équilatéral, seule la construction au compas peut convenir.

isocèle

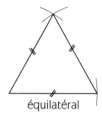

équilatéral

Construction de droites parallèles et perpendiculaires (CM)

Étape 1 sur papier non ligné

Objectif
Utilisation des définitions et propriétés de droites parallèles et perpendiculaires pour les construire.

Matériel
Règle, équerre, compas, calibre d'angle.

Activité
– Il est important de faire tracer des droites perpendiculaires et parallèles qui ne soient pas uniquement verticales et horizontales.
En général, ces tracés ne posent pas trop de problèmes aux élèves, surtout lorsqu'ils utilisent les calibres d'angle droit.
Faire tracer une droite perpendiculaire à une droite donnée passant par un point donné A. Cette activité présente davantage de difficultés car l'élève doit gérer deux paramètres. Il doit placer un des côtés de l'angle droit le long de la droite donnée et faire passer l'autre côté par le point A. Le fait d'utiliser un calibre d'angle droit en plastique transparent permet de faire le tracé beaucoup plus facilement. On voit au travers et il est plus simple de le placer convenablement.
Exemple : tracer une perpendiculaire à la droite (D) passant par A.
Dans ce cas, il faut d'abord que l'élève prolonge la droite, puis qu'il pose le calibre d'angle droit le long de la droite (D). Enfin, il doit faire glisser le calibre le long de la droite (D) jusqu'à ce que l'autre côté de l'angle droit passe par A.

× A

(D)

Exemple :

– Pour tracer des droites parallèles, il faut utiliser le théorème disant que si deux droites sont parallèles, toute perpendiculaire à l'une est perpendiculaire à l'autre. Après ce rappel, demander aux élèves de tracer deux droites parallèles.

Exemple :
(D) est parallèle à (D').
Mettre en commun les méthodes de tracé.

Étape 2
Utiliser un quadrillage pour tracer des droites parallèles et perpendiculaires qui ne sont pas sur les traits du quadrillage.

Matériel
Donner aux élèves plusieurs tracés (1) et (2) passant par les nœuds du quadrillage, comme présenté ci-dessous et leur demander de tracer sur l'un d'eux (1), une droite parallèle à celle déjà tracée, sur un autre (2) une droite perpendiculaire à celle déjà tracée.

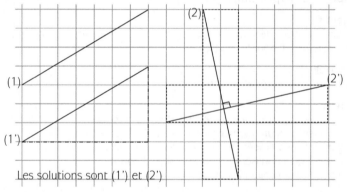

Les solutions sont (1') et (2')

Mettre en commun les méthodes de tracé et les valider. Faire noter aux élèves qu'on ne peut pas toujours utiliser le quadrillage pour faire ces tracés car il est nécessaire que les droites proposées passent par des nœuds du quadrillage ou suivent les lignes du quadrillage.

Tracé d'un triangle et de ses hauteurs (CM)

Objectif
– Apprendre à tracer un triangle dont on connaît les mesures des côtés.
– Apprendre à tracer ses hauteurs à l'équerre.

Matériel
Règle, équerre, compas, papier non ligné.

Activité
– Demander aux élèves de tracer un triangle dont les mesures sont les suivantes : AB mesure 7 cm, BC mesure 10 cm, CA mesure 4 cm.
Les laisser chercher quelque temps, puis mettre en commun les méthodes de construction. Certains vont utiliser le compas et d'autres vont essayer avec la règle, en tâtonnant. Bien insister, lors de la synthèse, sur la plus grande fiabilité et rapidité des tracés au compas.

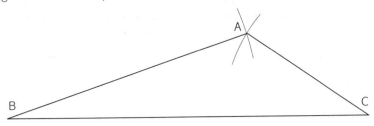

Tracer BC égal à 10 cm ou tout autre côté. Ouvrir le compas de 4 cm et tracer un arc de cercle à partir de C. Ouvrir le compas de 7 cm et tracer un arc de cercle à partir de B. Les deux arcs de cercle se coupent en A.
– Proposer ensuite de tracer un triangle dont les mesures sont les suivantes :
AB = 4 cm, BC = 7 cm, AC = 2 cm.
Les élèves vont découvrir que dans ce cas, il n'est pas possible de tracer une figure fermée. Il faut que chacun des côtés ait une mesure inférieure à la somme des deux autres.
En reprenant le triangle tracé précédemment, en faire construire les hauteurs avec l'équerre.
Le problème se ramène au tracé de droites perpendiculaires à une droite donnée passant par un point donné.
Pour ce faire, il est indispensable de prolonger les côtés AB et AC. D'où l'intérêt de faire tracer directement les triangles de cette manière.
Rappeler que les hauteurs peuvent être extérieures au triangle.

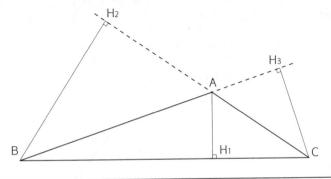

Tracé de quadrilatères (CM)

Objectif
Réinvestissement de ce qui a été vu précédemment.

Matériel
Règle, équerre, compas, papier non ligné.

Activité
– Faire successivement tracer un carré, puis un rectangle dont on connaît les dimensions des côtés. Cela permet de vérifier si les enfants savent tracer des parallèles et des perpendiculaires passant par un point donné.
– Demander ensuite de reproduire le quadrilatère ci-dessous.

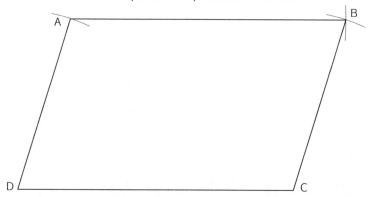

– Laisser les élèves chercher puis mettre en commun les méthodes. Certains élèves vont essayer de reporter les mesures à la règle, d'autres vont utiliser le compas. Mais souvent les élèves n'obtiennent pas un quadrilatère ayant les mêmes mesures que celui proposé car ils ne prennent pas en compte la mesure des diagonales ou celle de la hauteur pour réaliser leur construction. Il est donc indispensable de faire vérifier par les élèves que le quadrilatère qu'ils ont tracé, même si les longueurs des côtés sont identiques à celles du modèle, n'est pas superposable avec ce modèle. Demander aux élèves ce qu'il faut prendre comme repère supplémentaire pour pouvoir tracer un quadrilatère identique au modèle. Parler des diagonales si personne ne le suggère.
Comme application de ce qui vient d'être fait, demander aux élèves de reproduire un trapèze comme celui-ci.

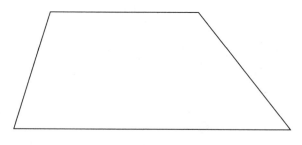

Là encore il faut prendre la mesure des côtés avec le compas mais cela n'est pas suffisant pour réaliser une figure superposable au modèle. Le tracé d'une hauteur, ou la prise des mesures des diagonales au compas est indispensable pour reproduire à l'identique cette figure.

Proposer ensuite de reproduire un quadrilatère sans aucune particularité et dont de plus, les mesures des côtés sont décimales afin de décourager les élèves d'utiliser leur double décimètre pour réaliser le tracé.

Donner ensuite à reproduire une figure composée de plusieurs quadrilatères, puis de plusieurs polygones.

À chaque nouvelle construction, faire une mise en commun pour inventorier les différentes méthodes utilisées.

Certains élèves sont parfois très gênés de devoir effectuer des tracés ou des prises de mesures d'objets non tracés sur le modèle. C'est le cas lorsqu'on doit prendre les mesures des diagonales par exemple. Il convient donc de leur dire qu'ils peuvent prendre toutes les mesures qui leur semblent nécessaires et qu'ils peuvent de plus effacer certaines constructions afin d'avoir une production en tout point identique au modèle.

Reproduire et décrire une figure

Cycle 3

Objectifs
Être capable de reproduire une figure nécessitant des tracés annexes. Être capable de décrire une figure qu'on a pu reproduire.

Matériel
Règle, calibre d'angle droit, équerre, compas, gomme, des modèles de figures comme celles ci-dessous (fiche 20 du cédérom).
Ne donner aux élèves que la partie tracée en trait plein, au début.

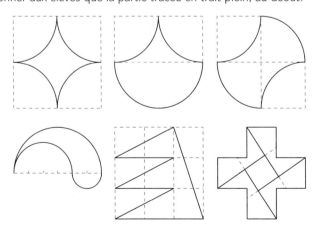

Déroulement de l'activité

Mettre les élèves par groupe de 4. Distribuer un modèle différent pour chaque groupe. Au sein d'un même groupe, tous les élèves reçoivent le même modèle.

Laisser les élèves chercher comment reproduire leur modèle. Leur dire de bien l'observer avant de se lancer dans la reproduction. S'ils n'y pensent pas, leur suggérer de faire des constructions leur facilitant la reproduction. Prévoir des modèles sur lesquels figureront les constructions nécessaires à la réalisation de la figure.

Mettre en commun les méthodes de constructions.

Dans un deuxième temps, lorsque les élèves auront réussi à reproduire la figure donnée, à l'identique, leur demander de chercher comment décrire la construction, afin qu'un autre groupe puisse la reproduire, sans voir le modèle. On peut commencer par des figures beaucoup plus simples que celles proposées ici.

Cette activité est très difficile et demande de l'entraînement car souvent les élèves utilisent implicitement plusieurs constructions, sans penser à les décrire ou ne perçoivent pas qu'il y a parfois plusieurs possibilités de tracés avec les instructions qu'ils donnent. C'est pour cette raison qu'il est nécessaire de donner la description faite à un autre groupe n'ayant pas vu le modèle afin que les élèves de ce groupe tentent de reproduire la figure décrite. Terminer l'activité par la confrontation entre le modèle de départ et la figure reproduite. Ajuster, si nécessaire avec la classe, la description pour que la reproduction puisse se faire correctement.

Solides, développement de solides

Le mot solide a plusieurs significations. En français, cela veut dire *quelque chose qui a de la consistance*. En physique, un solide est un corps qui a une forme propre.

En géométrie, on appelle solide *toute portion limitée de l'espace ayant trois dimensions*. Les limites d'un solide constituent sa surface. Les solides terminés par des surfaces planes sont des polyèdres. Chaque polyèdre est caractérisé par le nombre de ses faces, de ses sommets, de ses arêtes.

Arête : dans un polyèdre, les arêtes sont les côtés des polygones qui le constituent.

Sommet : les sommets des polyèdres sont les points d'intersection de plusieurs arêtes.

Classification des solides simples

Cette classification est pratique car elle permet de ne retenir que très peu de formules pour le calcul des volumes. Il y a trois grandes classes de solides simples.

Les cônes

Ce sont des solides constitués par une surface plane de base B quelconque, un sommet A et l'ensemble des segments de génératrices compris entre A et la frontière de la base B. Une génératrice est une droite joignant le sommet du cône à un point quelconque de la frontière de la base.

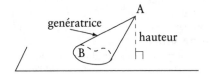

Rappel historique sur les solides

Platon (427-347 av. J.-C.), philosophe grec, fonde en 377 avant J.-C. une école de philosophie, l'Académie. Il n'est pas mathématicien lui-même, mais accorde aux mathématiques une place importante dans son système éducatif. Son œuvre contient quelques passages mathématiques sur la théorie des nombres, entre autres, et les figures cosmiques.

Dans le *Timée*, Platon expose ses idées sur les 5 solides cosmiques. Il part d'une figure de base qui est un triangle rectangle isocèle dont l'hypoténuse est égale au double du petit côté. Il en groupe 6 ainsi et obtient un triangle équilatéral :

En assemblant 4 triangles équilatéraux, il obtient un tétraèdre régulier.

En assemblant 8 triangles équilatéraux, il obtient un solide à 8 faces ou octaèdre.

Ensuite vient le dodécaèdre, figure à 12 faces pentagonales.

Puis le cube, figure à 6 faces carrées.

Puis, enfin, l'icosaèdre à 20 faces en forme de triangles équilatéraux.

Il attribue ensuite à chaque élément une figure cosmique.

À la terre est attribué le cube « *car il a les bases les mieux assises* ».

À l'eau est attribué l'icosaèdre « *car c'est fa figure la plus difficilement mobile* ».

Au feu est attribué le tétraèdre « *car c'est la forme la plus facilement mobile* ».

À l'air est attribué l'octaèdre « *car c'est une forme située entre les deux précédentes* ».

À l'univers tout entier est attribué le dodécaèdre.

Il explique ensuite comment obtenir les autres à partir de certains de ces éléments.

Archimède (IIIe siècle avant J.-C.) conçoit 13 polyèdres semi-réguliers construits avec deux ou plusieurs polygones. Il assemble, par exemple, des triangles équilatéraux et des carrés, et obtient le cuboctaèdre, ou des pentagones et des hexagones, et obtient l'icosaèdre tronqué.

Au xve siècle, **Luca Pacioli** écrivit son livre sur les proportions divines et **Léonard de Vinci** l'illustra avec de beaux dessins de polyèdres en 3 dimensions ; identiques à ceux de Platon et d'Archimède.

cuboctaèdre   icosaèdre tronqué

En français usuel, le mot cône désigne uniquement des cônes de révolution (voir définition ci-dessous). En mathématiques, il a un sens beaucoup plus large.

La hauteur d'un cône est la droite perpendiculaire à la base menée par le sommet du cône. Elle peut être extérieure au solide.

Cas particuliers :

– Si la surface de base est un disque, le solide est un cône à base circulaire.

Le sommet n'est pas nécessairement situé sur une droite perpendiculaire à la base passant par le centre du disque.

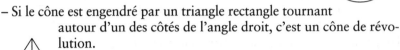

– Si le cône est engendré par un triangle rectangle tournant autour d'un des côtés de l'angle droit, c'est un cône de révolution.

Le sommet est alors situé sur une droite perpendiculaire à la base passant par le centre du disque.

– Si la base est un polygone, on a une pyramide.

Pour une base triangulaire, la pyramide s'appelle tétraèdre.

Si le polygone est régulier et que, de plus, le sommet est à la verticale du centre de la base, on dit que la pyramide est régulière.

Les cylindres

Ce sont des solides constitués par deux surfaces planes parallèles identiques et l'ensemble des segments de génératrices parallèles joignant les points des frontières de ces deux surfaces.

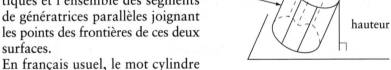

En français usuel, le mot cylindre désigne uniquement des cylindres de révolution (voir définition ci-dessous). En mathématiques, il a un sens beaucoup plus large.

La hauteur d'un cylindre est la droite perpendiculaire aux deux plans de base. Elle peut être extérieure au solide.

Cas particuliers :

– Si la base du cylindre est un disque, c'est un cylindre à base circulaire.

Les génératrices ne sont pas nécessairement perpendiculaires aux surfaces de base.

– Si le cylindre est engendré par un rectangle tournant autour d'un de ses côtés, c'est un cylindre de révolution.

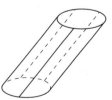

Dans ce cas, les génératrices sont perpendiculaires aux surfaces de base.

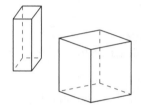

– Si la base est un polygone, on obtient un prisme.

Les génératrices ne sont pas nécessairement perpendiculaires aux surfaces de base.
– Si, de plus, les génératrices sont perpendiculaires au plan de la base, on dit que le prisme est droit.
Un prisme dont la base est un parallélogramme est un parallélépipède.

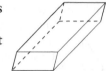

Un parallélépipède qui est un prisme droit est un parallélépipède rectangle. On dit aussi que c'est un pavé.
Si les six faces sont des carrés, le prisme droit est un cube.

Solides limités uniquement par des surfaces courbes

✓ La sphère
C'est l'ensemble des points de l'espace situés à une même distance d'un point fixe O appelé centre de la sphère.
La sphère est engendrée par la rotation d'un demi-cercle autour de son diamètre.
L'intérieur d'une sphère s'appelle boule.

✓ L'ellipsoïde
C'est un solide engendré par la rotation d'une ellipse suivant l'un de ses axes.

✓ L'ovoïde
C'est un solide en forme d'œuf.

Solides constitués d'un assemblage de solides simples
À partir des cônes, des cylindres et de morceaux de solides limités par des surfaces courbes, on peut fabriquer un grand nombre d'autres solides.

Exemple: assemblage d'une pyramide et d'un cube.

Tronc de cône
Définition: c'est la partie d'un cône située entre le plan de la base et un plan qui coupe le cône.

Exemple:
Le plan de coupe n'est pas nécessairement parallèle à celui de la base.

Arbre d'organisation des solides simples

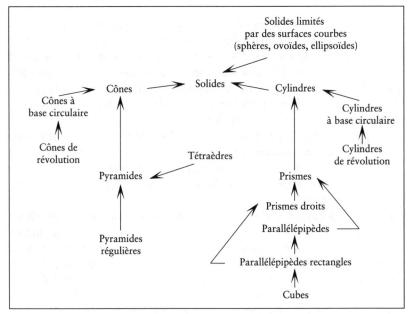

Développement des cônes et des cylindres

Le développement d'un solide est une mise à plat de ce solide permettant de le reconstituer par pliage, sans recouvrement et sans trou.
Le développement géométrique ne prend pas en compte les problèmes de réalisation pratique du solide, en carton par exemple. Il n'y a pas de languettes de collage.
Le développement d'un solide est rarement unique. On donne ici l'exemple des développements du cube et d'une pyramide à base carrée.

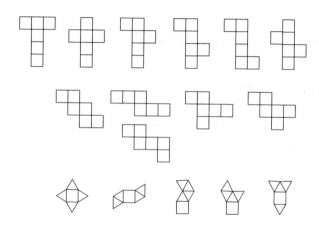

Activités

La classification telle qu'elle a été vue dans la partie théorique n'est pas au programme du primaire. Toutefois, en cours moyen, on peut faire classer les solides en « cônes », « cylindres » et autres, sans entrer dans les détails. On donnera seulement le nom des solides simples tels que *cube, cylindre* et *cône de révolution, parallélépipède rectangle.*
Un travail sur les développements des solides présente de nombreuses possibilités d'activité de recherche.

 Dans la première étape, éviter de prendre des objets de la vie courante, tels que balle de tennis, ballon de rugby, boîte à chaussures, tube de médicaments, etc. car on risque d'obtenir une classification n'ayant rien à voir avec celle que l'on souhaite.
Les élèves s'occupent d'abord de l'utilisation que l'on fait de ces objets. De plus, ces solides sont beaucoup plus éloignés des solides géométriques que les réalisations habituelles en carton ou en une autre matière. C'est la même chose dans la quatrième étape car les objets réels ont des contraintes spécifiques à respecter. Par exemple, les boîtes doivent souvent avoir un fond double pour être plus solides, et cela ne correspond pas au développement traditionnel attendu en géométrie.
Bien préciser qu'un développement de solide géométrique ne doit pas contenir de faces qui se recouvrent, ni de faces manquantes. Ce n'est pas un objet technologique mais un patron géométrique d'un solide (ce patron est d'ailleurs utile en technologie, mais l'utilisation que l'on veut faire de l'objet réel impose alors d'autres contraintes).
Ne pas donner de solides complexes composés de plusieurs solides simples. Les dessins des solides en perspective cavalière ne sont pas toujours bien compris par les élèves. La compréhension de cette représentation est très culturelle. S'assurer de leur bonne lecture avant d'entreprendre un travail en les utilisant.

Classer des solides (CM)

Étape 1

• **Objectif**
Prendre conscience des trois grandes classes de solides.

Matériel
Divers solides en carton, bois ou plastique, tous de la même taille à peu près (cube, parallélépipède, sphère, œuf, pyramides diverses, cylindre à base circulaire, cône à base circulaire – prendre aussi des cônes et des cylindres dont la hauteur est extérieure au solide).
On trouve des solides de différentes sortes chez certains distributeurs de matériel pédagogique.

Déroulement de l'activité
– Mettre les élèves par groupes de 4. Donner une dizaine de solides par groupe et demander de les classer en choisissant des critères précis de classement.
Laisser quelque temps pour la recherche, puis mettre en commun les classements. Les élèves peuvent avoir fait deux tas : les solides qui roulent (sphère, œuf, cylindres et cônes à base circulaire) et les autres (les polyèdres). Ce classement est intéressant, mais ne regroupe ni les solides dont le volume se calcule de la même manière, ni ceux que l'on peut développer.
– Demander aux élèves de chercher des propriétés communes à certains solides appartenant aux deux tas.
Les enfants peuvent aussi avoir l'idée de séparer, dans chaque tas, les solides qui ne tiennent pas en équilibre sur l'une de leur base. C'est le cas des cônes et des cylindres dont la hauteur est extérieure au solide.
Si les élèves n'ont pas trouvé le classement en « cônes », « cylindres » et autres, donner les définitions de *sommets*, *arêtes*, *faces* et *bases* et, à partir de là, dégager le classement en cônes (un sommet unique opposé à la base) et cylindres (deux bases égales dans des plans parallèles). Il n'est pas nécessaire de donner les noms de ces 2 ensembles cônes et cylindres.
– Terminer en dressant un tableau avec le nom des solides, le nombre de faces, d'arêtes et de sommets de chacun.
On peut ensuite proposer un jeu de portrait en utilisant les caractéristiques des différents solides (faces, sommets, arêtes).
Remarque : On peut aussi avoir le classement suivant : ceux qu'on peut mettre à plat (ayant un développement) et ceux qu'on ne peut pas mettre à plat (sphère, œuf, ellipsoïde).

Développement de solides simples (CM2)

Étape 2
Les solides constitués uniquement de surfaces courbes ne peuvent être développés.

Objectif

Faire trouver les développements de solides simples.

Matériel

Carton, ruban adhésif, ciseaux, polydrons (jeux composés de polygones encastrables en plastique, distribués par ODMP[54], solides de l'étape 1.

Déroulement de l'activité

– Mettre les élèves par groupes de 4. Leur demander de réaliser le patron d'un cylindre à base circulaire, puis d'un cube et d'un parallélépipède rectangle, d'un cône à base circulaire et d'une pyramide.

Ne pas leur dire ces noms mais leur donner les solides. Pour les cylindres les élèves proposent souvent comme développement un grand disque et un petit disque. Pour les cônes, ils proposent un disque et un triangle. Dans les deux cas, leur faire vérifier que cela ne convient pas.

L'activité de l'étape 3 permet de construire aisément le patron d'un cylindre à base circulaire.

Si l'on dispose de polydrons, demander aux élèves de réaliser un cube, un tétraèdre, etc., puis de trouver plusieurs patrons possibles en cassant, de façons diverses, le solide fabriqué. Si l'on n'a pas ce matériel, demander aux élèves de chercher d'autres patrons possibles pour les solides qu'ils viennent de réaliser, et leur faire vérifier qu'ils conviennent.

Il est fondamental de leur montrer que les patrons ne sont pas uniques.

– Dans un deuxième temps, proposer des patrons de solides (possibles et impossibles à réaliser), en bristol ou avec des polydrons, et demander de trouver ceux qui permettent de réaliser des solides et ceux qui ne conviennent pas. Ce travail pourra être fait en manipulant, dans un premier temps, puis mentalement. Les élèves pourront cependant vérifier matériellement leurs impressions.

Lors de la mise en commun, faire justifier oralement les impossibilités, d'abord sans puis avec manipulation, pour vérifier.

Exemples :

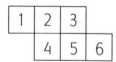

Ce patron de cube ne convient pas car il y a 6 liaisons imposées ; or, dans les développements de cube, il n'y en a que 5. L'une des deux faces (n° 4 ou 5) ne convient pas car on ne peut pas fermer le cube.

Ce patron est impossible car il y a une face triangulaire de trop, ou alors il y aura recouvrement de deux faces.

Si l'on dispose de polydrons de différentes sortes, il est intéressant et facile de faire réaliser des solides complexes composés de solides simples. On peut même faire réaliser certains solides d'Archimède et de Platon.

– Terminer l'activité sur les solides en faisant fabriquer des tétraèdres à la façon des berlingots de Carpentras.

---

54. ODMP : 64, rue Rodier, 75009 Paris.

1. **2.** **3.**

1. Fabriquer un cylindre à base circulaire (pas trop haut).
2. Pincer le haut du cylindre entre 2 doigts et coller.
3. Pincer à nouveau vers le bas du cylindre dans une direction perpendiculaire au segment du haut, puis couper et coller.

Autre méthode : coller une enveloppe et la couper au milieu comme ceci :

Coller la partie ouverte en amenant le point A sur le point B de façon à ce que le pli de collage soit perpendiculaire à CD. On obtient un tétraèdre.

Transformations géométriques planes

Symétries

Symétrie orthogonale

On dit aussi symétrie axiale ou symétrie par rapport à une droite.
La symétrie orthogonale du plan par rapport à une droite (d) est une transformation géométrique qui, à tout point M du plan, fait correspondre le point M' tel que la droite (d) soit médiatrice du segment MM'.

On dit que M et M' sont symétriques par rapport à (d). (d) est l'axe de symétrie.

Exemple :

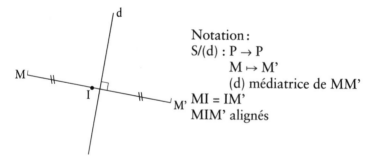

Notation :
S/(d) : P → P
  M ↦ M'
  (d) médiatrice de MM'
MI = IM'
MIM' alignés

On dit aussi que deux figures sont symétriques par rapport à une droite si elles se recouvrent exactement, point par point, par un seul pliage le long de cette droite.

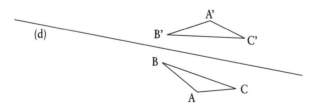

Rappel historique

Dans l'Antiquité, les premiers travaux sur les transformations géométriques ont commencé avec Euclide et Thalès.

Euclide utilisait les déplacements pour démontrer certains théorèmes, par exemple les cas d'égalité des triangles.

Thalès de Milet, né vers 640 avant J.-C, philosophe et savant grec, avait remarqué que la longueur des ombres (c'est-à-dire la projection des objets sur le sol grâce aux rayons solaires) était proportionnelle à celle des objets correspondants. Il en déduisit que pour connaître la hauteur d'un objet vertical, par exemple un arbre ou une pyramide, il suffisait de mesurer l'ombre de cet objet. À un instant donné, en comparant la longueur de cette ombre avec la longueur de l'ombre d'un objet vertical servant d'étalon, on obtient la hauteur cherchée.

Exemple : la longueur de l'ombre d'un objet étalon de 1 m est, à un instant donné, égale à 80 cm.

Au même instant, la longueur de l'ombre de l'objet à mesurer est égale à 4 m.

L'ombre de l'étalon est contenue 5 fois dans celle de l'objet. Celui-ci mesure donc 5 m.

D'après la propriété de Thalès, toute projection conserve les rapports de longueur.

Les cartographes du xvie siècle savaient que l'on ne pouvait pas projeter une sphère sur un plan, tout en conservant les longueurs. Ils cherchèrent donc des applications conservant les angles.

Gérard Desargues (1591-1661) et **Gaspard Monge** (1746-1818) substituèrent à une figure de l'espace sa transformée plane pour étudier certaines de leurs propriétés géométriques.

Léonhard Euler (1707-1783) avait déjà étudié les déplacements. Il avait démontré qu'un déplacement plan était soit une rotation, soit une translation, soit une translation suivie d'une symétrie.

Mais personne, avant **Jean-Victor Poncelet** (1788-1867), n'avait explicité vraiment la notion de transformations géométriques. Officier de l'armée napoléonienne, Poncelet fut fait prisonnier pendant la campagne de Russie. Il reconstruisit, sans aucun document de référence, les connaissances géométriques apprises dans les cours de Monge et de Carnot (1753-1823). En 1822, il publia, à partir de ses notes de prison, le *Traité des propriétés projectives des figures*. La transformation géométrique apparaît comme la correspondance entre des figures de deux plans, qui transforme un point de la première en un point de la seconde, ou un point de la première en une droite de la seconde.

Un peu plus tard, **Augustus Ferdinand Mobius**, mathématicien allemand (1790-1868) distingua plusieurs types de transformations géométriques. Si la figure initiale et la figure transformée sont égales, il s'agit d'un déplacement. Si la figure initiale et la figure transformée sont semblables, il s'agit d'une similitude. Enfin, **Michel Chasles** (1793-1880) fut le premier à étudier les homothéties. Il créa le mot à partir de deux mots grecs : *homos* (semblable) et *thesis* (position).

Points invariants : ce sont les points qui sont leur propre image. Tous les points de l'axe de symétrie (d) sont invariants.

Propriétés : la symétrie orthogonale conserve les distances et les formes mais pas les directions. Deux figures symétriques sont superposables.

Axe de symétrie d'une figure

L'axe de symétrie d'une figure est une droite qui partage cette figure en deux morceaux superposables par pliage le long de cette droite.

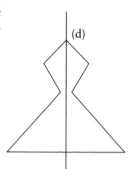

Exemple :
(d) est l'axe de symétrie de la figure.

Contre-exemple :

(D) n'est pas l'axe de symétrie de la figure. Elle partage bien la figure en deux parties égales, mais elles ne sont pas superposables par pliage le long de la droite (D).

Illustration : dans la vie courante, il n'existe pas d'objet réellement symétrique au sens mathématique du terme. La symétrie mathématique est la perfection absolue. Il faut qu'il y ait recouvrement exact, point par point, des figures par un seul pliage le long de l'axe de symétrie.

La couleur n'a aucune importance en mathématiques. L'essentiel est la correspondance des points. Deux figures peuvent être symétriques même si elles ne sont pas colorées de la même façon.

On utilise les symétries axiales pour réaliser des ribambelles en papier. Le reflet dans un miroir fait penser à la symétrie par rapport à un plan, mais, en fait, dans le cas d'une telle symétrie, l'image devrait se trouver à une distance du miroir égale à celle de l'objet par rapport au miroir. De plus, l'image doit être à trois dimensions. Or, l'image de l'objet se trouve sur le miroir, c'est-à-dire sur le plan de symétrie. Elle est donc à deux dimensions. C'est exactement la même chose avec le reflet d'un paysage dans l'eau.

Symétrie centrale

Appelée aussi symétrie par rapport à un point.

La symétrie centrale de centre O est une transformation géométrique qui, à tout point M du plan, fait correspondre un point M' tel que O est milieu de MM'.

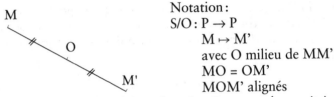

Notation :
S/O : P → P
 M ↦ M'
avec O milieu de MM'
MO = OM'
MOM' alignés

Le seul point invariant, ici, est le point O, centre de symétrie.

Deux figures sont symétriques par rapport à un point O si elles se recouvrent exactement par double pliage le long de deux droites perpendiculaires quelconques passant par le point O.

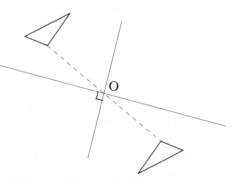

Propriétés : deux figures symétriques par rapport à un point ont mêmes mesures. La symétrie centrale conserve les distances et les directions. Elle se décompose en deux symétries axiales par rapport à deux droites perpendiculaires passant par O.

Centre de symétrie d'une figure

Une figure a un centre de symétrie O si elle se recouvre, point par point, par double pliage le long de droites perpendiculaires passant par le centre O.

Illustration : pour les mêmes raisons que précédemment, il n'existe pas, dans la vie courante, d'objet ayant un centre de symétrie. Les personnages des cartes à jouer sont construits avec un centre de symétrie, mais, même si ces cartes sont réalisées avec le plus grand soin, elles n'ont pas vraiment un centre de symétrie au sens mathématique du terme.

Translation

En français, le mot translation signifie action par laquelle on fait passer une chose d'un lieu à un autre. En mécanique, la translation est le déplacement d'un corps de façon à ce que tous ses points décrivent des trajectoires rectilignes ou non, mais identiques entre elles.

Définition mathématique : une translation de vecteur $\vec{u}$ est une transformation géométrique qui, à tout point M du plan, associe le point M' du plan tel que : $\overrightarrow{MM'} = \vec{u}$.

Un vecteur indique une direction (une droite qui le porte et suivant laquelle s'effectue la translation), un sens (sens de parcours de cette droite) et un module (longueur du vecteur qui indique la longueur du déplacement).

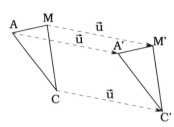

notation : : $t_{\vec{u}}$: P → P

M ↦ M' tel que $\overrightarrow{MM'}$ = $\vec{u}$.

Il n'y a aucun point invariant dans une translation.

La translation mathématique fait appel à un mouvement qu'on ne voit pas effectivement. On ne s'intéresse qu'à la figure initiale et à sa transformée.

Propriétés : deux figures translatées ont mêmes mesures.

La translation conserve les distances, les formes et les directions.

Cas particulier : si $\vec{u}$ = $\vec{o}$, la translation correspond à l'identité, c'est-à-dire que chaque point est sa propre image.

Illustration : là encore, il n'existe pas de translation mathématique dans la vie courante.

L'image d'une translation donnée par la réalité est un glissement d'une figure dans une direction donnée.

Rotation

En français, on parle de rotation pour un objet qui a tourné d'au moins un quart de tour. Il n'est pas nécessaire qu'il ait parcouru une portion du cercle. En mathématiques, le sens du mot rotation est beaucoup plus précis.

Définition mathématique : une rotation de centre O et d'angle α est une transformation géométrique qui, à tout point M du plan, associe un point M' du plan tel que $\widehat{MOM'}$ soit égal à α et tel que OM = OM'.

Comme la translation, la rotation fait appel à un mouvement qu'on ne voit pas. On s'intéresse uniquement à la figure de départ et à son image.

R(O,α) : P → P

M ↦ M' tel que OM = OM' et $\widehat{MOM'}$ = α

Le point M' est obtenu par déplacement de M sur un cercle de centre O et de rayon OM. On trouve M' quand on a parcouru sur le cercle la portion correspondant à l'angle α.

Chaque point de la figure MAB est transformé en un point de la figure M'A'B' situé sur un arc de cercle de centre O.

Le seul point invariant est le point O, centre de la rotation.

Propriétés: la figure de départ et son image par rotation sont égales. La rotation conserve les distances et les formes mais pas les directions.

Cas particulier: si l'angle de la rotation est égal à 180°, il s'agit aussi d'une symétrie centrale. S'il est égal à 360°, la figure de départ effectue un tour complet. Elle est confondue avec son image. C'est donc une transformation identique. Ce sera le cas chaque fois qu'on fera un nombre entier de tours ou lorsque l'angle sera égal à 0°.

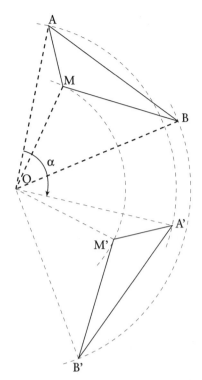

Illustration: comme pour toutes les transformations précédentes, la rotation des objets n'est pas la rotation géométrique; elle l'évoque seulement. C'est le cas, par exemple, de la rotation d'une balançoire autour de son axe. Chaque élément de la balançoire décrit une portion de cercle dont le centre est l'axe de la balançoire.

Isométrie

On appelle isométrie une transformation géométrique qui respecte les mesures des figures. La symétrie, la translation et la rotation sont des isométries.

Homothétie

L'homothétie de centre O et de rapport k (nombre réel quelconque) est une transformation géométrique qui, à tout point M du plan, associe un point M' du plan tel que $\overrightarrow{OM'} = k\,\overrightarrow{OM}$.

Si k est positif, le centre de l'homothétie est extérieur aux deux figures (figure de départ et son image).

Exemple: k = 3

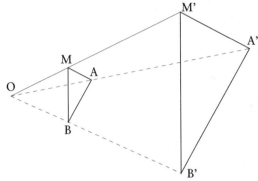

Notation:

H/(O ; 3) : P → P
         M ↦ M'

Tel que $\overrightarrow{OM'} = 3\ \overrightarrow{OM}$

Si k est négatif, le centre de l'homothétie est situé entre les deux figures. La figure image est alors renversée par rapport à la figure de départ.

Exemple: k = − 3

Notation:

H/(0 ; −3) : P → P
           M ↦ M'

tel que $\overrightarrow{OM'} = -3\ \overrightarrow{OM}$

Si $|k| > 1$, il y a agrandissement.

Si $|k| < 1$, il y a rétrécissement.

Propriété: l'homothétie conserve les formes et les proportions, mais pas les mesures (sauf si k = 1). Ce n'est pas une isométrie, en général.

Cas particuliers: Si k = 0, tous les points de la figure ont pour image le point O, centre de l'homothétie.
Si k = 1, il s'agit alors de l'identité (tous les points sont leur propre image).
Si k = − 1, l'homothétie est égale à une symétrie centrale de centre O.

Illustration: comme pour toutes les transformations précédentes, l'homothétie n'existe pas dans la réalité. Certaines choses y font penser, par exemple les poupées russes emboîtables. Si on les dispose régulièrement, on peut retrouver le centre de l'homothétie et le rapport suivant lequel elles ont été construites. Ce n'est jamais exactement une homothétie au sens mathématique du terme.
De même avec le pantographe, on peut agrandir ou réduire un dessin en gardant à peu près formes et proportions.
Entre la diapositive placée à l'envers dans un projecteur et l'image reçue sur l'écran, il y a à peu près homothétie dont le centre est le foyer de la lentille de l'appareil. Le rapport dépend de la place de l'écran par rapport au projecteur.

En revanche, la photo d'un paysage n'est pas homothétique de ce paysage car le paysage est en trois dimensions, tandis que la photo, elle, est plane.

Projection

La projection sur un axe (D), parallèlement à une direction de droite (d), est une transformation géométrique qui, à tout point M du plan, associe un point M' de (D) tel que (MM') soit parallèle à (d).

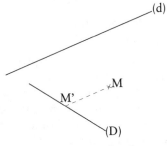

Notation : $p : P \to P$
$M \mapsto M'$

Tel que M' ∈ (D)
et (MM') parallèle à (d)

Les points de (D) sont invariants.

Propriétés : les projections conservent le milieu d'un segment et tous les rapports de longueur.

Elles ne conservent ni les formes, ni les distances. Ce ne sont pas des isométries.

Cas particulier : si la direction (d) est parallèle à l'axe (D), on ne peut pas projeter les points du plan sur (D).

Si (d) est perpendiculaire à (D), on a une projection orthogonale.

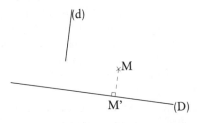

Définition d'une projection sur un plan, parallèlement à une direction de droite donnée

La projection sur un plan P, parallèlement à une direction de droite (d), est une transformation géométrique qui, à tout point M de l'espace, associe un point M' de P tel que (MM') soit parallèle à (d).

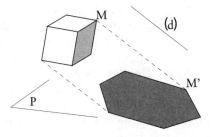

Illustration: pour la projection sur une droite, lorsqu'on place un point dans un repère, il faut connaître ses deux projections sur chacun des axes.

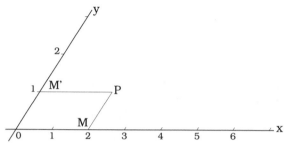

M est la projection de P sur (Ox) parallèlement à (Oy).
M' est la projection de P sur (Oy) parallèlement à (Ox).

Pour la projection sur un plan : l'ombre d'un objet est sa projection sur le sol, par exemple, grâce aux rayons du soleil ou de n'importe quelle source lumineuse. On suppose que les rayons lumineux sont à peu près parallèles et qu'ils ont une direction constante à un instant donné. La longueur de l'ombre est proportionnelle à celle de l'objet correspondant. C'est cette propriété qu'utilisa Thalès pour mesurer la hauteur des pyramides (voir rappel historique).

Activités

Le travail sur les transformations géométriques commence dès le début du cycle 2. À ce niveau, on aborde essentiellement la symétrie axiale puis centrale, par le pliage. Au cycle 3, on fait tracer la figure symétrique d'une figure donnée avec la règle, l'équerre et le compas. De plus, au cours moyen, on reprend la symétrie et on aborde l'agrandissement. La projection n'est que partiellement abordée lorsqu'on place un point dans un repère.

Remarque pour l'agrandissement : se reporter au chapitre sur la proportionnalité où un exemple est traité dans ce cadre (activité « agrandissement de figures »). Il sera bon de proposer également une réduction de figure avec coefficient entier puis fractionnaire.

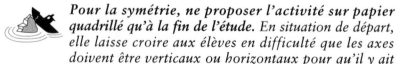 *Pour la symétrie, ne proposer l'activité sur papier quadrillé qu'à la fin de l'étude. En situation de départ, elle laisse croire aux élèves en difficulté que les axes doivent être verticaux ou horizontaux pour qu'il y ait symétrie. De plus, on ne met pas l'accent sur le recouvrement, point par point, par pliage puisqu'il n'est pas nécessaire pour tracer le symétrique d'une figure par rapport à un axe. Le quadrillage dissimule le fait que l'axe de symétrie est médiatrice du segment joignant les deux points symétriques.*

Progression sur la symétrie axiale

Découverte de la symétrie axiale (CP-CE1-CE2)

Étape 1

Objectif
Faire découvrir la symétrie axiale et le retournement.

Matériel pour chaque élève
– Un miroir, des objets divers, des dessins.
– Des paires de figures géométriques identiques dessinées sur du papier calque, n'ayant pas elles-mêmes d'axe de symétrie. Ne distribuer qu'une figure de chaque paire au début. Les mêmes figures en grand format pour le tableau.

Déroulement de l'activité
Laisser les élèves observer librement les objets se refléter dans le miroir puis mettre en commun les observations.
Mettre en évidence le retournement des images vues dans le miroir par rapport aux objets qui s'y reflètent. Ce qui est à droite sur l'objet, se retrouve à gauche sur l'image vue dans le miroir.
Faire les mêmes observations avec les dessins et les figures géométriques. Afficher ensuite au tableau l'une des figures grand format comme indiqué ci-dessous.
Marquer par un trait de couleur la place du miroir et demander aux élèves d'imaginer comment sera l'image vue dans le miroir. Puis envoyer un élève au tableau pour placer la deuxième figure identique de l'autre côté de l'axe représentant le miroir, comme on la verrait dans ce miroir.

Miroir

Le miroir n'est pas toujours vertical ou horizontal

Afficher ensuite plusieurs figures au tableau, indiquer la place du miroir (il peut être à droite ou à gauche de la figure et au-dessus ou en dessous). Demander aux élèves de faire la même chose sur leur table. Puis distribuer les deuxièmes figures de chaque paire et demander aux élèves de placer la deuxième figure de l'autre côté de l'axe comme on la verrait dans un miroir. Faire vérifier avec le miroir les solutions proposées.
Terminer en faisant noter aux élèves qu'une figure qui se reflète dans un miroir a une image inversée dans le miroir. Coller ensuite un exemple.

Symétrie axiale et centrale (CP-CE1-CE2)

Étape 2

Objectif
Reconnaître parmi plusieurs transformations de figures celles qui sont des symétries axiales et centrales.

Matériel

Une dizaine de feuilles de papier non ligné et assez transparent (papier calque si l'on peut photocopier dessus ou papier très fin) comportant chacune deux dessins :
– quatre feuilles sur lesquelles les dessins ont été obtenus par symétrie axiale (axe vertical, horizontal et oblique) ;
– une comportant des dessins obtenus par translation ;
– une comportant des dessins obtenus par rotation ;
– une comportant des dessins obtenus par homothétie ;
– deux comportant des dessins obtenus par symétrie centrale ;
– une comportant des dessins obtenus par déformation.

S'arranger pour que le pliage des figures symétriques par rapport à un axe ne se fasse pas en pliant le papier bord à bord.

Ne pas prendre de dessins figuratifs qui risquent de perturber la recherche et éviter les figures ayant elles-mêmes un axe de symétrie (pour la symétrie, la translation et la rotation) afin que les élèves se rendent vraiment compte de la façon dont les dessins ont été obtenus.

Le même matériel en grand pour le tableau.

Figures symétriques par rapport à un axe :

Figures translatées :

Figures obtenues par rotation :

Prendre un angle de rotation différent de 180° et pas trop petit pour qu'il n'y ait pas confusion possible avec une translation, par exemple.

Déroulement de l'activité

Travail individuel

– Donner les dix feuilles à chaque élève et leur demander de faire un tas avec les figures qui se recouvrent exactement par pliage. La consigne est suffisamment ouverte pour qu'ils puissent plier ou non, et pour qu'ils fassent plusieurs pliages sur une même feuille, s'ils le désirent. Après un temps de recherche, mettre en commun les différents classements en demandant de les justifier. Certains auront fait le classement sans plier, effectuant mentalement les pliages.

D'autres auront plié seulement les feuilles contenant des dessins symétriques par rapport à l'axe, expliquant pourquoi il n'est pas nécessaire de plier les autres. D'autres auront tout plié et sélectionné, après pliage, ceux qui conviennent. Quelques-uns, peut-être, auront plié les papiers bord à bord, sans tenir compte de la consigne complète. Enfin, certains élèves auront eu, sans doute, l'idée de plier deux fois les dessins symétriques par rapport à un point. Si personne n'a pensé à faire un double pliage, leur demander de chercher parmi les figures ne se recouvrant pas par simple pliage s'il n'en existe pas qui se recouvrent par double pliage. Si le papier n'est pas très transparent, suggérer aux élèves de se mettre contre une fenêtre afin de mieux voir par transparence.

– À la fin de l'activité, faire tracer les axes de symétrie, entre les figures, qui conviennent.

Distribuer un géomiroir (matériel Celda. Ce sont des plaques de plastiques fumés qui permettent aux figures de se refléter comme dans un miroir tout en laissant la possibilité de voir au travers) et faire vérifier aux élèves qu'en mettant le géomiroir sur l'axe de symétrie et en regardant d'un côté, ils observent la même image dans le géomiroir que celle qui se trouve de l'autre côté de l'axe. Le reflet et le dessin doivent se superposer.

Donner le vocabulaire axe de symétrie et figures symétriques par rapport à un axe.

Demander aux élèves s'ils peuvent expliquer comment ont été obtenues les autres figures (agrandissement, glissement, etc.).

En maternelle, procéder de la même manière mais avec des dessins plus grands et plus simples.

Tracé d'une figure symétrique d'une autre par rapport à un axe (CP-CE1-CE2)

Étape 3

Objectif
Tracer le symétrique d'une figure quelconque par rapport à un axe, en utilisant le pliage.

Matériel
3 feuilles avec le dessin d'une figure (n'ayant pas, elle-même, d'axe de symétrie) et d'un axe de symétrie (oblique, vertical, horizontal). Choisir un papier non ligné et assez transparent. Mettre la figure à gauche ou à droite de l'axe.

Des miroirs et des géomiroirs. (Ils permettent donc les mêmes activités qu'avec un miroir mais en plus il est possible de repasser sur ce qu'on voit au travers afin de réaliser un dessin symétrique d'un dessin donné).

Exemple :

Déroulement de l'activité

– Travail individuel. Donner les dessins, un par un, aux élèves et leur demander de tracer les symétriques des figures données par rapport à l'axe tracé.

Laisser les élèves faire comme ils le souhaitent, puis passer à la synthèse collective.

Quatre méthodes se dégagent généralement :
1. Les élèves ont tracé les figures sans plier, à main levée.
2. Les élèves ont tracé les figures en pliant à main levée.
3. Les élèves ont tracé les figures en pliant et à la règle.
4. Les élèves ont utilisé le géomiroir pour faire les tracés à main levée. Peut-être certains auront-ils essayé d'utiliser la règle pour les faire.

Les figures, dans les cas 2 et 3, peuvent se trouver sur l'envers de la feuille, et il est parfois nécessaire d'effectuer deux tracés pour avoir la figure-image et celle de départ du même côté. Faire trouver le moyen de plier qui permet de ne faire qu'un tracé.

Dans le premier cas, on peut montrer aisément aux élèves qu'en pliant, les figures ne sont pas symétriques. Dans le deuxième cas, certains élèves n'admettent pas la non-symétrie car ils se contentent de leur tracé. Revenir alors sur la définition exacte de la symétrie et insister sur la nécessité de précision du tracé.

Dans le troisième cas, faire vérifier aux élèves que les deux figures se recouvrent vraiment, point par point, par pliage le long de l'axe. Les tracés à la règle peuvent ne pas être très précis. Préconiser l'utilisation de la troisième ou quatrième méthode en soignant les tracés à la règle. C'est la seule façon d'avoir deux figures les plus symétriques possibles, au cycle 2. Il est cependant nécessaire de prendre des points de repères soit par pliage, soit en utilisant le géomiroir, d'ouvrir la feuille pliée ou d'enlever le géomiroir, puis de faire les tracés précisément à la règle. Si on utilise le pliage, il doit se faire de façon à ce que la figure modèle soit à l'extérieur, ainsi la figure de départ et son image sont du même côté.

On peut aussi utiliser le piquage après avoir réalisé le pliage. Pour cela poser la feuille pliée sur un morceau de mousse ou de polystyrène et utiliser un cure-dent ou une aiguille à laine pour repérer quelques points. Terminer en effectuant un tracé à la règle joignant les points repérés.

Prolongement pour le cours moyen

À ce niveau, on peut faire les tracés de figures symétriques à la règle, à l'équerre (ou au calibre d'angle) et au compas.

Reprendre la même activité, mais, à partir d'un travail sur le pliage, comme précédemment, faire trouver les constructions nécessaires aux tracés sans pliage.

Exemple :

Proposer un autre tracé qui devra être effectué sans pliage. Le pliage servira à la validation du travail. On peut également utiliser miroir et géomiroir.

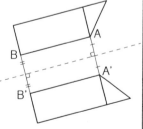

Étape 4

Axe de symétrie d'une figure (CE1-CE2)

Objectif
Reconnaître les figures qui ont un ou plusieurs axes de symétrie.

Matériel
– Figures tracées sur du papier non ligné assez transparent et qui seront découpées le long de la frontière. Faire un carré, un rectangle non carré, un parallélogramme non rectangle, un trapèze isocèle, un trapèze sans particularité, un disque, un triangle isocèle, un triangle équilatéral, un triangle et un quadrilatère sans particularité, un quadrilatère en forme de cerf-volant, une figure en forme de T.
– Un miroir et/ou un géomiroir.

Déroulement de l'activité
Travail individuel :
– Demander aux élèves de trier les figures qui se recouvrent exactement par pliage. Laisser chercher quelques minutes et mettre en commun les classements.
Les élèves font généralement deux tas : l'un avec les figures n'ayant pas d'axe de symétrie et l'autre avec les figures en ayant au moins un. Comme précédemment, certains élèves font ce travail sans plier. Souvent, il est nécessaire de relancer la recherche car beaucoup d'élèves se contentent d'un seul axe et n'essaient pas de voir s'il y en a d'autres.
– Demander de mettre à part les figures qui n'ont qu'un axe de symétrie. Il y a 4 groupes de figures : celles qui n'ont pas d'axe de symétrie (parallélogramme, trapèze, triangle et quadrilatère sans particularité) ; celles qui n'ont qu'un seul axe (le T, le trapèze isocèle, le triangle isocèle et le cerf-volant) ; celles qui en ont un nombre fini supérieur à 1 (carré : 4 ; rectangle : 2 ; triangle équilatéral : 3) ; celles qui en ont un nombre infini (le cercle).
Faire vérifier comme précédemment avec un miroir (ou un géomiroir) que les moitiés de figures se recouvrent exactement en plaçant le miroir (ou géomiroir) sur l'axe de symétrie.
Les élèves du cours élémentaire regroupent généralement les deux dernières catégories. Il est très difficile de leur expliquer qu'un cercle a une infinité d'axes de symétrie. Ils verront cela plus tard. On peut seulement leur montrer qu'il y en a beaucoup. Si les pliages sont bien faits, les axes de symétrie se coupent au centre du cercle (voir travail sur le cercle).
Les élèves qui n'ont pas plié pour faire le classement auront sans doute mis le parallélogramme dans le tas des figures ayant plusieurs axes de symétrie. Ils ont, en effet, l'impression que les diagonales et les médianes sont axes de symétrie (cf. partie théorique). Seul le pliage pourra les convaincre de leur erreur. Le point de concours des diagonales et des médianes est centre de symétrie. En faisant un double pliage, les morceaux de la figure se recouvrent point par point.
- Coller dans les cahiers de classe ces différentes figures classées, en marquant le ou les axes de symétrie par un pli. Donner le terme d'*axe de symétrie d'une figure.*

Tracé d'une moitié de figure symétrique (CE1-CE2)

Étape 5

Objectif
Apprendre à tracer par pliage, en utilisant la règle, une moitié de figure symétrique par rapport à un axe.

Matériel
– Feuille de papier non ligné et assez transparent. Tracer 4 moitiés de figure (n'ayant pas, elles-mêmes, d'axe de symétrie) avec des axes verticaux, horizontaux et obliques. Comme précédemment, mettre la figure à droite ou à gauche de l'axe, indifféremment.
– Un géomiroir.

Déroulement de l'activité
Travail individuel :
– Donner les dessins, un par un, aux élèves. Leur dire que la droite tracée est axe de symétrie de la figure. Demander de tracer la moitié manquante en utilisant le pliage suivant l'axe ou le géomiroir. On peut également mettre à la disposition des élèves des ciseaux. En effet, en pliant le long de l'axe de façon à ce que la moitié tracée soit visible et en découpant suivant les traits tracés, on obtient une figure avec un axe de symétrie.
Laisser quelque temps de recherche, puis mettre en commun. Généralement, les élèves réutilisent ce qui a été fait dans l'étape 3 et tracent, de préférence, la moitié manquante à la règle.
– Terminer en demandant de dessiner des figures ayant un axe de symétrie (ou même deux, pour les élèves qui réussissent facilement le premier tracé). Proposer de prendre une droite déjà tracée par le maître sur une feuille comme axe de symétrie. Utiliser le géomiroir.

Prolongement pour le cours moyen
Reprendre la même activité, puis faire tracer la moitié manquante en utilisant la règle et l'équerre. Cela met l'accent sur le fait que l'axe de symétrie est la médiatrice des segments joignant chaque point d'une moitié à chaque point image, situé sur l'autre moitié symétrique de la figure. Utiliser le miroir et géomiroir pour vérifier les tracés.

Applications (tous niveaux)
Tracés sur papier quadrillé (carreaux carrés).
Donner deux figures (ou une seule) avec un axe de symétrie vertical ou horizontal. L'étude de ce tracé permet de se rendre compte de l'utilisation possible des carreaux pour effectuer les tracés. Il suffit de les compter pour réussir le tracé. Donner ensuite une seule figure (ou une moitié) et demander de tracer l'autre figure symétrique (ou l'autre moitié) en utilisant les carreaux. Proposer ensuite des axes de symétrie passant par les nœuds du quadrillage. En ce cas on peut se repérer en comptant les carreaux à condition que la figure dont il faut tracer le symétrique ait ses sommets situés sur des nœuds du quadrillage.
Réaliser les ribambelles en utilisant la symétrie des figures que l'on veut faire.
Laisser les élèves chercher comment réaliser le pliage si l'on veut faire une ribambelle. En général, les élèves obtiennent des morceaux contenant

seulement deux figures car ils n'ont pas plié en accordéon leur réalisation. Leur donner du ruban adhésif et leur demander de coller leurs morceaux afin d'avoir une ribambelle correcte. À partir de cela, leur faire chercher comment plier le papier pour avoir une ribambelle. S'ils ne trouvent pas, leur suggérer le pliage en accordéon.

Carrés bicolores (CM1-CM2, autre prolongement)

Étape 6

Objectif
Reconnaître des transformations qui ont permis d'obtenir des figures.

Matériel
– 4 carrés bicolores (au minimum) par enfant (fiche 18 du cédérom).
Exemple :

Déroulement de l'activité
Travail de groupe :
– Demander aux élèves de trouver des figures réalisées avec deux carrés bicolores seulement. Essayer de les faire classer afin de trouver le nombre maximal de figures différentes qu'on peut réaliser. La présentation ci-dessous montre un tableau à double entrée. En fait, il y a 16 figures possibles, mais elles ne sont pas toutes différentes car certaines sont obtenues par rotation d'un motif déjà trouvé (4 et 7 identiques par rotation d'un demi-tour de même que 6 et 16, 5 et 12, 1 et 11, 10 et 13, et enfin 2 et 15). Il n'y a, en fait, que 10 figures différentes.

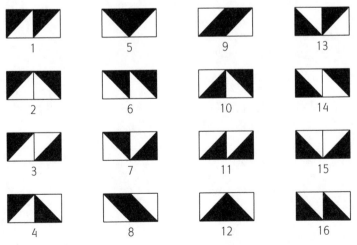

– Des feuilles de brouillon.
– Des miroirs ou géomiroirs.

Faire chercher les réalisations qui sont symétriques l'une de l'autre par rapport à un axe, en utilisant le géomiroir ou le miroir si nécessaire. C'est le cas des réalisations 1 et 16, 5 et 12, 9 et 8, 13 et 4, 2 et 15, 6 et 11, 10 et 7, 14 et 3.

– Proposer aux élèves de trouver les négatifs des figures repérées. Par exemple, 1 est le négatif de 11, 5 est le négatif de 15, etc.

5

Grandeurs et mesures

On trouvera dans ce chapitre des rappels théoriques et historiques concernant les différentes mesures de grandeur. On propose également des activités variées pour la fin du cycle 2 et le cycle 3 en rapport avec les différentes grandeurs étudiées, à savoir les unités de longueur, de surface, de volume et capacité, de masse et de durée.

Les unités de mesure

Comment présenter les unités de mesure ?

On peut additionner ou soustraire deux longueurs, deux aires, deux volumes, deux durées ou deux masses. Ce sont des grandeurs mesurables. Il n'en est pas de même du temps et de la température qui sont des grandeurs repérables. En effet, on ne peut pas additionner ou soustraire deux temps, ni deux températures.

Exemples : 1900 − 1800 = 100 ans. Cela ne correspond pas à une date mais à une durée.
De l'eau à 30 °C mélangée à de l'eau à 100 °C ne donne pas de l'eau à 130 °C.

Quand on présente les différentes unités de mesure aux élèves et ce, quel que soit le cycle, il est important de situer cette activité sur le plan international et historique. En effet, l'évolution historique permet de comprendre l'avantage d'une unification et la nécessité de prendre des étalons communs à tous. D'un point de vue culturel, il est bon que les élèves sachent qu'il existe différentes façons de se repérer dans le temps, par exemple. Lorsqu'au cours élémentaire on étudie le calendrier, on peut facilement faire allusion aux autres calendriers existants. L'étude de la lecture de l'heure ne doit pas se faire de façon systématique, mais tout au long du cycle 2 et au début du cycle 3, chaque fois que l'occasion se présente. Il est bon d'avoir en classe une grosse pendule ou un gros réveil à aiguilles. Y faire référence au début de la matinée, aux récréations, pour le repas, etc. et également pour fixer la durée d'une activité. Après avoir utilisé abondamment la pendule en situation, faire une synthèse afin de fixer les principes généraux de la lecture de l'heure.

Par exemple, en grande section et au cours préparatoire, se fixer comme objectif la lecture des heures entières. En CE1 puis en CE2, introduire peu à peu le reste et finir par les correspondances entre les lectures de l'heure faites sur une pendule à aiguilles et les lectures faites sur une pendule à affichage numérique.

Dans les activités 135 et 136, on propose un travail spécifique sur les calculs de durées au cycle 3.

Évolution des unités de longueur, d'aire, de volume et de masse

Le système suméro-babylonien est l'un des plus anciens systèmes de métrologie. C'est aussi le plus cohérent et le plus perfectionné. Il est fondé sur l'utilisation d'une base principale, soixante, et d'une base auxiliaire, dix.

Soixante est, en effet, un nombre très pratique puisqu'il possède de nombreux diviseurs : 1, 2, 3, 4, 5, 6, 10, 12, 15, 30 et 60. Il est donc très facile de fabriquer des sous-unités d'une unité principale. Comme chez tous les peuples, les premières mesures de longueur utilisées furent liées au corps humain (main ouverte, doigt, coudée, pied, etc.). Peu à peu, l'utilisation d'instruments de mesure transforma ces unités naturelles en unités bien définies à l'aide d'étalons.

Voici quelques exemples d'unités de longueur :

doigt	1/30 coudée
coudée	54 cm
canne	6 coudées
ninda	12 coudées
corde	10 ninda
double stade	60 ninda
lieue	1 800 ninda

Les unités de surface sont liées aux unités de longueur. Par exemple, le verger vaut un ninda carré. Les unités de volume sont liées aux unités de surface (ce qui est beaucoup plus étonnant pour l'époque) par adjonction d'une troisième dimension constante, égale à une coudée.

Exemple : le *sar* vaut 1/12 de ninda cube ; c'est le volume d'un parallélépipède rectangle de surface de base égale à un ninda carré et de hauteur une coudée.

La métrologie babylonienne nous fut transmise par les Grecs. On en trouve trace dans notre système moderne pour la mesure des secteurs angulaires et pour les calculs des durées.

Les Égyptiens utilisaient un système beaucoup moins systématique. Pour les longueurs, on retrouve des unités liées au corps humain (coudée, doigt...). Pour les mesures de capacité, ils utilisaient le *héqat* (boisseau) qui vaut environ 4,5 l. Les systèmes de division des différentes unités étaient très irréguliers.

Les Grecs et les Romains utilisaient également des mesures de longueur et de surface en rapport avec le corps humain (pied carré chez les Grecs). Pour les mesures de masse, les Romains utilisaient un système fondé sur la base douze (douze a plus de diviseurs que dix). Comme leur système de numération était décimal, l'utilisation des unités de mesure obligeait à faire des calculs fractionnaires compliqués (faits à l'abaque, d'ailleurs). Le système romain était utilisé dans de vastes territoires, ce qui facilitait les échanges commerciaux. À partir de la dislocation de l'empire romain, chaque contrée utilisa peu à peu ses propres unités et, jusqu'au XIXᵉ siècle, la plus grande confusion régna en France. D'une région à l'autre, on n'utilisait pas les mêmes mesures. Elles portaient, de plus, le même nom, mais n'avaient pas la même valeur. Pourtant, dès 650, **Childéric III** essaya de rendre obligatoire, dans tout son royaume, l'utilisation d'unités déposées dans son palais, mais en vain. **Charlemagne, Philippe le Bel, François Iᵉʳ, Louis XIV** et bien d'autres firent la même tentative, sans plus de succès.

Les savants qui effectuaient des mesures scientifiques étaient obligés de se construire leur propre étalon, ce qui ne facilitait pas les échanges. En 1789, la nécessité de réforme du système métrologique apparut. Les cahiers de doléances la réclamaient. C'est l'**Académie des sciences** qui se vit chargée, par décret, de mettre au point un système métrologique cohérent. Les savants en avaient de plus en plus besoin car ils voulaient entreprendre des mesures géodésiques précises. Le 19 mars 1791, l'Académie adopta définitivement l'unité de longueur appelée **le mètre**. Elle était égale au dix millionième du quart du méridien terrestre. Les étalons des unités de masse et de la longueur étaient faits en platine aggloméré. **Le kilogramme** était égal à la masse d'un décimètre cube d'eau pure prise à la température de son maximum de densité. Ces unités furent déposées aux Archives. Mais l'utilisation du nouveau système rencontra de nombreuses difficultés. Il fallut attendre le 30 mai 1875 pour que **le Bureau international des poids et mesures**, situé à Sèvres, fût chargé d'établir des étalons définitifs et d'en déduire des étalons nationaux pour les divers pays ayant adopté le système métrique. Depuis, la définition du mètre a été modifiée et est, aujourd'hui, en rapport avec **l'atome de krypton 86**. Ceci donne au mètre plus de précision et en garantit mieux la permanence.

Actuellement, **les Anglo-saxons** utilisent encore des unités différentes de celles de notre système, bien qu'ils aient adopté officiellement le système métrique. Les longueurs sont mesurées en pouces, pieds, perches et miles, et les masses en grains et livres[55].

---

55. On trouvera plus de détails sur toutes les unités dans le fascicule *Métrologie* n° 34, diffusé par l'IREM de Paris Sud.

Notion de longueur, de périmètre et de masse

Notion de longueur

C'est une grandeur qui mesure une étendue à une seule dimension. On peut parler de la longueur d'une portion de ligne droite, courbe ou brisée, entre deux points[56].

Remarque: on parle de la longueur d'un rectangle par opposition à sa largeur.

Unités légales de mesure de longueur

Ce sont les multiples et sous-multiples du mètre (noté m) à savoir :
– le kilomètre noté km qui vaut 1 000 m ;
– l'hectomètre noté hm qui vaut 100 m ;
– le décamètre noté dam qui vaut 10 m ;
– le décimètre noté dm qui vaut 0,1 m ;
– le centimètre noté cm qui vaut 0,01 m ;
– le millimètre noté mm qui vaut 0,001 m.

Dans le système métrique, chaque unité de longueur est 10 fois plus grande que celle qui la précède et 10 fois plus petite que celle qui la suit.

On utilise aussi le micromètre anciennement appelé micron pour mesurer de très petites longueurs. Il est noté μm et vaut 0,000 001 m.

Notion de périmètre d'un polygone

C'est la somme des mesures de chacun de ses côtés. Pour le carré, le périmètre est égal à quatre fois la longueur d'un côté (c).
Périmètre du carré = 4 × c
Pour le rectangle, le périmètre est égal à deux fois la somme de la longueur (L) et de la largeur[57] (l).
Périmètre du rectangle = 2 × (L + l)

---

56. Stella Baruk, Dictionnaire des mathématiques élémentaires, Paris, Seuil, 1992.

57. Idem.

Notion de masse

Définition : c'est une grandeur physique. Elle caractérise un corps relativement à l'attraction (la pesanteur) qu'il subit de la part d'un autre corps.

Unités légales de mesure de masse :
- le kilogramme masse, noté kg, vaut 1 000 g ;
- l'hectogramme, noté hg, vaut 100 g ;
- le décagramme, noté dag, vaut 10 g ;
- le gramme, noté g ;
- l décigramme, noté dg, vaut 0,1 g ;
- le centigramme, noté cg, vaut 0,01 g ;
- le milligramme, noté mg, vaut 0,001 g ;
- le quintal, noté q, vaut 100 kg ;
- la tonne, notée t, vaut 1 000 kg.

On a pris comme référence le décimètre cube d'eau. Un kilogramme masse représente la masse d'un décimètre cube d'eau, dans les conditions normales de température et de pression.

Activités sur les mesures de longueur et de masse (CE1 et CE2)

On propose ici une progression sur la mesure des longueurs. Ces activités pourront être adaptées à l'introduction des mesures de masses, de surfaces, de volumes. Le principe de base est toujours le même. Il est souhaitable de respecter les trois étapes proposées : travail sur la nécessité d'avoir une unité de mesure et sur ses qualités, utilisation d'une unité non conventionnelle et nécessité d'avoir des sous-multiples de cette unité, travail sur les unités légales et sur les sous-multiples de cette unité.

ACTIVITÉ 124

Qualité d'une unité de mesure (CE1-CE2)

Étape 1

Objectif
Prendre conscience des qualités nécessaires d'une unité de mesure de longueur.

Matériel

Pour chaque groupe :
- 3 morceaux de ficelle de longueurs différentes ;
- 2 morceaux d'élastique de longueurs différentes ;
- 2 bandes de papier de même longueur mais de largeurs différentes ;
- 2 bandes de papier de longueurs différentes mais de même largeur ;
- 1 ressort.

Déroulement de l'activité

- Mettre les élèves par groupes de 4. Leur proposer la série d'objets décrits précédemment et leur demander de les ranger suivant leur longueur.

Les laisser chercher, puis mettre en commun les rangements. Les élèves vont constater que certains objets sont déformables et qu'il est donc difficile de les ranger en fonction de leur longueur (élastique, ressort). Il y a également des difficultés pour comparer les morceaux de ficelle qu'il est nécessaire de bien tendre.

- Donner ensuite une feuille polycopiée avec 6 bandes dessinées de différentes longueurs. Proposer des bandes dont les longueurs sont assez proches les unes des autres afin que la comparaison ne se fasse pas à l'œil nu. Demander aux élèves de chaque groupe de choisir un objet parmi les 10 proposés plus haut, permettant d'aider à faire la comparaison.

- Après quelques minutes de recherche, mettre en commun le rangement des bandes et l'auxiliaire utilisé pour effectuer ce rangement. Le plus souvent, les élèves éliminent le ressort et les élastiques, et choisissent la ficelle ou les bandes de papier. La ficelle n'est pas très facile d'utilisation car on ne peut pas prendre des repères fiables. De plus, on n'est jamais sûr qu'elle a été tendue de la même manière, à chaque fois.

- Lors de la synthèse, faire préciser les qualités indispensables d'un instrument de mesure de longueur, à savoir que la mesure de l'unité doit rester constante au cours du temps et quel que soit l'endroit où on l'utilise. Parler des problèmes de dilatation de certains matériaux avec la chaleur et de la déformation possible d'autres matières.

Importance d'avoir une unité commune pour mesurer (CE1-CE2)

Étape 2

Objectifs

- Prendre conscience de la nécessité d'avoir une unité commune pour reproduire, mesurer, comparer des longueurs.
- Nécessité de sous-multiples de cette unité.

Matériel

Règle non graduée, bandes de papier servant d'unités, feuilles de papier non lignées pour les tracés, feuilles de papier pour écrire les messages, gros feutres.

Activité

– Les élèves sont par groupes de 4. Chaque groupe reçoit une feuille avec un segment déjà tracé par le maître (tracer des segments dont la mesure n'est pas un nombre entier d'unités et donner des segments différents à chaque groupe). Il doit rédiger un message sur une autre feuille, en utilisant les bandes-unités, pour qu'un autre groupe puisse reproduire un segment de même longueur que celui donné par le maître.

Laisser aux élèves le temps de rédiger les messages, puis les échanger entre les différents groupes. Ils doivent alors déchiffrer le message et tracer un segment correspondant. Lors de la mise en commun, comparer les segments initiaux, les tracés correspondants et les messages rédigés.

Les élèves auront sans doute dû plier la bande-unité pour rédiger leur message, si on a bien pris soin de tracer des segments de mesure non entière.

– En conclusion, faire remarquer qu'une unité simple ne suffit pas pour faire des mesures, mais qu'il est souvent nécessaire d'avoir des sous-unités pour affiner les réponses.

Unités légales de mesure de longueur (CE1-CE2)

Étape 3

Objectifs
– Familiariser les élèves avec les unités légales de mesure.
– Faire faire des conversions.

Matériel
Différentes règles graduées, mètre-ruban de couturière, mètre pliant, etc.

Travail individuel
Présenter les différents outils et donner le nom des unités si aucun élève ne les connaît.

Proposer de mesurer, avec les instruments habituels, des segments tracés sur feuille non lignée. Ne pas donner d'indication sur la façon de procéder. Demander comment les élèves s'y sont pris et les résultats qu'ils ont trouvés. Mettre alors au point une technique efficace pour mesurer :
– la règle est posée le long du segment à mesurer ;
– faire correspondre la graduation portant l'inscription 0 (zéro) avec l'origine du segment ;
– noter la graduation qui correspond à l'extrémité du segment ;
– pour lire la mesure, il faut regarder le dernier nombre entier rencontré avant la fin du segment. Il indique le nombre de centimètres contenus

dans ce segment. S'il y a encore des graduations après ce nombre entier, ce sont des millimètres qu'il faudra alors compter en plus.

Exemple : 3 cm et 6 millimètres.

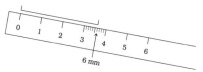

Demander ensuite aux élèves de tracer un segment de 7 centimètres et 3 millimètres, par exemple.

Bien insister sur le fait qu'on commence à mesurer à partir du zéro de la règle, alors que pour compter oralement, on commence à 1.

En prolongement proposer aux élèves d'utiliser une règle qui ne commence pas à la graduation 0.

Matériel : une bande graduée commençant à 2 par exemple.
Deux ou trois segments déjà tracés sur une feuille.

Demander aux élèves de mesurer avec ce nouvel outil les différents segments. Laisser chercher quelques instants puis mettre en commun les méthodes utilisées. La lecture de la mesure du segment ne peut pas se faire directement dans ce cas. Faire noter aux élèves que la longueur du segment est obtenue en comptant le nombre de centimètres puis de millimètres qui sépare l'origine de l'extrémité du segment.

Pour les conversions qui constituent la dernière étape du travail, proposer tous les exercices habituels traitant des conversions. Il ne nous a pas paru indispensable d'en donner des exemples ici (sans virgule au CE1 et CE2).

Mesures de longueurs (CE2)

Objectifs
– Prendre conscience des mesures liées à son propre corps (main ouverte, pied, pouce, bras tendus, etc.).
– Être capable d'évaluer rapidement des longueurs en utilisant son corps.

Matériel
Double-décimètre, mètre-ruban, papier-affiche, crayon, gros feutre.
Une calculette si nécessaire.

Activité
– Mettre les élèves par deux. Donner un double-décimètre à chaque groupe.
– Demander de mesurer la longueur de leur empan (main ouverte, doigts écartés ; mesurer de l'extrémité du pouce à l'extrémité de l'auriculaire). Un élève mesure la main de l'autre et inversement. Noter les résultats sur une affiche. Lors de la synthèse, comparer ces mesures. Elles se situent généralement entre 18 et 20 centimètres. Au cours moyen, par exemple, en profiter pour faire calculer la moyenne des valeurs de l'empan de la classe à la calculette. Il est important que les élèves mémorisent leur propre mesure ou une approximation, de façon à pouvoir l'utiliser pour

effectuer d'autres mesures par la suite.

– Demander aux élèves d'évaluer mentalement la largeur puis la longueur de leur table. Faire écrire les valeurs supposées. Ensuite, les faire mesurer en utilisant d'abord l'empan, puis le mètre-ruban. Comparer les différents résultats. Les élèves n'ont pas, au départ, une idée précise de la mesure de leur table, par exemple. Cette activité leur permet de mieux situer les choses.

– Refaire le même travail avec la mesure du pied chaussé, de la longueur comprise entre les deux bras tendus, puis de la longueur entre une épaule et l'extrémité de l'autre bras tendu.

Faire arrondir les différentes mesures corporelles au centimètre près, pour chaque élève et leur demander de les mémoriser.

Faire d'abord évaluer, sans manipulation, la longueur de la classe et sa largeur, puis les faire mesurer avec les bras ou les pieds. Les élèves peuvent naturellement faire quelques calculs sur une feuille, pour multiplier le nombre de pieds par la mesure d'un pied ou à la calculette. Faire vérifier avec le mètre-ruban les mesures de la classe. On constate que l'approximation avec les unités corporelles n'est pas si mauvaise. Elle a surtout l'avantage de préciser les notions de mesure. En effet, les élèves pensent souvent que leur classe a *100 mètres de long*, par exemple, même si on leur a montré un mètre en bois. Le fait d'effectuer eux-mêmes les mesures leur permet d'intégrer peu à peu des repères. *Cf. Les Maths ont une histoire, activités au cycle 3*, Hachette, 1997.

ACTIVITÉ 128

Mesures de masses (Cycle 3)

Objectif
Prendre conscience des valeurs des unités de masse.

Matériel
– Morceaux de sucre, sucre en poudre, sel fin, cuillères à soupe et à café, balance de Roberval et poids.
– Une calculette.

Activité
Demander aux élèves de trouver la valeur de la masse d'un morceau de sucre. Il sera sans doute nécessaire d'en peser au moins 10, étant donné la précision de la balance. Faire également peser 10 cuillères à soupe de sucre puis de sel. Même chose avec une cuillère à café. Dresser un tableau regroupant les différentes valeurs trouvées. En faire la moyenne afin d'avoir une valeur type pour chaque ingrédient. Ces équivalences sont très pratiques en cuisine.

Notion d'aire d'une surface

Définition de l'aire d'une surface

L'aire d'une portion de plan limitée par une ligne fermée est la grandeur de son étendue[58].

On parle aussi de superficie. On la mesure avec une unité d'aire ayant le plus souvent la forme d'un carré dont le côté a pour longueur une unité de longueur.

L'aire de la figure est alors égale au nombre de carrés nécessaires pour la recouvrir exactement[59].

Remarque: ceci gêne énormément les élèves car lorsque la surface à mesurer n'est pas polygonale, il leur est difficile de s'imaginer les carrés unités qui la recouvrent. C'est le cas par exemple pour le disque. Il est nécessaire d'expliquer que, lors du calcul, les morceaux de carrés nécessaires au recouvrement de la surface, quelle qu'elle soit, sont regroupés pour former des mètres carrés et des fractions de mètres carrés.

Unités d'aire

Ce sont les multiples et sous-multiples du mètre carré (noté m^2) (appelé également centiare noté ca), à savoir:
– le kilomètre carré noté km^2, qui vaut $1\,000\,000$ m^2;
– l'hectomètre carré noté hm^2, qui vaut $10\,000$ m^2 appelé également hectare noté ha;
– le décamètre carré noté dam^2, qui vaut 100 m^2, appelé également are, noté a;
– le décimètre carré noté dm^2, qui vaut $0,01$ m^2;
– le centimètre carré noté cm^2, qui vaut $0,0001$ m^2;
– le millimètre carré noté mm^2, qui vaut $0,000\,001$ m^2.
Dans le système métrique, chaque unité d'aire est 100 fois plus grande que celle qui la précède et 100 fois plus petite que celle qui la suit.

---

58. *Idem.*

59. *Idem.*

Formules d'aire d'une surface

✓ Aire du rectangle

L'aire d'un rectangle est obtenue en multipliant la mesure de la base par celle de la hauteur. Cette aire sera prise comme référence pour calculer les autres.

La base est l'un des côtés du rectangle, au choix.

La hauteur d'un quadrilatère est un segment issu d'un sommet et perpendiculaire à la base opposée à ce sommet. La hauteur n'est pas nécessairement un côté.

Dans ce cas particulier, la hauteur est la largeur du rectangle, et la base est la longueur.

Aire du rectangle : $A = b \times h$

Préférer plutôt cette terminologie à celle de longueur multipliée par largeur qui n'est pas généralisable aux autres quadrilatères. Le carré n'est qu'un cas particulier de rectangle ; la formule de calcul d'aire est donc la même. La hauteur et la base sont les côtés du carré. On a la *formule* :   Aire du carré : $A = c \times c = c^2$

La terminologie *base* et *hauteur* permet de ne retenir qu'une seule formule pour le rectangle et le carré, et de retrouver les autres à partir de celle-ci.

✓ Aire du parallélogramme

En découpant le morceau hachuré et en le plaçant de l'autre côté du parallélogramme, on obtient un rectangle dont l'aire est égale à :

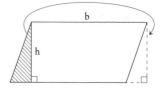

$$A = b \times h$$

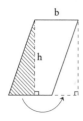

Le parallélogramme a une aire égale à celle d'un rectangle dont l'un des côtés serait une des bases du parallélogramme et l'autre côté la hauteur relative à cette base.

Si on connaît la mesure de la petite base, il faut prendre comme hauteur celle relative à cette petite base.

De la même façon, on a :

Aire du parallélogramme : $A = b \times h$

✓ Aire du triangle

En plaçant deux triangles égaux comme sur le dessin ci-contre, on obtient un parallélogramme dont l'aire est égale au produit de la base par la hauteur du triangle. En divisant ce résultat par deux, on a l'aire du triangle.

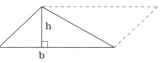

$$\text{Aire du triangle : } A = \frac{(b \times h)}{2}$$

Si le triangle est rectangle, on forme un rectangle en plaçant deux triangles rectangles comme précédemment. La formule est la même, mais, cette fois, la hauteur du triangle rectangle est un des côtés du rectangle réalisé.

✓ Aire du losange

On peut considérer qu'il s'agit d'un parallélogramme. La formule de calcul d'aire sera la même que celle du parallélogramme. Il faut alors connaître la base et la hauteur correspondante du losange.
Les diagonales perpendiculaires du losange se coupent en leur milieu ; connaissant leur mesure, on a une autre formule permettant de calculer l'aire.

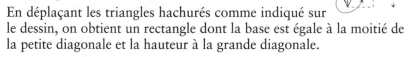

En déplaçant les triangles hachurés comme indiqué sur le dessin, on obtient un rectangle dont la base est égale à la moitié de la petite diagonale et la hauteur à la grande diagonale.

La formule d'aire du losange est donc :

$$A = \frac{(d + D)}{2} = \left(\frac{d}{2}\right) \times D = d \times \left(\frac{D}{2}\right)$$

✓ Aire du trapèze

En plaçant deux trapèzes égaux comme sur le dessin, on a un parallélogramme dont l'aire est égale au produit de la somme des deux bases par la hauteur.

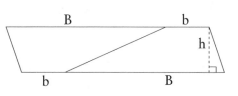

Si l'on veut connaître l'aire d'un seul trapèze, il suffit de diviser ce résultat par 2.

$$\text{Aire du trapèze : } A = \frac{((B + b) \times h)}{2}$$

Rappels historiques

Nous allons mettre en parallèle quelques définitions d'Euclide et de Legendre.

Définitions d'une surface
– *par Euclide :*
« Une surface est ce qui a seulement longueur et largeur » (définition 5).
« Les extrémités d'une surface sont des lignes » (définition 6).
« La surface plane est celle qui est également placée entre ses droites » (définition 7).
– *par Legendre :*
« Surface est ce qui a longueur et largeur sans hauteur et épaisseur » (définition 5).
« Le plan est une surface dans laquelle prenant deux points à volonté et joignant ces deux points par une ligne droite, cette ligne est toute entière dans la surface » (définition 6).

Rappel historique sur les mesures de surfaces
Les Babyloniens utilisaient des formules exactes pour calculer l'aire du triangle et du trapèze. **Les Égyptiens** faisaient des calculs exacts de l'aire d'un triangle isocèle et d'un trapèze isocèle. Pour les quadrilatères quelconques, la formule retrouvée dans les papyrus de l'ancienne Égypte était la suivante. *« Pour calculer l'aire d'un quadrilatère, calculer les moyennes arithmétiques des longueurs des côtés opposés, puis faire le produit de ces deux moyennes. »*
Cette formule donne des résultats exacts pour le carré et le rectangle, mais ne convient pas pour les autres quadrilatères.
L'erreur est d'autant plus importante que les quadrilatères sont plus éloignés des figures régulières.

Activités sur les mesures d'aire.

ACTIVITÉ 129

Les puzzles géométriques[60] (Cycle 3)

Étape 1

Objectifs
– Comparer et calculer des mesures d'aires en utilisant une unité non conventionnelle.
– Comparer les périmètres de figures ayant la même aire.

---

60. Barataud, Brunelle, *Maths en fête, CE2*, Colin Bourrelier, 1984.

Matériel

Pour chaque élève, un puzzle tangram réalisé comme suit, sur du carton de la même couleur, recto et verso, afin de favoriser le retournement des pièces, si nécessaire (fiche 17 du cédérom).

 Les pièces doivent être données découpées et en désordre. Les numéroter recto et verso, si on le souhaite.

Déroulement de l'activité

– Faire prendre aux élèves les pièces numéros 1, 2 et 3. Demander quelle(s) est (sont) la (ou les) pièce(s) la (les) plus grande(s), sans donner d'autre précision. Le plus souvent, les élèves répondent spontanément que c'est la pièce n° 3 et/ou n° 1.
Ne pas donner la réponse. Demander de comparer les surfaces de ces trois morceaux en utilisant les deux pièces n° 4.
Ils vont constater qu'elles ont la même aire en les construisant ainsi :

a   b   c

– Leur demander ensuite de comparer les périmètres de ces trois surfaces, sans utiliser la règle graduée. Le parallélogramme (a) et le triangle rectangle isocèle moyen (b) ont même périmètre, tandis que le carré (c) a un périmètre plus petit que les deux autres.
Lors du bilan, insister sur le fait que des figures peuvent avoir la même aire sans que leurs périmètres soient nécessairement égaux.
– Faire ensuite mesurer l'aire de toutes les pièces du tangram en utilisant comme unité le petit triangle rectangle isocèle (4). Les pièces n° 1, 2 et 3 valent 2 unités. La pièce n° 5 vaut 4 unités. Le tangram entier vaut 16 unités.

 Comme on l'a rappelé en présentant les unités de mesures de longueur, il est intéressant de partir d'une unité de mesure inhabituelle pour introduire la notion. À partir du petit triangle rectangle isocèle, on peut fabriquer des sous-unités en partageant la figure en deux parties égales, et ainsi de suite.

– De la même façon, on pourrait construire des figures avec des trapèzes isocèles réalisés à partir de trois triangles équilatéraux égaux[61].

Exemple :

 Cette fois, l'unité de mesure serait le triangle équilatéral de base.

---

61. *Cf.* les jeux géométriques des *Jeux du club des cordelières*, publiés par l'IREM de Paris Sud (2, place Jussieu, Paris), qui proposent une série de constructions à partir de telles figures.

Il est possible de mesurer des surfaces avec d'autres unités que les unités légales, mais cela n'est pas pratique lorsqu'il s'agit de transmettre des mesures à l'extérieur d'un groupe restreint de personnes. Donner, à l'issue de l'activité, le nom des unités légales de mesures de surface ainsi que les rapports qui les relient.

– L'unité légale est le mètre carré (c'est l'aire d'un carré d'un mètre de côté). En réaliser un pour la classe et l'afficher. Un mètre carré contient 100 décimètres carrés (les représenter sur le mètre carré de la classe). Un décimètre carré contient 100 centimètres carrés (les représenter sur au moins le décimètre carré précédemment tracé). Terminer en donnant le tableau permettant de faire les conversions plus aisément.

Construction de figures géométriques avec un tangram (cycle 3)

Étape 2

Objectifs
– Réinvestir le travail du début de la première étape.
– Utilisation des propriétés géométriques des figures pour en construire une à partir d'une autre déjà faite.

Matériel
Le même que dans la première étape– tangram – (fiche 17 du cédérom).

Déroulement de l'activité
– Demander aux enfants de faire un carré avec toutes les pièces du tangram, sans recouvrement et sans trou. Les laisser chercher quelques instants, puis donner l'indication ci-contre à ceux qui le souhaitent ou qui commencent à se décourager :

Laisser à nouveau chercher quelque temps, puis ajouter l'aide suivante, si nécessaire.

 Il n'est généralement pas utile de donner d'autres indications. La pièce la plus difficile à placer est le parallélogramme car, n'ayant pas d'axe de symétrie, elle doit être parfois retournée pour être mise en place. Cela n'est pas très habituel ; par conséquent, il est très important que les pièces soient de la même couleur, recto et verso, afin de ne pas empêcher ce retournement.

On peut aussi demander aux élèves de faire d'abord un triangle en utilisant les deux grands triangles du tangram (comme cela a déjà été fait avec les deux petits triangles dans l'activité précédente).
Puis leur demander ensuite de faire le même triangle avec les pièces restantes, en les posant sur le premier triangle réalisé. Si certains élèves sont bloqués, leur donner la même aide que précédemment à savoir la place du carré.

Une fois ce travail réalisé, demander aux élèves de réaliser un carré avec toutes les pièces du puzzle. Si les élèves ne pensent pas à utiliser ce qu'ils viennent de faire, leur rappeler la manipulation de l'activité précédente qui leur a permis de faire un carré avec les deux petits triangles égaux du tangram.

– À partir du carré, proposer de faire les figures suivantes sans tout défaire à chaque fois. Réaliser ainsi un grand triangle rectangle isocèle, un parallélogramme non carré, un trapèze isocèle, un rectangle et deux trapèzes rectangles différents. Cela permet de réutiliser, entre autres, ce qui a été fait au début de la première étape. En effet, les enfants ont constaté qu'avec deux triangles, on pouvait réaliser un carré, un triangle rectangle isocèle et un parallélogramme. Il suffit d'étendre cela à deux grands triangles faits avec toutes les pièces du puzzle. S'ils ne parviennent pas à réutiliser cela, le leur faire retrouver, puis constater que le carré qu'ils viennent de réaliser est, lui aussi, constitué de deux grands triangles. Voici les solutions :

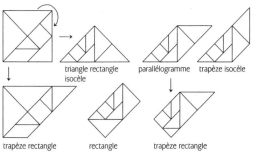

triangle rectangle isocèle   parallélogramme   trapèze isocèle

trapèze rectangle   rectangle   trapèze rectangle

Ces différentes réalisations permettent d'attirer l'attention des élèves sur les caractéristiques géométriques des figures et sur l'image mentale nécessaire pour réaliser ces figures. Cela permet de travailler les représentations des figures classiques sous un autre angle.

– Afficher dans la classe les différents polygones en prenant soin de ne pas toujours les mettre posés sur une base afin de favoriser les images mentales variées d'une même figure. Représenter chaque figure à afficher sur un carton différent, de façon à pouvoir les tourner à volonté au cours de l'année. Les enfants verront ainsi les différents polygones sous divers aspects.

– En prolongement, faire construire des rectangles de même périmètre, par exemple 24, mais d'aires différentes, puis des rectangles de même aire, par exemple 36, mais de périmètres différents. Ne pas oublier que le carré est un cas particulier de rectangle[62].

– Proposer la même activité avec des cercles où il n'y a qu'une solution possible, ou bien avec des triangles. Faire construire des triangles de même périmètre et d'aires différentes, connaissant donc la longueur de la hauteur et de la base.

---

62. Une étude précise de ce thème est faite dans le livre *Mathématiques dans la réalité* d'Emma Castelnuovo et Mario Barra, Cedic, 1982.

Découverte de quelques formules d'aires de polygones (CM1-CM2)

Objectif
Retrouver quelques formules d'aires de quadrilatères et de triangles.

Matériel
Une feuille polycopiée sur laquelle seront dessinés 2 parallélogrammes égaux non rectangles, 2 triangles égaux sans particularité, 2 triangles égaux rectangles non isocèles.

Déroulement de l'activité
– Distribuer une feuille polycopiée à chaque élève.
Faire rappeler les formules de calcul d'aire du carré et du rectangle. Elles ont été vues en CE1 lors du travail sur la multiplication. Ces formules vont servir de base pour calculer les autres.
– Faire découper les deux parallélogrammes. Leur demander de trouver un moyen pour calculer l'aire du parallélogramme en se ramenant à une formule connue. Les manipulations faites avec le tangram vont aider les enfants à faire le découpage suivant :

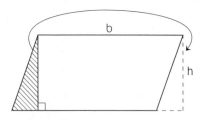

L'aire est donc égale à : b × h.
Lors de la mise en commun, faire l'inventaire des différents découpages. Ajouter la nouvelle formule à celles déjà connues.
Faire remarquer que pour le calcul, il faut connaître la base et la hauteur relatives à cette base.
Les deux parallélogrammes permettent aux enfants d'envisager les deux découpages possibles (voir partie théorique).
– Faire découper ensuite les deux triangles rectangles. La consigne est la même. Les enfants vont mettre, le plus souvent, les triangles pour faire un rectangle (voir partie théorique). Pour trouver l'aire du triangle rectangle, il suffit de diviser l'aire du rectangle par 2. Faire constater que les côtés de l'angle droit sont aussi les hauteurs.

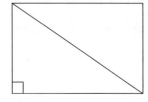

– Faire découper les triangles sans particularité. Même consigne. Si les élèves ne trouvent pas comment procéder, rappeler qu'on peut utiliser toutes les formules connues. En mettant les deux triangles tête-bêche, on obtient un parallélogramme. L'aire du triangle sera obtenue en divisant par 2 l'aire de ce parallélogramme.

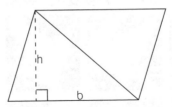

Noter les résultats sur un formulaire qu'on pourra compléter avec l'aire du disque par exemple.

Jeu de surfaces[63] (CM1-CM2)

Objectif
Calculer rapidement des aires en utilisant soit une addition d'aires, soit une soustraction d'aires à partir du modèle de base, le carré d'aire 9 carreaux.

Matériel
Les cartes jointes, faites en double exemplaire (voir fiche 19 du cédérom).

---

63. D'après une idée de Julia Szendrei, professeur à l'université de Budapest.

Règles du jeu

On peut jouer seul ou à plusieurs (4 ou plus).

Solitaire :

Possibilité n° 1. Faire des familles de cartes ayant même aire. Faire justifier par le joueur les méthodes de calcul qui ont permis le regroupement en familles.

Possibilité n° 2. Faire un chemin ininterrompu avec les cartes, bout à bout, tel que l'on puisse passer d'une carte à l'autre en restant dans la surface blanche. On peut faire ce chemin en partant de n'importe quel côté du carré.

Exemple :

Jeu à plusieurs :

Possibilité n° 1. Distribuer 6 cartes à chacun, le reste constituant la pioche. Le but du jeu est de réaliser des mariages de deux cartes de même aire. Chaque joueur essaie, à son tour, de faire des mariages de deux cartes. S'il ne peut pas, il pioche une carte et attend le tour suivant pour faire un mariage. Quand toutes les cartes de la pioche ont été prises, le joueur qui ne peut pas jouer tire une carte dans le jeu du joueur précédent et attend le tour suivant pour pouvoir faire un mariage. On arrête le jeu quand un joueur s'est débarrassé de toutes ses cartes. Le gagnant est celui qui a fait le plus de mariages.

Remarque : bien faire vérifier par tous les joueurs que les mariages réalisés sont convenables. Pour cela, il faudra que le joueur explique sa méthode de calcul et justifie ses mariages. Si l'on prend la précaution de faire des cartes assez grandes, on pourra faire une rétroaction en collant, par exemple sur une affiche, avec de la gomme fixe, les mariages ou les familles réalisés, suivant le cas. On pourra ainsi « corriger » en classe entière les erreurs faites dans les groupes de jeu. Cela permettra aussi de dégager des méthodes efficaces et rapides de calcul d'aire pour ces cartes à jouer. On peut avoir intérêt à faire un répertoire des valeurs des surfaces pour jouer mieux et plus vite.

Possibilité n° 2. Distribuer 6 cartes à chacun, le reste constituant la pioche. Chaque joueur, à son tour, pose une carte sur la table et essaie de réaliser un chemin ininterrompu, comme expliqué dans la formule solitaire. On peut partir dans tous les sens. Le gagnant est celui qui s'est, le premier, débarrassé de toutes ses cartes.

Possibilité n° 3 (jeu à 2 joueurs, bataille d'aire). Distribuer toutes les cartes, en part égale, aux 2 joueurs. Chaque joueur pose une carte sur la table. Celui qui a posé la carte dont l'aire est la plus grande a gagné le pli. Les plis sont posés devant chaque joueur. On arrête le jeu quand on a posé toutes ses cartes. On compte alors les points de chaque pli en additionnant les aires de chaque carte. Le gagnant est celui qui a le plus de points.

Même remarque que dans la possibilité n° 1, pour le calcul d'aires.

On peut aussi demander aux élèves de créer d'autres cartes ayant une aire donnée ou pas. Ces cartes pourront être incorporées au jeu.

Utiliser le collage des plis réalisés avec de la gomme fixe, sur une affiche comme mémoire de jeu. On pourra ainsi effectuer une rétroaction en classe entière.

Notion de volume d'un solide et de capacité

Définitions

Le **volume d'un solide** est une grandeur caractérisant la portion d'espace occupée par ce solide. Elle se mesure en unités cubes, qui sont des cubes dont l'arête a pour longueur une unité de longueur.
La **capacité** désigne la contenance d'un solide.

Unités de volumes et de capacité

Les unités de volumes sont des multiples et sous-multiples du mètre cube noté m^3 (appelé également stère).
Dans le système métrique, chaque unité de volume est mille fois plus grande que celle qui la précède et mille fois plus petite que celle qui la suit :
– l'hectomètre cube, noté hm^3, qui vaut $1\,000\,000$ m^3 ;
– le décamètre cube, noté dam^3, qui vaut $1\,000$ m^3 ;
– le décimètre cube, noté dm^3, qui vaut $0{,}001$ m^3 ;
– le centimètre cube, noté cm^3, qui vaut $0{,}000\,001$ m^3 ;
– le millimètre cube, noté mm^3, qui vaut $0{,}000\,000\,001$ m^3

 Les enfants ont parfois du mal à comprendre que l'on mesure un volume avec des centimètres cubes. Ils se représentent un empilement de petits cubes (comme dans l'activité 133). Ils ont donc des difficultés à s'imaginer ce que cela donne pour un cylindre à base circulaire (c'est d'ailleurs le même problème pour les unités de surface lorsqu'il s'agit d'un disque). Il est important d'expliquer que les petits morceaux de cube nécessaires pour remplir complètement le volume sont regroupés, lors du calcul, en centimètres cubes et en fractions de centimètre cube. De plus, il existe des sous-unités du centimètre cube, à savoir le millimètre cube, etc.

Les unités de capacité sont les multiples et les sous-multiples du litre.
On a la correspondance suivante : un décimètre cube vaut un litre.
Le kilo litre, noté kl, vaut $1\,000$ l.
L'hectolitre, noté hl, vaut 100 l.
Le décalitre, noté dal, vaut 10 l.

Le décilitre, noté dl, vaut 0,1 l.
Le centilitre, noté cl, vaut 0,01 l.
Le millilitre, noté ml, vaut 0,001 l.
Tableau de correspondance entre unité de volume et unité de capacité :

1 m³			1 dm³			1 cm³
1 kl	1 hl	1 dal	1 l	1 dl	1 cl	1 ml

Formules de volume de solides simples

Grâce à la classification du chapitre sur les solides, deux formules seulement sont à retenir.

✓ Pour les cônes

Le volume d'un cône est égal au tiers du produit de la mesure de la surface de base par celle de la hauteur du cône. La hauteur peut parfois être extérieure au cône (voir définition du cône).

$$V = \frac{S \times h}{3}$$

✓ Pour les cylindres

Le volume d'un cylindre est égal au produit de la mesure de la surface de base par la hauteur. La hauteur peut parfois être extérieure au cylindre (voir définition du cylindre).

$$V = S \times h$$

On peut aisément montrer que le volume du cône est égal au tiers de celui du cylindre de même surface de base et de même hauteur.
Pour cela, fabriquer un cône et un cylindre de même base et de même hauteur. Remplir le cône de sable ou d'eau et le verser dans le cylindre. On constate alors que le volume du cône est contenu trois fois dans celui du cylindre. Pour plus de facilité, on peut partir d'un cube et d'une pyramide régulière à base carrée.

✓ Volume de la sphère

Il est donné par la formule suivante :

$$V = \frac{4}{3} \pi R^3$$

Dans la vie courante, si l'on veut mesurer le volume de solides irréguliers, on les immerge dans de l'eau et on repère l'augmentation du volume subi par l'ensemble.

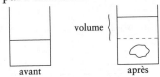

avant   volume { après

Certains solides sont constitués d'un assemblage de solides simples. Pour calculer le volume d'une telle figure, il suffit de la décomposer en solides simples et d'ajouter les volumes des différentes composantes.

✓ Volume d'un tronc de cône

On l'obtient en soustrayant le volume du petit cône qui a été coupé de celui du cône de départ.

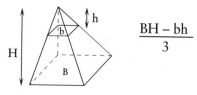

$$\frac{BH - bh}{3}$$

Rappel historique

Sur les volumes

Les Babyloniens utilisaient des formules exactes pour le calcul du volume d'un prisme droit. Celles utilisées pour le calcul du volume d'un tronc de cône (demi-hauteur multipliée par la somme des aires des bases) ou d'un tronc de pyramide à base carrée étaient inexactes.

Les Égyptiens, aussi, faisaient des calculs de volume. Sur le papyrus de Moscou, datant de 1800 avant J.-C., on a trouvé le calcul exact du volume d'un tronc de pyramide. Archimède calculait avec exactitude le volume du cylindre à base circulaire et celui de la sphère.

Activités sur les mesures de volume

Notion de volume (CM1)

Étape 2

Objectifs
– Trouver les formules des volumes de parallélépipèdes divers en utilisant des unités de mesure inhabituelles.
– Apprendre les unités légales de volume.

Matériel
– Cubes du matériel multibase ou autres.
– Dominos ou morceaux de sucre.
– Barres de bois de type *Kapla*.
– Boîtes en plastique transparent cubiques ou parallélépipédiques (boîte de cotons-tiges, par exemple).
– Papier, affiche, feutre.

Déroulement d'activité
– Mettre les élèves par groupes de 4. Préparer des boîtes en plastique transparent dans lesquelles on aura rangé un des matériels précédents. Si on ne dispose pas de boîte en plastique, faire un tas en forme de parallélépipède avec ces différents matériels, et les fixer avec du ruban adhésif.
Exemple :

avec des cubes

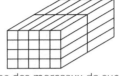
avec des morceaux de sucre

Donner une boîte différente à chaque groupe.
– Demander aux élèves de trouver le nombre de cubes, de sucres ou de barres de bois contenus dans les différentes boîtes, sans sortir tous les objets de la boîte. Ils doivent expliquer sur une affiche comment ils ont fait leur calcul.
Laisser chercher quelque temps puis mettre en commun. Faire commenter les affiches de chaque groupe. Les élèves auront très probablement trouvé qu'il faut multiplier le nombre d'objets contenus dans la première couche par le nombre de couches. Faire remarquer que le fait d'avoir utilisé des objets différents pour mesurer les volumes ne permet pas de les comparer facilement.
Établir avec les élèves la formule du volume d'un parallélépipède rectangle. Terminer en donnant les unités légales de volume et en montrant, avec le matériel multibase, par exemple, l'équivalence entre 1 000 cm^3 et 1 dm^3, puis entre 1 dm^3 et 1 litre. On peut également évoquer les mesures telles que le stère. Faire construire des cm^3 et des dm^3 aux élèves.

Comparaison de volume : le problème de Galilée (CM2)

Étape 3

Il s'agit du problème de Galilée tiré du livre *Discours et démonstration mathématique* (cf. *Les Maths ont une histoire, activités au cycle 3*, Hachette, 1997).

Objectif
Comparer les volumes de deux cylindres à base circulaire obtenus à partir du même rectangle.

Matériel
– 2 rectangles de bristol léger de 10 cm sur 6 cm pour chaque élève.
– Une calculette par groupe.

Déroulement de l'activité

– Mettre les élèves par groupes de 4 et donner deux rectangles à chacun ainsi qu'une calculette par groupe.

Demander de comparer les volumes des deux cylindres qu'on peut obtenir avec ce rectangle.

Rappeler la formule de surface du disque et de volume du cylindre, si nécessaire. Pour aider les élèves, leur faire trouver les données dont ils ont besoin pour faire les calculs, à savoir les deux rayons des disques de base.

– Pour V1, le périmètre de la base est 6 cm. Le rayon est :
r ≈ 6 : (2 × 3,14) ≈ 0,95 cm
V1 = 3,14 × 10 × 0,95 × 0,95 = 28,26 cm³
Pour V2, le périmètre de la base est 10 cm. Le rayon est :
r ≈ 10 : (2 × 3,14) ≈ 1,59 cm
V2 = 3,14 × 6 × 1,59 × 1,59 = 47,47 cm³
On constate que V2 a un volume beaucoup plus grand que V1. Ce qui ne se voit pas à l'œil nu.

Les paysans de l'époque de Galilée s'étaient aperçus de cela et utilisaient un rectangle de toile pour faire un sac cylindrique, en le roulant autour d'un fond de bois, de façon à ce que la surface de base soit la plus grande. Ils obtenaient ainsi un cylindre de plus grande capacité.

En prenant un fond de pâte à modeler et le rectangle de bristol léger, on peut vérifier ce fait expérimentalement, en transvasant du sable.

En prolongement, si l'on possède le matériel suivant :
Un cylindre à base circulaire creux, et un cône creux ayant la même base circulaire et la même hauteur que le cylindre ou un cube creux et une pyramide à base carrée identique à celle du cube et ayant même hauteur que le cube.

Faire vérifier aux élèves en transvasant, que le volume du cône tient trois fois dans le volume du cylindre et/ou que le volume de la pyramide tient trois fois dans le volume du cube. Cette expérience permettra aux élèves de mémoriser la formule du volume du cône et celle du volume de la pyramide qui sans cela n'ont aucun sens.

Notion de durée

Définition de la durée

C'est une grandeur mesurable. Elle mesure la période pendant laquelle a lieu une action ou un phénomène.

Les unités légales de mesure de durée ne sont pas décimales jusqu'à la seconde et le deviennent pour les sous-unités de la seconde. Ce sont :
– l'heure, notée h, qui vaut 60 minutes ;
– la minute, notée min, qui vaut 60 secondes ;
– la seconde, notée s ;
– le dixième de seconde, noté ' ;
– le centième de seconde, noté " ;

On utilise aussi le jour qui vaut 24 heures et la semaine qui vaut 7 jours. L'année vaut 365 jours ou 366 jours (année bissextile) et 52 semaines (plus un jour en fait !).

On se sert aussi du siècle qui vaut 100 ans et parfois on parle de lustre, période de 5 ans.

Évolution des mesures de durée

La mesure des durées a toujours été fondée sur des repères naturels tels que le jour, la nuit et les saisons. Le jour solaire n'a pas toujours été partagé en 24 heures égales. **Les Romains** divisaient le jour et la nuit en 12 parties, quelle que soit la saison, si bien que certaines « heures » avaient plus de 60 minutes, et d'autres moins. Ce système a été conservé pendant tout **le Moyen Âge**. À partir du **XIVe siècle**, les horloges mécaniques se sont multipliées et l'on a adopté le système des heures légales qui valent toutes 60 minutes, tout au long de l'année. Cependant, même si la journée comportait bien 24 heures, elle ne commençait pas pour tous au même moment. Certaines régions situaient la première heure à midi, d'autres à minuit, d'autres au lever ou au coucher du soleil. Il fallut attendre l'avènement du chemin de fer et du télégraphe pour voir une réglementation unique apparaître. Actuellement, les heures de la journée sont comptées de minuit à minuit et l'on a pris comme temps universel **l'heure du méridien de Greenwich**. Pour se repérer dans la journée, l'homme a d'abord utilisé des **cadrans solaires. Les Romains** en avaient même fabriqué de portatifs (on en vend actuellement des reproductions). Il se présente comme un rond de serviette percé d'un trou. Il suffit de l'orienter face au soleil. Le rayon lumineux vient frapper la paroi intérieure graduée de l'anneau, indiquant l'heure.

Les Égyptiens, dès 1400 avant J.-C., puis **les Romains et les Grecs** utilisaient des **clepsydres.** Elles ne servaient pas à indiquer l'heure, mais plutôt des durées. C'étaient des récipients remplis de liquide. L'eau s'écoulait lentement par un trou situé en bas. Ces instruments étaient assez imprécis car la pression de l'eau allait en diminuant, et l'écoulement se faisait de moins en moins vite. Sur le même principe, on fabriquait **des horloges à eau** (IIe siècle avant J.-C.) en graduant des récipients. En repérant la quantité d'eau écoulée, on pouvait connaître l'heure. Dès le IVe siècle, on fabriqua des **horloges à engrenage.** C'étaient des horloges à eau. Charlemagne reçut d'Haroun el Rachid une horloge à eau très perfectionnée. À chaque heure, des boules de bronze tombaient dans un récipient et, en même temps, des portes s'ouvraient en libérant des cavaliers dont le nombre était égal au nombre d'heures sonnées. Le cadran solaire ne permettait pas de repérer l'heure pendant la nuit. Il fut donc nécessaire de trouver d'autres instruments. Ce furent les **horloges à combustion** dont on attribua l'invention au roi d'Angleterre, **Alfred le Grand,** au IXe siècle. Il compta le nombre de bougies nécessaires pour s'éclairer toute une nuit sans interruption. Il fit ensuite fabriquer des bougies de même diamètre, même poids, et il grava dessus des traits horizontaux à égale distance les uns des autres. Il put ainsi facilement savoir le temps écoulé depuis l'allumage de la bougie, en regardant les graduations restantes.

De la même façon, on fit des **horloges à huile.**

Au XIVe siècle, sont apparues des **horloges à carillons** qui sonnaient les heures. Elles étaient monumentales. Peu à peu, on fut amené à en réduire la taille car les grands de ce monde voulaient en avoir dans leur demeure. C'est ainsi qu'au XVIe siècle, le serrurier allemand **Peter Henlein** fabriqua la première montre (à l'époque, c'étaient les serruriers qui fabriquaient les horloges). Vers la fin du XVIe siècle, Galilée étudia les oscillations du pendule, mais il fallut attendre 1657 pour que le Hollandais **Christian Huyghens** mît au point une **horloge à pendule.** Elle était beaucoup plus précise que toutes les autres existant à cette époque. Des améliorations techniques allaient être apportées peu à peu. La taille des horloges allait se réduire et leur précision s'améliorer. Il fallut cependant attendre la fin du XVIIIe siècle pour voir apparaître les premières **montres bracelets.** Elles tombèrent peu à peu dans l'oubli et ne réapparurent que vers 1900 en Suisse où elles étaient alors fabriquées en grande quantité.

Les calendriers

Actuellement, coexistent dans le monde quatre grands calendriers : le calendrier israélite, le calendrier chinois, le calendrier grégorien et le calendrier musulman.

✓ Le calendrier israélite

Il est fondé sur le mouvement de la lune. L'année a 354 ou 355 jours (12 mois de 29 ou 30 jours). Pour rattraper l'année solaire et éviter le décalage avec les saisons, on rajoute 5 fois un mois supplémentaire sur une période de 19 ans. C'est donc un calendrier luni-solaire. L'origine de ce calendrier se situe en 3761 avant notre ère. D'après la Bible, cette date correspond à la création du monde. Le repos hebdomadaire est fixé au vendredi et au samedi (le sabbat, jour de prière durant lequel on ne doit pas travailler du lever au coucher du soleil).

✓ Le calendrier chinois

C'est également un calendrier luni-solaire. Chaque année comprend 12 mois de 29 ou 30 jours. Un treizième mois entier est intercalé 7 fois dans une période de 19 ans pour rattraper le décalage avec l'année solaire. L'origine de ce calendrier se situe en 2697 avant notre ère. Le nouvel an est donc mobile par rapport à notre calendrier. Il se fête la deuxième lune suivant le solstice d'hiver et se situe entre le 15 janvier et le 15 février. C'est la fête du printemps.

✓ Le calendrier grégorien

Il est solaire. L'année compte 365 ou 366 jours (année bissextile) répartis en 12 mois de 30 ou 31 jours (28 ou 29 pour le mois de février). Les années bissextiles reviennent tous les quatre ans. Cependant, les années marquant la fin d'un siècle ne sont pas bissextiles, sauf si elles se divisent par 400.
Exemple : 1600 et 2000 sont bissextiles ; en revanche, 1900 ne l'est pas. En 532, l'église fixa l'origine de notre calendrier au premier janvier suivant la date présumée de la naissance du Christ. Ce fut alors le calendrier julien qui n'était pas tout à fait semblable à celui que nous avons actuellement. Il prenait du retard par rapport à l'année solaire ; aussi, en 1582, le pape Grégoire le modifia-t-il. Pour rattraper ce retard, on passa directement du dimanche 9 décembre au lundi 20 décembre.

Jusqu'en 1568, on fêtait le nouvel an le 25 mars, et les fêtes duraient jusqu'au 1er avril. Aujourd'hui, on a conservé les plaisanteries du premier avril (les poissons d'avril) en souvenir de cela.

✓ Le calendrier musulman

Il est lunaire. L'année comporte 12 mois de 29 ou 30 jours, c'est-à-dire 354 jours. 11 années dans un cycle de 30 ans comptent 355 jours. Les mois sont décalés sans cesse par rapport aux saisons. Ils portent tous un nom différent. Ramadan est le 9e mois ; il est consacré au jeûne et à la prière. L'origine du calendrier musulman est fixé au 16 juillet 622, date de la fuite du prophète Mohamed de La Mecque vers Médine. C'est l'Hégire.

Le repos hebdomadaire a lieu le jeudi et le vendredi qui est jour de prière. Le dimanche se dit en arabe *premier jour*, le lundi *deuxième jour*, le mardi *troisième jour*, le mercredi *quatrième jour*, le jeudi *cinquième jour*, le vendredi *jour de prière* et le samedi se dit *sabt*[64].

Activités sur les mesures de durée

Mesures de durées (Cycle 3)

Objectifs
– Prendre conscience de ce que dure une minute.
- Mesurer des durées avec un sablier, une clepsydre, une bougie.

Matériel
Chronomètre ou montre à trotteuse, bouteille de plastique d'un litre et demi, cuvette, eau, bougie de type bougie d'anniversaire, sablier, feuilles de papier-affiche avec tableau préparé pour recevoir les résultats.

Activité
– Mettre les élèves par deux. Rappeler ce qu'est une minute en donnant son équivalence en secondes.
Un des élèves a le chronomètre. Demander à l'autre élève de compter intérieurement une minute. L'élève qui a le chronomètre donne le signal de départ et l'élève qui compte donne le signal d'arrêt. Faire noter l'écart, en plus ou en moins, entre la minute réelle et la minute comptée. Refaire cela plusieurs fois en changeant le rôle des élèves. Noter les progrès. Faire un affichage des différents groupes.
– Faire ensuite chronométrer le temps d'écoulement d'une bouteille de plastique percée d'un petit trou au fond (ouvrir la bouteille en haut et ne pas faire un trou trop petit).
– Faire chronométrer le temps d'écoulement d'un sablier puis le temps de combustion d'une petite bougie d'anniversaire. Si besoin, faire calculer des moyennes à la calculette. Répartir les différentes mesures à faire entre les groupes.
– Utiliser ce travail pour faire mesurer des durées et graduer une clepsydre ou une bougie. Noter sur la bouteille, par exemple, la hauteur correspondant à la moitié du temps écoulé. Faire la même chose pour la bougie. Les élèves vont prendre conscience des difficultés rencontrées : difficulté à évaluer les durées quand le sablier n'est pas tout à fait écoulé, de même pour la clepsydre.

---

64. Pour plus de détails sur les mesures de durée, consulter le livre de F. Cerquetti-Aberkane et A. Thévenin, *Le Temps à travers les temps*, Épigones. Ce livre peut être lu par des élèves de cours moyen.

- On peut également faire construire un cadran solaire aux élèves si l'on est dans une région bien ensoleillée ou au cours d'une classe de découverte.

Calculs de durées (CM1-CM2)

Objectif
Addition et soustraction de durées.

Matériel
Exercices traditionnels sur le sujet et abaque à 3 ou 4 colonnes dessiné sur une feuille de papier.

Activité
Travail individuel, un abaque par personne.
- Commencer par faire rappeler aux élèves les équivalences entre heures, minutes et secondes. Faire écrire, en haut et en bas de chaque colonne de l'abaque, les règles d'échange suivantes :

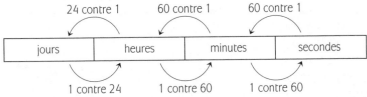

Si on a déjà travaillé avec les abaques pour l'addition et la soustraction dans l'ensemble des entiers naturels et les décimaux, cela ne devrait pas poser trop de problèmes. Sinon, reprendre un exemple de ces deux opérations dans les entiers avant de commencer le travail décrit ici (voir *Addition des nombres entiers*).
Ne pas matérialiser les quantités avec des jetons ; cela serait trop long et fastidieux.
On ne présente ici que le cas des opérations avec retenue.
— Proposer l'addition suivante :
   9 h 47 min 52 s
+ 2 h 35 min 26 s
Placer les nombres dans l'abaque, comme suit, et faire l'opération colonne par colonne :

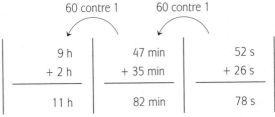

Faire les échanges. Le résultat est : 12 h 23 min 18 s.
– On procède de la même façon avec la soustraction suivante :

5 h 12 min 10 s
– 2 h 43 min 18 s

Mettre le premier nombre dans l'abaque :

Faire l'opération colonne par colonne. Lorsque l'élève va vouloir enlever 18 s à la colonne de droite, il découvrira que cela n'est pas possible. Il faut donc effectuer l'échange d'une minute contre 60 secondes. De même, lorsqu'on veut enlever 43 minutes à 12 minutes, on échange une heure contre 60 minutes. Cela donne le calcul suivant :

4 h   71 min   70 s
– 2 h   43 min   18 s
2 h   28 min   52 s

Si l'on ne prend pas la précaution de faire ce travail à l'abaque, certains élèves font l'erreur suivante :

5 h   ¹12 min   ¹10 s
– 2 h   43 min   18 s
+1   +1
2 h   68 min   92 s
3 h   9 min   32 s

Ils utilisent les retenues (sans toujours les noter) comme s'il s'agissait d'un calcul en base dix. Ils font ensuite les conversions, transformant 60 minutes en une heure et 60 secondes en une minute (ceci est en général mieux acquis). Cela donne le résultat faux suivant : 3 h 9 min 32 s. Dans certains cas, ce calcul n'est même pas possible et les enfants sont complètement perdus.
Exemple :   5 h   ¹6 min   ¹3 s
          – 2 h   22 min   18 s
          +1   +1

La *retenue* ne permet pas de faire le calcul.
Après quelques temps de manipulation avec l'abaque, l'habitude de conversion s'installe et il y a alors beaucoup moins de problèmes dans les calculs écrits.

Sommaire des fiches d'activité

Espace et géométrie

Grandeurs et mesures

Imprimé en France par MAME Imprimeurs à Tours (n° 07062176)
Dépôt légal : juillet 2007 - Collection 24 - Édition 01
17/0948/4